LOGÍSTICA EMPRESARIAL

Grupo
Editorial
Nacional

O GEN | Grupo Editorial Nacional – maior plataforma editorial brasileira no segmento científico, técnico e profissional – publica conteúdos nas áreas de ciências sociais aplicadas, exatas, humanas, jurídicas e da saúde, além de prover serviços direcionados à educação continuada e à preparação para concursos.

As editoras que integram o GEN, das mais respeitadas no mercado editorial, construíram catálogos inigualáveis, com obras decisivas para a formação acadêmica e o aperfeiçoamento de várias gerações de profissionais e estudantes, tendo se tornado sinônimo de qualidade e seriedade.

A missão do GEN e dos núcleos de conteúdo que o compõem é prover a melhor informação científica e distribuí-la de maneira flexível e conveniente, a preços justos, gerando benefícios e servindo a autores, docentes, livreiros, funcionários, colaboradores e acionistas.

Nosso comportamento ético incondicional e nossa responsabilidade social e ambiental são reforçados pela natureza educacional de nossa atividade e dão sustentabilidade ao crescimento contínuo e à rentabilidade do grupo.

AMARILDO DE SOUZA **NOGUEIRA**

LOGÍSTICA EMPRESARIAL

UM GUIA PRÁTICO de OPERAÇÕES LOGÍSTICAS

Inclui **VIDEOAULAS EXCLUSIVAS**
Acesso *on-line*

2ª edição

- Direitos exclusivos para a língua portuguesa
  Copyright © 2018, 2021 (3ª impressão) by
  Editora Atlas Ltda.
  Uma editora integrante do GEN | Grupo Editorial Nacional
  Travessa do Ouvidor, 11
  Rio de Janeiro – RJ – 20040-040
  www.grupogen.com.br

- Designer de Capa: Ricardo Lima
- Imagem de capa: Hilch | iStockphoto
- Editoração eletrônica: Caixa Alta Editoração | Ronaldo Alexandre

- Ficha catalográfica

Nogueira, Amarildo de Souza
   Logística empresarial: um guia prático de operações logísticas / Amarildo de Souza Nogueira. – 2. ed. – [3. Reimpr.]. – São Paulo: Atlas, 2021.

   Inclui bibliografia
   Glossário
   ISBN 978-85-97-01363-4

1. Logística empresarial. I. Título.

18-46943   CDU: 658.7

Material Suplementar

Este livro conta com os seguintes materiais suplementares:

- *Slides* para apresentação (restrito a docentes);
- Manual do mestre (restrito a docentes).

  - O acesso ao material suplementar é gratuito. Basta que o leitor se cadastre e faça seu *login* em nosso *site* (www.grupogen.com.br), clicando em GEN-IO, no *menu* superior do lado direito.
  - *O acesso ao material suplementar online fica disponível até seis meses após a edição do livro ser retirada do mercado.*
  - Caso haja alguma mudança no sistema ou dificuldade de acesso, entre em contato conosco (gendigital@grupogen.com.br).

GEN-IO (GEN | Informação Online) é o ambiente virtual de aprendizagem do GEN | Grupo Editorial Nacional

APRESENTAÇÃO

Há muito tempo, como na construção das grandes pirâmides no Egito, o homem se preocupou em encontrar a melhor forma de mover os materiais para o local da obra. A expansão da cultura e da economia do velho continente para o novo mundo no período das grandes navegações é um outro exemplo significativo do desafio em logística.

Uma das mais profundas e notórias colocações feitas por Adam Smith sobre a especialização foi que a divisão do trabalho é limitada pela extensão do mercado.

De forma direta, a especialização por meio da divisão do trabalho e os seus investimentos fixos, fruto da economia de produção em larga escala, não se justifica a não ser pelo tamanho do mercado.

A extensão da demanda deve atingir o seu nível mínimo antes que a especialização torne-se economicamente vantajosa. No caso em que a demanda seja suficientemente alta, a especialização na produção pode ser viável ao ponto de justificar a divisão do trabalho no chão de fábrica.

No seu aspecto mais básico, a atividade econômica pode ser dividida em duas formas:

- a produção que envolve a transformação das matérias-primas em produtos e o serviço que inclui a mão de obra, o capital e demais recursos tangíveis e intangíveis;
- a outra forma pela troca, onde os bens e serviços são transacionados com outros mediante permutas ou mais comumente utilizando moedas como referência.

A extensão em que uma atividade econômica pode gerar riquezas depende da eficiência do seu processo produtivo e de trocas.

Por outro lado, a microestrutura do desenvolvimento econômico depende do processo de trocas em que a revolução industrial viabilizou o início da abertura do mercado global para os bens manufaturados.

O avanço do comércio global combinado com a terceirização da manufatura ao redor do mundo transformou a distribuição numa tarefa complexa.

Empresas empregam consultores de logística para a modelagem da cadeia de suprimentos e para monitorar as operações de armazenamento e de transporte, ajustando-se à crescente incerteza das demandas do mercado e a uma forte pressão por redução de custos.

Pela crescente integração dos mercados, a atividade de logística começou a receber um reconhecimento cada vez maior como parâmetro de vantagem competitiva no processo de planejamento nas organizações. A principal razão está na mudança organizacional provocada pelo novo modelo de relacionamento entre fornecedores e os clientes que visam o estabelecimento de objetivos compartilhados em horizonte de tempo cada vez mais de longo prazo.

O desenvolvimento de um modelo flexível de negócios permite às empresas programar mudanças na medida da pressão dos concorrentes e na identificação das oportunidades de mercado; e alavancar os recursos disponíveis pelo uso eficiente das capacidades existentes por meio destas novas formas de relacionamento.

A gestão das operações logísticas procura, assim, identificar a forma mais apropriada para atingir os resultados desejados pela criação de um modelo dinâmico de negócios, onde se nota um intenso relacionamento que se reflete na interação entre a causa e o efeito. O foco da mudança está na flexibilidade do sistema que estabelece novas fronteiras operacionais e na forma de execução das atividades de logística. Ou seja, a competência em logística da empresa é atingida no equilíbrio obtido pela mudança de relacionamentos.

Como se observa, o processo logístico que envolve a movimentação, armazenamento de cargas e o fluxo de informações do ponto de origem ao ponto de consumo, de maneira eficaz, constitui fatores básicos de diferenciação competitiva nos dias de hoje.

A questão tecnológica exerce uma função importante no aprimoramento da excelência das operações logísticas. A disponibilidade de aplicações para o rastreamento em tempo real dos materiais em movimento, que incluem a quantidade, localização, posição do estoque e de mercadorias, forma um sistema eficiente de apoio à decisão para os gestores empresariais.

O surgimento de armazéns inteligentes dotados de sistemas de radiofrequência e de leitoras de código de barras para a coleta de informações para indicar a ordem em que os produtos devem ser retirados das prateleiras, a atualização da posição do estoque e a necessidade de reabastecimento em tempo real têm mudado o ambiente logístico nas empresas.

Na presente obra, o autor, de larga trajetória profissional e acadêmica bem fundamentada, procura abordar as questões da logística de forma ampla e realística aliadas aos desafios e às necessidades operacionais.

O seu conteúdo rico e detalhado pode proporcionar uma leitura consistente e didática que pode contribuir para ampliar conhecimentos em logística e agregar novas formas de atuação neste mundo fascinante e desafiador que é o da logística.

Prof. Dr. Getúlio Akabane
Centro Paula Souza, FATEC SP

PREFÁCIO

Em conversas com alunos em minha vida acadêmica, como professor e co-ordenador de curso, percebi a carência desses alunos em encontrar bibliografia que trate dos principais temas de relevância da logística em um único material. Esta percepção foi fator motivador e relevante, ao evidenciar a dificuldade destes alunos quando solicitava a elaboração de trabalhos como, por exemplo, ferramentas logísticas, gestão de inventário, TI aplicada à logística e gestão de carreira em logística.

Por esse motivo, em 2005 iniciei o desenvolvimento e pesquisa deste texto para proporcionar condições para que o leitor compreenda e coloque em prática, de forma clara e objetiva, os principais conceitos que envolvem a boa gestão dos processos logísticos.

Este material de conteúdo tem por objetivo atuar em todos os segmentos que desejam obter conhecimento dos principais processos que envolvam a logística. Como público alvo temos estudantes e profissionais da área logística ou que desejam compreender melhor a sua prática, bem como técnicas de implementação em seus negócios. Nos cursos de graduação e pós-graduação este livro pode ser utilizado em todos os semestres que contem disciplinas relacionadas à logística.

Encontramos nas literaturas algumas definições sobre os processos que envolvem a logística, onde destaco Bowersox (2001), que faz referência à importância de conhecer as principais atividades para controlar e planejar de forma adequada. Compete à logística a coordenação de áreas funcionais da empresa desde a avaliação de um projeto de rede, englobando localização das instalações (inclusive estrutura interna e quantidade), sistema de informação, transporte, suprimentos, armazenagem, até se atingir um processo de criação de valor para o cliente, de grande importância no planejamento logístico.

Para que possamos conquistar sucesso em um empreendimento, temos no conhecimento um fator primordial. O conhecimento proporciona lugar de destaque no mundo dos negócios, sendo um fator de extrema importância para alcance de resultados significativos.

O conteúdo deste livro foi dividido estruturalmente em nove capítulos. O Capítulo 1 disponibiliza uma introdução sobre logística, sua importância quanto à necessidade de estudá-la e sua finalidade estratégica para a empresa. Destaca uma visão local e global da logística, bem como a importância da inovação, competência logística e desenvolvimento de talentos.

O Capítulo 2 ilustra a cadeia de abastecimento (*supply chain)* na integração dos processos logísticos. Destaca o conceito de logística e sua importância, além de um breve histórico da logística e considerações de estratégia para o futuro. Ainda nesse capítulo destacamos a importância da logística de suprimento e processos relacionados ao PPCPE (programação, planejamento e controle da produção e estoque), concluindo com a abordagem da importância das atividades primárias e de apoio, propondo uma reflexão sugerida pelo autor sobre a inclusão de gestão de pessoas como um dos itens das atividades de apoio.

O Capítulo 3 possui como foco central a importância da correta armazenagem, sistema de *picking* e *packing*, separação e unitização de pedidos, tipos de embalagens, distribuição e logística reversa.

O Capítulo 4 destaca os sistemas modais de transporte com apresentação das principais características, destacando suas vantagens e desvantagens. Neste capítulo faço uma proposição para consideração do novo sistema modal, o infoviário.

O Capítulo 5 apresenta técnicas e práticas para gestão de estoques, formas de cálculo de dimensionamento e previsão da demanda. Nesse capítulo, foi direcionado um foco de maior importância e conteúdo para o tema, ferramentas logísticas e gestão de inventário, temas relevantes para a boa gestão do estoque, além da classificação ABC e seus parâmetros de classificação e determinação.

O Capítulo 6 apresenta o papel crucial da tecnologia da informação para a eficácia do desempenho da logística. Nesse capítulo temos a definição de WMS, ERP, TMS, ECR, CRM, RFID e código de barras. O mesmo destaca a importância da TI nos processos logísticos para proporcionar informações precisas e direcionadas, bem como a importância correta da gestão dessas informações.

O Capítulo 7 apresenta a importância do planejamento logístico, indicadores de performance (KPI) e benchmarking. Para o final foi destacado o tema de relevância para empresas, mas que ainda não faz parte da cultura de grande parte delas, a qualificação profissional dos profissionais de logística.

O Capítulo 8 destaca a importância da logística no comercio internacional, proporcionando informações importantes para conceituar o que é exportação e importação, conhecer os passos dos processos de exportação e importação, bem como os principais documentos utilizados. Descreve o que é e quais são os INCOTERMS, sua finalidade e como utilizar. Apresenta os principais blocos econômicos e órgãos que atuam no processo de comercio exterior.

E, para conclusão deste livro, no Capítulo 9 trazemos informações importantes sobre carreira, metodologia SOM, a qual auxilia as pessoas no início da conquista do sucesso profissional e pessoal que tanto desejam. Descreve passo a passo como estabelecer uma Meta, destacando detalhes importantes para obter a conquista profissional, destacando as etapas para construção de um projeto profissional. Para concluir, apresentamos a importância do processo de Coaching, que tem foco em ajudar pessoas a avançar, em relação às suas metas mais importantes, realizar seus objetivos e criar a versão do Coachee da vida ideal e da carreira ideal que desejam.

Os temas abordados neste livro proporcionarão ao leitor melhor compreensão e prática dos processos logísticos.

A disponibilização deste material me proporciona a oportunidade de disseminar o aprendizado adquirido até este momento de minha vida, me fazendo acreditar que, trabalhando com humildade e profissionalismo, estou no caminho certo.

Este livro é dedicado para aqueles que têm me proporcionado grande aprendizado – meus alunos, profissionais da área e amigos.

Amarildo de Souza Nogueira
amarildo@megainovacao.com.br
www.megainovacao.com.br

VIDEOAULAS

Este livro conta com acesso exclusivo a videoaulas especialmente preparadas pelo autor.

Veja o passo a passo para acesso na orelha deste livro.

SUMÁRIO

CONHECENDO A LOGÍSTICA

Assista à **videoaula**

OBJETIVOS DE APRENDIZAGEM

Ao final deste capítulo, o aluno deverá ser capaz de:

- Identificar em nosso dia a dia a prática de processos logísticos e sua importância.
- Explicar a importância da logística.
- Descrever a função estratégica da logística na empresa.
- Conceituar competência logística.
- Listar os três aspectos que envolvem o talento.

1. INTRODUÇÃO

Por muitas vezes ouvimos falar e vimos a palavra "logística". Algumas pessoas ainda desconhecem seu significado, acreditando que a logística está relacionada somente com transporte, enquanto muitos não têm a mínima ideia do que seja e outros acham que é algo relacionado com lógica ou somente a entrega de um produto em determinado local.

Muitas atividades necessitam da logística, que possui grande influência em nossas vidas, principalmente nos dias de hoje. Todos os bens de consumo se utilizam de processos logísticos até que estejam disponíveis para consumo em seu cliente final.

O conceito de logística não é algo que surgiu recentemente; desde antes de Cristo a logística já era utilizada nas grandes guerras que fizeram parte de nossa história. "Logística" sempre foi um termo muito utilizado pelos militares, pois nas operações de guerra havia a necessidade de que cada equipe estivesse preparada para executar suas atividades no momento certo. Ao avançar suas tropas, o oficial precisaria ter uma equipe que providenciasse o deslocamento na hora certa de munição, víveres, equipamentos e socorro médico para o campo de batalha.

2. CONCEITOS

A logística vem despertando em todos os negócios grande relevância; as empresas estão se conscientizando da importância de conhecer as melhores práticas para trabalhar de forma integrada com sua cadeia de suprimentos negócios.

O conceito de logística é colocar o produto certo na hora certa, no local certo e ao menor custo possível. Este conceito tem sido utilizado para descrever a sinergia proporcionada pelas operações entre as funções das empresas, porém é necessário que se busque, com base nesse conceito, a descrição do que realmente é um processo logístico. O processo logístico deve estar conectado ao conceito da logística, compreender as áreas operacionais (suprimento, produção e distribuição), desde as fontes de matéria-prima até o produto acabado chegar às mãos do consumidor final, buscando a minimização dos custos envolvidos e garantindo a melhoria dos níveis de serviço.

Neste contexto, para que possamos nos familiarizar, vamos compreender a importância da logística em nossas vidas, o porquê de estudá-la, bem como conhecer as práticas para se obter competência logística e a importância de talentos na realização de suas atividades.

2.1 A importância da logística

O termo "logística" está obtendo lugar de destaque nos últimos anos no Brasil, pois hoje as condições são mais favoráveis. Na década de 80 seria difícil trabalhar com processos logísticos porque tínhamos uma economia onde a inflação acelerada obrigava a remarcação de preços dos produtos diariamente. Nesse período, o negócio era estocar tudo que fosse possível para aproveitar o valor (moeda) do produto naquele dia. Esta ideia é bem diferente do que nos ensina a logística, que tem como foco o produto certo no momento certo.

Com a estabilização da economia a partir de 1994, com o Plano Real, e foco na administração dos custos, a evolução da microinformática e da TI (tecnologia de informação) desenvolvendo *softwares* cada vez mais eficazes para o gerenciamento de armazéns, transporte, código de barras, os processos logísticos começaram a ter lugar de destaque, proporcionando maior solidez.

Para refletir

Se você for ao supermercado para fazer uma única compra do mês para sua casa na qual não poderá esquecer nenhum item, como faria para realizar esta compra de forma assertiva? Existe alguma forma de realizá-la com essa assertividade?

Para compreendermos melhor como isso funciona, vamos falar de algo que faz parte do nosso dia a dia. Para realizar compras no supermercado, você geralmente faz uma lista com todos os produtos que precisará comprar. Ao chegar ao supermercado, você coloca no carrinho os produtos de acordo com a sua lista. Você poderá percorrer o supermercado de duas formas, pegando os produtos de acordo com a sequência de sua lista ou percorrendo todos os corredores de uma ponta à outra até finalizar a sua compra. Se por acaso alguns produtos estiverem em falta, você levará outro similar ou comprará em outro lugar. A simples atividade de efetuar uma compra no supermercado retrata a importância do processo logístico, que neste caso é ter o produto certo no lugar e momento certo. Aproveitando este exemplo, podemos perceber que depois da estabilização da moeda, a partir de 1994, a prática de grandes compras em uma única vez foi substituída pelas compras semanais e até mesmo diárias, dependendo do produto, caracterizando assim a estabilidade financeira da moeda.

Podemos então dizer que logística é um processo que faz parte da vida de todos nós e que possui condições para melhorar a qualidade de vida das pessoas, quando bem praticada.

As grandes empresas, conscientes disso, trabalham cada vez mais com aperfeiçoamento e inovação dos processos logísticos para obter um bom desempenho de suas atividades. Por ser um diferencial competitivo, as empresas investem cada vez mais em tecnologia, infraestrutura, porém a capacitação de seus colaboradores por intermédio de treinamentos ainda deixa a desejar. É preciso melhorar a capacitação profissional dos colaboradores para que os mesmos possam proporcionar serviços de qualidade à empresa na garantia de fidelização e satisfação de seus clientes.

Em requisitos de inovação e excelência, destacamos as empresas automobilísticas como precursoras das implementações de processos logísticos. As mesmas possuem como objetivo redução de custos no processo, recebimento de materiais no momento certo (*just in time*) para execução da montagem e otimização do processo produtivo sem perder a qualidade do produto final. Esta necessidade é muito positiva, pois assim novas ferramentas logísticas surgem, melhorando ainda mais o processo.

No Brasil, é crescente o número dos cursos de Tecnologia em Logística, Pós-Graduação em Logística e MBA em Logística Empresarial, capacitando profissionais para as mais variadas áreas da logística, com a consciência de que profissionais mais bem qualificados garantirão um lugar no mercado de trabalho.

É por isso que digo esta frase em palestras e em salas de aula desde 2005: "Logística não é um modismo, veio para ficar."

2.2 Por que estudar logística

A logística contempla vários processos que vivenciamos diariamente, sejam estes processos em maior ou menor complexidade. No início dos anos 2000, por fatores como a estabilização da economia brasileira e o *boom* da tecnologia da informação, a logística começou a ganhar lugar de destaque entre as pessoas, começando a fazer parte do dia a dia de nossas vidas.

Algumas pessoas estudam logística porque é assunto e também por ser interessante e as tornar mais bem informadas. Porém existem motivos com maior importância e relevância para se estudar logística, pois Ballou (1993) definiu que a logística seria a profissão do futuro, dizendo que futuramente as condições econômicas tornarão a logística um campo mais atrativo do que ele é hoje. Por isso as empresas mudarão seu foco de gerenciar seu crescimento para competir por maior participação de mercado. Quando isso acontecer, maior atenção será dada à distribuição pelo fato do mercado experimentar um rápido crescimento.

Ronald Ballou tinha razão, hoje percebemos que as empresas já compreenderam a necessidade em proporcionar uma logística eficiente para garantia de bons resultados de seu negócio. Os processos logísticos estão presentes em indústrias, hospitais, centros de distribuição, supermercados, transportes, varejo, escritórios, restaurantes e em muitos outros lugares.

Toda vez que houver uma movimentação de produto ou de informação, de um lugar a outro, estaremos no campo da logística e, certamente, estaremos envolvidos com atividades de transporte, movimentação e armazenagem, planejamento e controle de estoques, processamento de pedidos e documentos e planejamento e controle logístico. O estudo da logística visa, através de uma visão sistêmica, otimizar esse conjunto de atividades de modo a atingirmos os resultados de "distribuição" e "serviço ao cliente" com o menor custo possível.

No ano de 2005, ministrando aulas em cursos de Logística, eu destacava para os alunos a importância de estudar e se profissionalizar em logística e sempre dizia para eles que a **"logística era a bola da vez"**. A grande maioria não acreditava e comentava da dificuldade em se conquistar uma colocação no mercado nesta área somente com o diploma de Logística. Eles não estavam totalmente errados, pois as vagas de logística naquele momento solicitavam como pré-requisito para as vagas formação em Administração, Engenharia e em alguns casos até Sistemas de Informação. Apesar desses detalhes relativos, naquele momento os que acreditaram se deram muito bem, e aqueles que continuarem acreditando obterão muito sucesso.

2.3 Função estratégica da logística na empresa

A tendência rumo à economia mundial integrada e à arena competitiva global está forçando as empresas a projetarem produtos para um mercado global e a racionalizarem seus processos produtivos de forma a maximizar os recursos corporativos. As empresas devem coordenar suas atividades funcionais dentro de uma estratégia coerente que considera a natureza global de seus negócios.

Figura 1.1 Estrutura logística nas organizações.

Conforme propõe Novaes (2004), com a abertura econômica garantida pela globalização, houve, para as empresas brasileiras a necessidade da busca de novos referenciais para sua atuação, inclusive na logística. Há ainda no Brasil empresas controlando seus fluxos logísticos por meio do estoque e os diversos setores atuando isoladamente. Outras que buscam melhor articulação com seus fornecedores e planejamento mais integrado de suas operações. Algumas interligadas via *electronic data interchange* (EDI), para oferecer maior flexibilidade na entrega de componentes. Também são adotados movimentos de *efficient consumer response* (ECR), para uma integração maior da cadeia de suprimentos. Essas articulações são provenientes das cinco fases da logística, que segundo Novaes (2004) são:

Tabela 1.1 Fases da logística

Fase	Descrição
Fase 1: Materiais e Distribuição	• Otimização do sistema de transporte • Baixo nível de integração • Visão técnica e operacional

Fase	Descrição
Fase 2: Logística Integrada	• Visão Sistêmica da Empresa • Integração por Sistemas de Informações • Ainda não é vista como estratégica
Fase 3: *Supply Chain Management*	• Visão sistêmica da empresa, incluindo fornecedores e canais de distribuição • Engloba processos fundamentais para a competitividade empresarial • Ganha conteúdo estratégico
Fase 4: *Supply Chain Management* e *Efficient Consumer Response*	• Crescimento de alianças estratégicas, subcontratação e canais de distribuição alternativos • A excelência em logística passa a ser fundamental para o estabelecimento de vantagens competitivas
Fase 5: Logística Reversa e Sustentabilidade	• Preocupação com a preservação do meio ambiente • EPR (*Extended Product Responsability*) • Respeito aos protocolos de Kyoto e Cartagena • Responsabilidade Social Empresarial

Fonte: Novaes (2004).

Você sabia?

Novaes (2004) aponta que, nos EUA, há muitas empresas que ainda operam na segunda fase, sendo que apenas poucas conseguiram evoluir plenamente para a quarta fase.

No entanto, de acordo com Dornier et al. (2000), a maioria das funções de logística permanece relegada aos tradicionais papéis reativos ou táticos. A alta administração projetava a estratégia sem suas considerações e relegava-lhes um papel e minimização de custo, devido principalmente às seguintes razões:

- a dominância funcional de certas áreas na formulação da estratégia corporativa;
- uma visão de curto prazo das contribuições de operações/logística;
- uma crença de que a logística é uma especialidade técnica e não função estratégica do negócio.

Já no ambiente atual de negócios, a melhoria na gestão da logística torna-se tão importante para a estratégia corporativa quanto a melhoria na manufatura e no marketing.

Nesse contexto, de acordo com Dornier et al. (2000), a estratégia de logística pode ser definida como um padrão de decisões coerente, unificado e integrativo;

determina e revela o propósito das atividades de operações e logística na organização, em termos dos objetivos de longo prazo da empresa, programas de ação e prioridades de alocação de recursos; procura suportar ou atingir uma vantagem sustentada de longo prazo por meio da resposta adequada às oportunidades e ameaças no ambiente da empresa.

Christopher (1997) aborda que somente num passado recente é que as organizações empresariais reconheceram o impacto vital que o gerenciamento logístico pode ter na obtenção da vantagem competitiva. Logo, ele define a logística como sendo o processo de gerenciar estrategicamente, ou seja, de gerenciar por meio de estratégias competitivas que englobem a logística.

O gerenciamento logístico pode proporcionar uma fonte de vantagem competitiva, ou seja, uma posição de superioridade duradoura sobre os concorrentes, em termos de preferência do cliente, pode ser alcançada através da logística.

A procura de uma vantagem competitiva sustentável e defensável tem se tornado a preocupação de todo gestor atento para as realidades do mercado. Não se pode mais pressupor que os produtos bons sempre vendam, nem é aceitável imaginar que o sucesso de hoje continuará no futuro. As empresas que visualizarem a logística como uma arma de marketing, provavelmente, tornarão a logística uma parte integrante de sua estratégia de negócios (LAMBERT et al.,1998).

Nesse sentido, vale observar a ênfase dada à procura de estratégias nos últimos anos que proporcionassem um valor superior aos percebido pelo cliente. Grande parte do mérito dessa procura deve-se a Michael Porter, que alertou os gestores e estrategistas para a importância central das forças competitivas para alcançar sucesso no mercado. De acordo com Porter (1990): "inter-relações entre unidades empresariais podem ter uma influência poderosa sobre a vantagem competitiva, reduzindo o custo ou acentuando a diferenciação". A cadeia de valores proposta pelo autor está relacionada ao estudo de competências, pois o mesmo propõe alianças estratégicas entre empresas como forma de criar vantagem competitiva, o que constitui a cadeia de valores que ele propõe, conforme Figura 1.3.

Segundo Christopher (1997), Porter trouxe um conceito particular ao abordar esse assunto, que é o da cadeia de valores, destacando que a vantagem competitiva não pode ser compreendida olhando-se para uma empresa como um todo. Ela deriva das muitas atividades discretas que uma empresa desempenha, projetando, produzindo, comercializando, entregando e apoiando seu produto. Cada uma dessas atividades pode contribuir para a posição de custo relativo da empresa e criar a base para a diferenciação. A cadeia de valores desdobra a empresa em suas atividades estrategicamente relevantes, para compreender o comportamento dos custos e as fontes de diferenciação existentes ou potenciais. Uma empresa ganha vantagem competitiva executando essas atividades estrategicamente importantes de maneira mais barata ou melhor do que seus concorrentes.

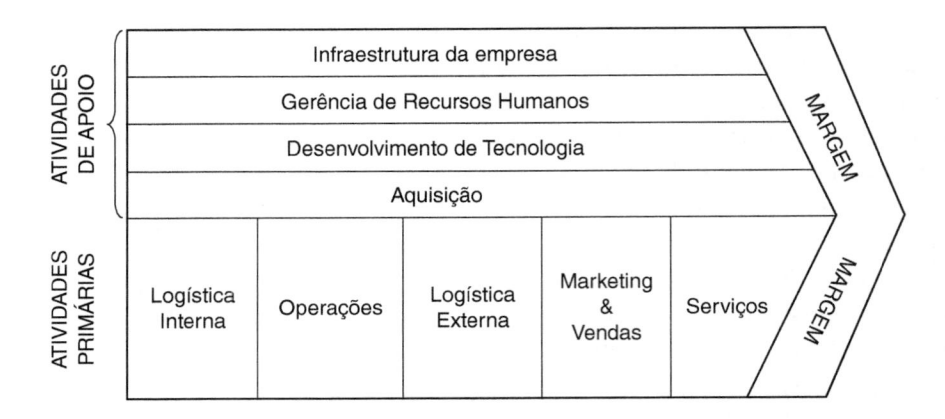

Fonte: Porter (1990).
Figura 1.2 Cadeia de valores de Porter.

Essas atividades da cadeia de valor podem ser categorizadas em dois tipos: primárias (logística interna, operações, logística externa, marketing e vendas e serviços) e atividades de apoio (infraestrutura, gerenciamento de recursos humanos, desenvolvimento de tecnologia e aquisição). Assim, a vantagem competitiva da empresa surge da maneira como as empresas desempenham tais atividades discretas dentro da cadeia de valores.

Logo, para ganhar vantagem competitiva sobre seus rivais, uma empresa deve proporcionar valor para seus clientes, desempenhando as atividades de modo mais eficiente do que seus concorrentes ou desempenhando de forma que crie maior valor percebido pelo consumidor.

Pode-se inferir que o gerenciamento logístico planejará e coordenará todas as atividades necessárias para alcançar níveis desejáveis dos serviços e qualidade ao custo mais baixo possível. Portanto, a logística deve ser vista como o elo entre o mercado e a atividade operacional da empresa, excedendo seu raio de ação sobre toda a organização, do gerenciamento de matérias-primas até a entrega do produto final (BLOOMBERG et al., 2002).

2.4   Logística eficiente na organização

A qualidade e o serviço ao cliente têm sido o enfoque da alta gerência. Entretanto, aceitar os conceitos é somente o primeiro passo. Uma empresa deve, também, implementar estratégias, planos e programas, para estar capacitada a fornecer níveis aceitáveis de qualidade e serviços aos seus clientes. A logística e os recursos humanos, que fazem parte da função logística, são vitais nesse processo.

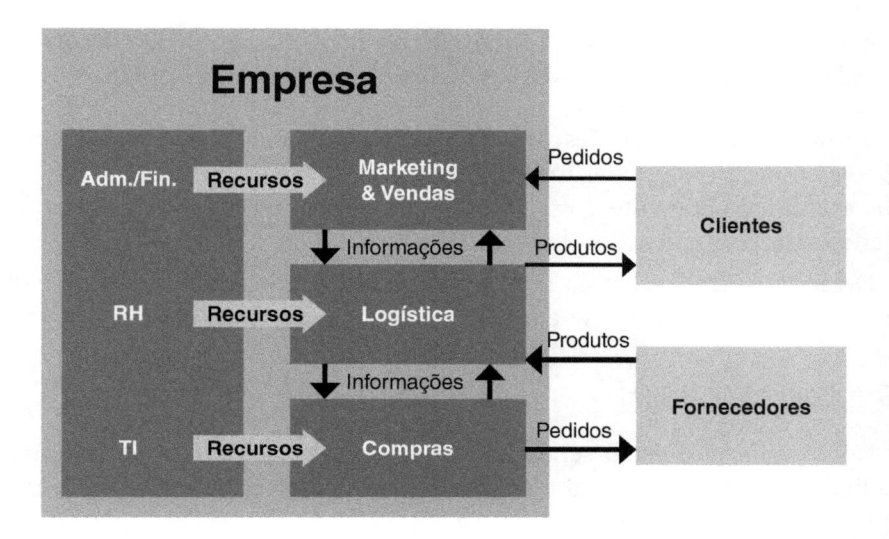

Figura 1.3 Logística nas organizações.

Uma organização logística eficiente e capaz é vital para o processo estratégico gerencial. Segundo Horovitz, citado por Lambert *et al.* (1998, p. 42), as empresas reconhecem que seus problemas, desafios, esforços atuais e espaço para progredir não pertencem à área de tomada de decisão estratégica, mas a outras quatro áreas correlatas: estrutura organizacional, processo de planejamento, pessoas e estilo. Cada uma pode ser considerada como um recurso estratégico importante e um ativo de longo prazo da empresa.

Na realidade, muitos fatores podem influenciar a eficiência da organização logística. Em geral, tais fatores podem ser resumidos em: características organizacionais (estrutura e tecnologia são os principais componentes dessa característica), características ambientais (fatores internos e externos), características dos empregados, políticas e práticas gerenciais (COLLIS; MONTGOMERY, 1995).

Logo, na prática, para estruturar uma nova organização logística, ou talvez reestruturar a já existente, devem-se seguir os seguintes passos ou estágios, conforme Lambert et al. (1998):

a) pesquisar a estratégia e os objetivos da empresa;

b) organizar as funções de forma compatível com a estrutura da empresa;

c) definir as funções pelas quais o executivo de logística é responsável;

d) conhecer o seu estilo de administração;

e) organizar-se para a flexibilidade;

f) conhecer os sistemas de apoio disponíveis;

g) entender e planejar a alocação de recursos humanos de tal forma que favoreça tanto os objetivos individuais quanto os da empresa.

Portanto, as organizações logísticas com propósitos claros trabalham com objetivos específicos e mensuráveis, estratégias e planos para atingir esses objetivos e comprometimento com a força de trabalho, para assim alcançar níveis de eficiência mais altos.

De conformidade com os passos estabelecidos por Lambert et al. (1998), é possível entender a forma de atuação da logística em nível global.

2.5   Logística global

Novos mercados estão sendo abertos e os mercados existentes estão se expandindo mundialmente. Lambert et al. (1998) afirma que as economias das nações industrializadas estão saturadas, ou seja, suas taxas de crescimento têm diminuído e, como resultado, esses países estão buscando oportunidades de mercado em outros países.

O aumento da competitividade tem sido caracterizado, principalmente, pela diminuição dos ciclos de vida dos produtos e pelo aumento na diversificação dos mesmos, impulsionados pelo uso, cada vez mais intenso, da tecnologia como facilitador do gerenciamento de informações de qualquer lugar do mundo. O advento da globalização, com suas ferramentas tecnológicas preciosas, nos possibilita visualizar e adquirir qualquer produto que desejarmos, em qualquer parte do mundo.

De forma geral, a globalização se refere à crescente interdependência entre países, refletida nos crescentes fluxos internacionais de bens, serviços, capital e conhecimentos.

Porém, para que esses produtos sejam exportados ou importados, necessitamos obedecer algumas normas internacionais e nacionais para garantia do sucesso de toda operação, desde a solicitação de compra por parte do cliente, até a disponibilização desse produto em suas mãos.

Importante também destacar a importância de sabermos utilizar o modal de transporte adequado, bem como os procedimentos e documentação que devem ser utilizados, para assim colocarmos e trazermos produtos variados de onde desejarmos.

No nível de cada país, a globalização se refere à extensão das inter-relações entre a economia nacional e a do resto do mundo. Apesar de um mundo crescentemente global, nem todos os países estão igualmente integrados nessa economia global.

No entanto, o gerenciamento do sistema de distribuição global é muito mais complexo do que a rede puramente doméstica. Assim, os gerentes devem analisar o ambiente internacional, planejá-lo e desenvolver procedimentos de controle corretos para monitorar o sucesso ou fracasso do sistema logístico no exterior.

Para ser global, uma empresa deve ser capaz de coordenar um complexo conjunto de atividades – marketing, produção, finanças, suprimentos – para que possa obter o menor custo logístico total. Isso permitirá que a empresa produza um impacto máximo no mercado e ganhe vantagem competitiva em seus mercados-alvo internacionais (BLOOMBERG et al., 2002).

Uma vez que as empresas excedem suas cadeias de suprimentos internacionalmente, elas se veem forçadas a enfrentar o problema de como estruturar sua organização logística global. Nesse sentido, segundo Christopher (1997), existem alguns princípios gerais que podem ser seguidos:

a) a estruturação estratégica e o controle geral dos fluxos logísticos devem ser centralizados para alcançar a otimização dos custos em nível mundial;

b) o controle e o gerenciamento do serviço ao cliente devem ser localizados de acordo com as necessidades dos mercados específicos, para assegurar a obtenção e manutenção de vantagem competitiva;

c) o aumento da tendência para a aquisição de todas as necessidades em terceiros, exceto núcleos de competência, daí então a necessidade de coordenação global;

d) um sistema global de informações logísticas é o pré-requisito que possibilita a satisfação das necessidades locais de serviços, procurando, ao mesmo tempo, a otimização dos custos globais.

Portanto, a diferença entre sucesso e fracasso num mercado global será cada vez mais determinada não pela sofisticação tecnológica do produto ou mesmo pelas comunicações de marketing, mas pela forma como se gerencia e se controla o fluxo logístico total.

2.6 Inovação como estratégia logística

A inovação vem sendo considerada um forte aliado da competitividade das organizações. Por volta dos anos 90, grande parte das empresas buscam criar produtos, processos, serviços, o que for para se diferenciar da concorrência, para atender melhor os seus clientes, entregar maior valor e, assim, conseguir ganhar margem de lucro. Com tanta gente preocupada com inovação, é normal que o mercado se torne cada vez mais competitivo.

A percepção que se tem sobre inovação é a de que a mesma está ligada diretamente à tecnologia, porém este pensamento deve ser melhor analisado. A capacidade dos gestores das organizações de estabelecer um pensamento estratégico faz da inovação uma das tarefas mais complicadas de se implementar.

Apesar desta complexidade, cada vez mais a inovação se torna fator de importância e relevância para que as empresas possam aumentar sua competitividade no médio e longo prazo. Com esta percepção, é importante não somente aliar processo de inovação ao planejamento estratégico da empresa, mas também usar um raciocínio para pensar através das fronteiras setoriais, na oportunidade de descobrir demandas inesperadas.

Podemos destacar como empresas mais inovadoras as seguintes: Apple (tecnologia, *hardware* e *software*); 3M (tecnologia diversificada que apresenta soluções inovadoras para as necessidades do dia a dia); Siemens (oferece desde eletrodomésticos inovadores e iluminação energeticamente eficientes, até sistemas de segurança e automação); IBM (prestação de serviços); Google (tecnologia, *software* e *hardware*); Nokia (comunicação móvel); Facebook (redes sociais); Brasilatas (embalagens metálicas); Whirlpool (fabricante de eletrodomésticos e dona das marcas Brastemp e Consul). Essas empresas possuem grande habilidade de entender o que seus clientes querem, pois procuram ajudar seus clientes no desenvolvimento de seus desejos. Para que isso aconteça é essencial trazer as melhores ideias de seus funcionários, profissionais estes que estão ligados diretamente com o produto e/ou serviço, e dar as condições para que estes virem produtos e serviços lucrativos na vida real. Inovações não vêm somente de ideias novas. Grandes inovadores fazem produtos atuais evoluir.

Definição de Inovação – Fórum FVG:

Figura 1.4 Definição de inovação do Fórum FGV.

A inovação só se sustenta dentro da organização quando essa meta se torna responsabilidade de todos. O envolvimento dos colaboradores, desde o operacional até a alta gestão, é uma característica fundamental das empresas inovadoras. Com base nessa conclusão apontada em estudos acadêmicos, grandes empresas, como as mencionadas anteriormente, vêm conquistando o reconhecimento de especialistas no assunto inovação.

Você sabia?

No Brasil, entre as premiações mais populares sobre inovação, podemos destacar a realizada pela revista *Época Negócios*, que premia desde 2009, por meio de análise e critérios, as empresas mais inovadoras do Brasil.

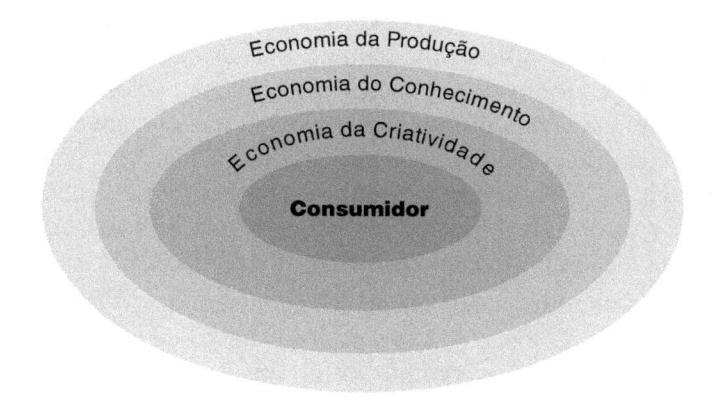

Figura 1.5 Nova estratégia da economia.

Para comprometer e envolver todos os colaboradores, inclusive aqueles do operacional, faz-se necessário quebrar o preconceito de que é pouco provável que os mesmos possam produzir inovação. É necessário um ambiente adequado na organização para o florescimento da inovação. A maioria das inovações vem dos trabalhadores comuns e não dos administradores.

Drucker (1969), um visionário, destaca em seu livro que os empreendedores precisam aprender a praticar a inovação sistemática, e não esperar a "ideia brilhante". A inovação sistemática consiste na busca deliberada e organizada de mudanças, e na análise sistemática das oportunidades que tais mudanças podem oferecer para a inovação econômica e social.

A organização inovadora é, portanto, permeada por um processo contínuo e permanente de produção de inovações, inovações essas de qualquer natureza de produto, processo, gestão ou de negócios e de qualquer magnitude.

Os processos logísticos vêm passando por grandes transformações e realizações desde a década de 1990. Assim como empresas de outros ramos de atividade estão se movendo e atentando à prática de soluções inovadoras para seus negócios, com empresas que atuam na área logística não deve ser diferente. A criatividade aliada com inovação proporciona resultados significantes, como interação dos processos, novos produtos, modelo de negócio e gestão participativa.

2.7   Competência logística

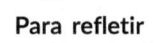

Para refletir

A competência é o ato de realizarmos uma atividade de forma produtiva, ou seja, realizar uma atividade no menor tempo possível sem a necessidade de retrabalho.

Tal como o fenômeno da logística, as interpretações sobre a competência têm como base as concepções de diferentes áreas das ciências humanas e sociais, a partir das quais conceitos e fundamentos são construídos. A competência é compreendida em contextos distintos que naturalmente geram visões, conceitos, modelos e estudos diversos a respeito do tema. Na literatura também são encontradas matrizes ou perspectivas teórico-conceituais que explicam conceitos, características e formas de expressão da competência humana que auxiliam na interpretação de sua dinâmica e desenvolvimento (GILGEOUS; PARVEEN, 2000).

Uma pesquisa conduzida por Dawe (1998) sugere que o estabelecimento de competências globais da logística seja levado ao longo de três níveis: o primeiro deles é o de competência, o segundo de atividades primárias e o terceiro de atividades de apoio:

I. competências funcionais em atividades do subprocesso da logística;

II. competências decorrentes da integração logística com os processos internos, o gerenciamento da matéria-prima, da produção e o gerenciamento da demanda;

III. competências na cadeia de abastecimento, gerenciando compartilhadamente as atividades logísticas com os membros dos diversos canais e os fornecedores de serviço externos.

A gestão do projeto de empregos e competências (GPEC) foi criada no final dos anos 1970, na França, e tal iniciativa deu origem a muitas decisões e propostas de compreensão da competência como um processo e não como uma soma de recursos. Com poucas exceções, a produtividade nas empresas modernas se baseia nas competências e no capital intelectual do sistema da empresa, dos ativos tangíveis (QUINN; ANDERSON; FINKELSTEIN, 2005).

A relação entre gestão de competências e logística estabelece-se a partir da análise das capacidades empresariais, sendo que, por uma análise deste tipo de empresas, percebem-se argumentos relacionados com o quadro de capital intelectual, pois o capital intelectual e as competências influenciam no desempenho da empresa (LEE; LEE; LIN, 2007). Na teoria, o capital intelectual deve ser de maior importância em domínios inovadores e baseado nas competências e conhecimentos das empresas (MCELROY, 2002; MCELROY; JORNA; VAN ENGELEN, 2006).

Trazendo para a realidade da logística empresarial, associa-se o estudo e administração dos fluxos de bens e serviços e da informação associada ao elemento que os põe em movimento, que são as competências (HARVEY; LUSCH, 1997).

A logística trata todas as atividades de movimentação e armazenagem, que facilitam o fluxo de produtos desde o ponto de aquisição da matéria-prima até o ponto de consumo final, assim como fluxos de informação que colocam os produtos em movimento, com o propósito de providenciar níveis de serviço adequados aos clientes a um custo razoável (BALLOU, 1999).

Dentro deste conceito, é importante fazer referência à sua aplicabilidade prática, e quais atividades estão direta e indiretamente relacionadas ao funcionamento da logística dentro de uma organização.

Custos de operações logísticas tornaram-se determinantes críticos das margens de lucro. É importante mencionar também o crescente reconhecimento da logística como parte de vantagem competitiva potencial por parte das empresas (DORNIER et al., 2000).

2.8   Importância em desenvolver talentos na organização

A principal fonte de vantagem competitiva para muitas organizações é o talento, daí a necessidade de não só atrair, mas também desenvolver e reter esse profissional. As empresas cada vez mais têm investido em equipamentos de movimentação, transporte, tecnologia da informação, estrutura de armazéns, entre outros. Porém, além destas preocupações, se os colaboradores da empresa não souberem qual a sua real importância no processo e qual a melhor forma de realizá-las, deixarão a desejar, comprometendo o bom desempenho dos resultados da empresa.

Acredito, pois isso é perceptível, que um dos principais problemas em uma empresa é a dificuldade em recrutar, selecionar e manter uma boa força de trabalho. Isso é o que constitui o principal gargalo para as operações do negócio. É muito raro que algum projeto baseado em boas ideias, vigor e entusiasmo seja barrado por falta de caixa ou recursos financeiros.

É sabido o potencial e necessidade da logística para as organizações, porém ainda algumas destas desconhecem práticas fundamentais de gestão de pessoas. Cada vez mais fica evidente que existem empresas cujo crescimento foi dificultado por não se conseguir manter uma força de trabalho eficiente e entusiasmada, ou seja, faltou capital intelectual.

Os colaboradores devem agregar valor à empresa, mas para isso é preciso que a empresa procure investir nesses colaboradores. As empresas, aos poucos, vêm se conscientizando de que o conhecimento de cada fase dos processos é de grande importância para o sucesso de toda a operação. Os colaboradores de uma empresa devem fazer parte de um time, sugerindo e colocando em prática possíveis melhorias.

Uma ferramenta poderosa para melhoria na *performance* dos colaboradores é o treinamento ou cursos de extensão. O treinamento ou curso tem a finalidade de aprimorar o conhecimento profissional. O mesmo está relacionado com as atuais habilidades e competências exigidas para o cargo. Sua orientação é dar condições para as pessoas utilizarem suas principais habilidades e competências para serem bem-sucedidas. É preciso desenvolvê-las e estimulá-las a fim de que sejam capazes de assegurar os resultados organizacionais. Para que isso ocorra é necessário investir em treinamentos, cursos, proporcionando desafios, oferecendo-lhes qualidade de vida, benefícios diferenciados, remuneração compatível, desenvolvimento profissional, planejamento de carreiras, e outros fatores que são condizentes com a realidade de cada empresa.

Pessoas bem treinadas e com capital intelectual aplicado melhoram de forma significativa sua *performance* na execução de tarefas. Na logística, especialmente a informação representa um recurso fundamental no processo decisório. Ter informações precisas e em tempo para conservação de processos logísticos é o que faz a diferença nesse mercado cada vez mais acirrado.

Saber como fazer as atividades diárias, depois de um período de aprendizado, é fácil. Mas saber fazer de forma diferente, agregando valor e conseguindo lucrar, é o que faz a diferença no faturamento e *performance* da empresa.

As exigências de um novo perfil de consumidor e mercado demonstram que cada vez mais são imprescindíveis pessoas capazes e motivadas para assegurar a competitividade da empresa. Sendo assim, é preciso atrair, desenvolver e reter talentos para a organização se manter competitiva. Para dar valor às pessoas, as empresas devem ir além da noção de recursos humanos e em direção à noção de capital humano, uma noção que vê as pessoas não como recursos perecíveis a serem consumidos, mas como um bem com valor a ser desenvolvido.

Fatores como a valorização do potencial dos colaboradores, cultura e imagem da empresa, ambiente saudável, processo de estímulos para proporcionar motivação constante, propiciar constante desenvolvimento, remuneração e benefícios competitivos, transparência na comunicação, são de suma importância na retenção desses talentos.

Gerenciar talentos humanos está se tornando indispensável para o sucesso das organizações. Quando buscamos profissionais com esse quesito para uma atividade específica, percebemos que para ter talento a pessoa precisa possuir algum diferencial que a valorize. Hoje, o talento envolve três aspectos:

- *Conhecimento:* é o saber.
- *Habilidade:* é o fazer.
- *Competência:* é o saber fazer acontecer.

É preciso saber atrair, aplicar, desenvolver, recompensar, reter e monitorar esse ativo precioso para as organizações. E quem deve fazê-lo? Esse é um desafio para toda a organização e não apenas para a área de RH.

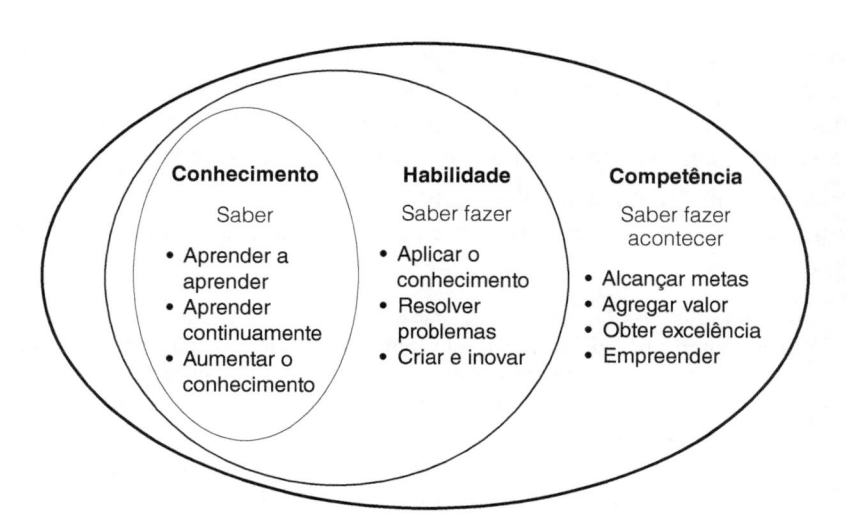

Fonte: Chiavenato (2004).
Figura 1.6 A constituição do talento humano.

Conhecimento – é o saber. Constitui o resultado de aprender a aprender, aprender continuamente e aumentar continuamente o conhecimento.

Habilidade – é o saber fazer. Significa utilizar e aplicar o conhecimento, seja para resolver problemas ou situações ou criar e inovar.

Competência – é o saber fazer acontecer. A competência permite alcançar e superar metas e resultados, agregar valor, obter excelência e abastecer o espírito empreendedor.

Não basta ter talentos para possuir capital humano. É preciso ter talentos colocados em um contexto. Se o contexto é favorável e incentivador, os talentos podem se desenvolver e crescer. Se o contexto não é adequado, os talentos fogem ou ficam amarrados.

3. ESTUDO DE CASO

Um grupo de amigos recém-formados em uma universidade resolveu realizar um churrasco para comemorar a conclusão do curso de Administração. Foram anos de dedicação extrema, e nesse momento de alegria nada melhor do que comemorar. Na sala de aula, concluíram o curso 45 alunos – sendo que somente 39 participarão do churrasco. Por se tratar de um momento especial decidiram que suas esposas, maridos, namoradas, namorados e filhos também deveriam participar desse churrasco. Ao contabilizar o número de participantes, chegaram a 145 pessoas.

Até a presente data ainda não tinham realizado um churrasco para um número tão grande de pessoas, assim ficaram discutindo qual seria a melhor forma de realizá-lo. O formando Anderson, que possui um talento especial e é conhecedor de logística, comentou que seria de grande importância um planejamento para que pudessem ter a real noção de como e o que deveriam fazer no churrasco. Como sempre, alguns concordaram, e outros acharam que não era necessário.

Para poder persuadir seus colegas, Anderson lembrou da disciplina de logística que cursaram no último semestre do curso e de sua importância, destacando a seguinte fala:

> – A logística passou a ser preocupação não só de empresas industriais, mas também comerciais e de serviços, que, sem dúvida alguma, não poderiam deixar de utilizar essa ferramenta de trabalho como um diferencial para planejar a forma ideal de atender uma demanda no menor tempo possível, com qualidade e custo ideal para seus clientes.
>
> – Na disciplina de logística aprendemos sobre a importância da logística em nossas vidas, e o autor Amarildo Nogueira destacou um exemplo simples e objetivo sobre como fazer a compra em um supermercado de tal forma que tenhamos assertividade, sem esquecer nenhum produto. Acredito ser a oportunidade de colocarmos em prática este aprendizado e de aprendermos na prática o que vimos na teoria.

Após explicação de Anderson, de forma unânime, todos compreenderam o que ele queria dizer sobre a importância da logística para o churrasco que desejavam realizar.

Questões

Primeiro passo: Individualmente, conforme os conhecimentos obtidos neste capítulo e seus conhecimentos sobre o que é necessário para realizar um churrasco desta proporção, elabore um planejamento logístico que tenha como objetivo principal o menor custo possível com a melhor qualidade esperada.

Segundo passo: Depois de elaborar o planejamento de forma individual, reúna-se em grupo de 3 a 6 pessoas para consolidar em um único planejamento logístico o que foi planejado por cada integrante.

Terceiro passo: Descrever qual a importância da logística e o quanto ela auxiliou neste processo.

4. RESUMO

A seguir estão contemplados os principais assuntos discorridos no capítulo:

- O conceito de logística não é algo que surgiu recentemente; desde antes de Cristo já era utilizada nas grandes guerras que fizeram parte de nossa história. "Logística" sempre foi um termo muito utilizado pelos militares, pois nas operações de guerra havia a necessidade de que cada equipe estivesse preparada para executar suas atividades no momento certo.

- A logística é um processo que faz parte da vida de todos nós e que possui condições para melhorar a qualidade de vida das pessoas, quando bem praticada.
- Algumas pessoas estudam logística porque é um assunto interessante que as tornam mais bem informadas. Porém, existem motivos de maior importância e relevância para se estudar logística, por ser esta uma profissão.
- Devemos nos atentar para o fato de o gerenciamento logístico poder proporcionar uma fonte de vantagem competitiva. Ou seja, uma posição de superioridade duradoura sobre os concorrentes, em termos de preferência do cliente, pode ser alcançada através da logística.
- Novos mercados estão sendo abertos e os mercados existentes estão se expandindo mundialmente. De forma geral, a globalização se refere à crescente interdependência entre países, refletida nos crescentes fluxos internacionais de bens, serviços, capital e conhecimentos.
- A percepção que se tem sobre inovação é a de que esta relaciona-se diretamente à tecnologia, porém este pensamento deve ser mais bem analisado. A capacidade de os gestores das organizações estabelecerem um pensamento estratégico faz da inovação uma das tarefas mais complicadas de se implementar.
- O desenvolvimento de talentos na empresa é de grande importância, por ser a principal fonte de vantagem competitiva para muitas organizações. Assim, não basta só atrair, mas também desenvolver e reter esse profissional.

5. EXERCÍCIOS

1. Quais itens compõem a estrutura logística nas organizações?

2. Conforme Novaes (2004), quais são as cinco fases da logística?

3. Quais são as atividades de apoio e primárias da cadeia de valor?

4. Cite quatro passos ou estágios utilizados para se estruturar ou reestruturar uma organização.

5. Quais são os três aspectos diferenciais que envolvem a valorização de um talento?

LOGÍSTICA E CADEIA DE ABASTECIMENTO – INTEGRAÇÃO DOS PROCESSOS

 Assista à **videoaula**

OBJETIVOS DE APRENDIZAGEM

Ao final deste capítulo, o aluno deverá ser capaz de:

- Definir logística.
- Descrever a importância da logística na organização.
- Conceituar *supply chain management* (SCM).
- Identificar os diferentes processos produtivos.
- Explicar o que é PPCPE e sua finalidade.
- Descrever os principais processos para o bom desempenho logístico.
- Definir o que são atividades primárias e de apoio.

1. INTRODUÇÃO

Práticas que proporcionem a integração dos processos logísticos na cadeia de abastecimento têm sido fonte de estudo e desenvolvimento por parte das empresas. A competição entre as empresas faz com que soluções que proporcionem menores custos e maior assertividade na realização das tarefas sejam de grande importância.

Neste contexto, as práticas logísticas são fundamentais para proporcionar às empresas uma melhor gestão logística e obter um processo bem alinhado para atender às expectativas de clientes e da própria empresa.

Por conta disso, o SCM (*supply chain management* – gerenciamento da cadeia de suprimento ou abastecimento) vem ganhando espaço e credibilidade quanto à sua importância para os negócios. O SCM possibilita coordenar todas as atividades que fazem parte do fluxo de materiais.

Com uma visão ampla que vai do fornecedor até o cliente final, é possível planejar melhor nossas atividades, a fim de evitar desperdícios, reduzir custos e melhorar a qualidade dos serviços ou produtos disponibilizados pela empresa.

2. CONCEITOS

Os processos de um negócio definem como as empresas executam um trabalho para entregar valor a seus clientes e, ao se concentrar em processos interfuncionais, agregamos ainda mais valor para esses clientes. O gerenciamento interfuncional desses processos cria práticas de negócio mais sólidas, que conduzem processos mais eficazes, mais eficientes e mais ágeis, oferecendo maior retorno às partes interessadas.

Ao realizarmos a integração dos processos, proporcionando a identificação e a compreensão geral da interdependência entre as atividades e como elas em conjunto geram valor para clientes e empresa, damos um grande passo para obter uma cadeia de abastecimento logístico com maior competência.

2.1 Visão geral

A logística possui algumas definições diferentes com o mesmo foco, porém a sugerida e utilizada pelos profissionais de logística é proveniente do *Council of Supply Chain Management Professionals* (CSCMP), que define logística da seguinte forma:

> Logística é o processo de planejar, executar e controlar o fluxo e armazenagem, de forma eficaz e eficiente em termos de tempo, qualidade e custos, de matérias-primas, materiais em elaboração, produtos acabados e serviços, cobrindo desde o ponto de origem até o ponto de consumo, com objetivo de atender aos requisitos do consumidor (CSCMP, 2010, p. 2).

Você sabia?

O CSCMP é um instituto formado por docentes e profissionais da área, cuja missão é divulgar e promover o intercâmbio de conceitos e ideias afins, que contribuam para o desenvolvimento da logística.

Entende-se por logística o conjunto de todas as atividades de movimentação e armazenagem necessárias, de modo a facilitar o fluxo de produtos do ponto de aquisição da matéria-prima até o ponto de consumo final, como também dos fluxos de informação que colocam os produtos em movimento, obtendo níveis de serviço adequados aos clientes, a um custo justo para ambas as partes.

De acordo com Rodriguez e Granemann (1997), o termo "logística" tem origem francesa, do verbo *loge*, que significa alojar, sendo uma terminologia utilizada pelos militares que compreendia as atividades do transporte ao abastecimento e alojamento das tropas.

Inicialmente, a logística foi utilizada na área militar, para definir as regiões e estratégias de guerra, de modo a combinar, da forma mais eficiente, tempo e custo, e com os recursos disponíveis realizar o deslocamento das tropas e supri--las com armamentos, munição e alimentação durante o trajeto, expondo-as o mínimo possível ao inimigo (BOWERSOX; CLOSS, 1996).

À medida que a economia mundial vai se tornando cada vez mais globalizada, e o Brasil vai incrementando gradativamente o seu comércio exterior, a logística passa a ter um papel acentuadamente mais importante, pois comércio e indústria consideram o mercado mundial como os seus fornecedores e clientes, indicando a necessidade de investimentos em sistemas e canais de distribuição e de prestação de serviços.

Tendo em vista que, habitualmente, são utilizadas diferentes modalidades de transporte, moedas, sistemas cambiais, políticas de incentivo ou contenção pelos países, quer na importação ou exportação, a logística internacional requer alguns cuidados dispensáveis quando se opera unicamente com o mercado doméstico.

As mercadorias que as pessoas desejavam nem sempre eram produzidas no local de consumo, fazendo com que as pessoas tivessem que consumi-las rapidamente, e as limitações existentes para transporte e armazenamento forçaram as pessoas a viverem perto das fontes produtoras. O principal motivo da implementação de um sistema de logística é justamente o uso de um sistema de troca que segue o princípio da vantagem competitiva.

A logística constitui-se em um movimento eficiente de produtos acabados, da produção ao consumidor; compreendendo também a movimentação de matéria--prima; prover maior rentabilidade aos serviços de distribuição ao consumidor pelo planejamento, organização e controle efetivo das atividades de movimentação e armazenamento. Traduz-se em oferecer ao consumidor os bens e serviços quando, onde e na quantidade desejada.

Christopher (1997) destaca que a logística é o processo de gerenciar estrategicamente a aquisição, movimentação e armazenagem de materiais, peças e produtos acabados (e os fluxos de informações correlatas), através da organização e seus canais de marketing, de modo a poder maximizar as lucratividades presentes e futuras através do atendimento dos pedidos a baixo custo.

De acordo com Bowersox e Closs (1996), o termo "logístico" não é específico para os negócios ou o setor público, mas é aplicável a qualquer atividade que utilize seus conceitos básicos. Sua implementação tem se transformado num desafio a empreendimentos que lidam com informações, transporte, estoques, armazéns, equipamentos de movimentação de carga e embalagem. A logística tem sido utilizada desde o início da civilização, mas paradoxalmente seu conceito é moderno.

Historicamente, segundo Lambert et al. (1998), a logística já recebeu denominações diversas: distribuição física, distribuição, engenharia de distribuição, logística empresarial, logística de marketing, logística de distribuição, administração de materiais, administração logística de materiais, logística, sistema de resposta rápida, administração da cadeia de abastecimento, logística industrial. Em ocasiões distintas, esses termos referiam-se essencialmente à mesma coisa: a administração do fluxo de bens do ponto de origem ao ponto de consumo.

Para Brewer e Speh (2001), o processo de integração logística é dividido em quatro estágios:

a) a empresa explora as atividades independentes do estabelecimento de um *mix* de distribuição, está focada nos clientes, porém com custos mínimos;

b) a empresa procura finalizar o produto dentro de suas instalações, estágio que começou a ser empregado na década de 70, com centralização dos produtos;

c) busca a integração com diversas funções, objetivando uma estruturação vertical, bastante observado na década de 90, ênfase na prestação de serviços;

d) a discussão de todo o processo gerencial da cadeia de suprimentos, deixando de existir operações isoladas para se pensar e agir em conjunto, que constitui o chamado *supply chain management*.

Pode-se, dessa forma, identificar a importância do papel da logística nas empresas, atuando na gestão eficiente de seus recursos, bem como atribuindo qualidade aos produtos/serviços e influindo na satisfação dos consumidores e conforme as exigências do mercado.

A logística na organização

De acordo com Bowersox e Closs (2006), sob o ponto de vista do sistema logístico, três fatores são de primária importância no estabelecimento da capacidade dos serviços de transporte:

Custo: o custo do transporte é relacionado ao pagamento, para movimentação do produto entre dois pontos, mais as despesas próprias relacionadas aos estoques em trânsito. O sistema logístico deve ser desenhado para minimizar os custos de transporte em relação ao custo total do sistema.

Velocidade: velocidade no serviço de transporte é o tempo necessário para completar um movimento entre duas localizações. Velocidade e custo são relacionados em dois caminhos. Primeiro, especialistas de transporte são capazes de prover serviços rápidos com tarifas elevadas. Segundo, o serviço rápido encurta o intervalo de tempo durante o qual materiais e produtos estão retidos no trânsito.

Consistência: a consistência do serviço de transporte refere-se à variação no tempo de um número de movimentos entre as mesmas localidades. Consistência do serviço é a mais importante característica do transporte. Se um movimento é realizado em dois dias na primeira vez e, na seguinte, é realizado em seis dias, sérios gargalos podem se desenvolver no fluxo de mercadorias, como desequilíbrio do controle de estoques pela alta variação do tempo. Falta consistência na capacidade de transporte, considerando a segurança nos níveis de estoques que terão de ser providos para proteção contra falhas no serviço. A consistência no transporte influencia os entendimentos entre vendedor e comprador com relação a riscos na manutenção de estoques.

Bowersox e Closs (2001) enfatizam que o processo básico ilustrado na Figura 2.1 não se restringe a empresas com fins lucrativos, nem é exclusividade de empresas industriais, pois a urgência de integrar necessidades e operações ocorre em todas as empresas que fabricam ou distribuem produtos, bem como as que fornecem serviços.

Explicando os termos da figura, expondo sua abrangência de ação:

- **o fluxo de materiais**, que é o gerenciamento operacional da logística, abrange a movimentação e armazenagem de materiais e produtos acabados;
- **a distribuição física,** que trata da movimentação de produtos acabados para entrega aos clientes;
- **o apoio à manufatura**, que se concentra no gerenciamento de estoque em processo à medida que este flui entre as fases de fabricação;
- **o suprimento**, abrangendo a compra e a organização de entrada de materiais, de peças e de produtos acabados de fornecedores;
- **o fluxo de informações**, que identifica locais específicos dentro de um sistema logístico em que é preciso atender algum tipo de necessidade.

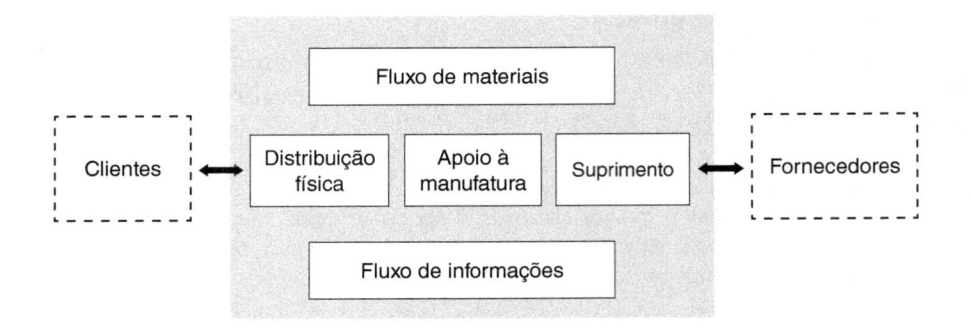

Fonte: Bowersox e Closs (2001).
Figura 2.1 A integração logística.

Os elementos de um sistema logístico, tais como o transporte, os estoques, a segurança e o nível de serviço, não atuam de forma individual e se justificam pela contribuição que dão à *performance* total do sistema, ou seja, devem estar compatíveis com a qualidade que a empresa destina ao mercado. Um relacionamento funcional chamado *trade-off*, existente entre os componentes, pode estimular ou esconder a *performance* combinada.

A administração logística está relacionada ao planejamento, à coordenação e às operações. A partir de planos estratégicos, são definidos políticas e sistemas operacionais, que devem ser coordenados de maneira a obter *performance* dos objetivos, adicionando valor aos serviços com baixos dispêndios possíveis no custo total (ZHAN, 1999).

Conforme Bowersox e Closs (2006), a logística agrega valor ao processo da cadeia de suprimentos, mas somente dedicação e competências criarão valor ao processo. Dessa maneira, exceder o desempenho de concorrentes passou a ser obstinação estratégica. Bowersox e Closs (2006), assim como Harvey e Lusch (1997), citam que a empresa típica procura desenvolver e implementar uma competência logística global, satisfazendo os clientes com gastos realistas compatíveis com os custos do produto.

Sendo assim, de acordo com Lambert et al. (1998, p. 8), a administração eficaz da logística complementa o esforço de marketing da empresa, proporcionando um direcionamento eficaz do produto ao cliente e colocando o produto no lugar certo e no momento certo.

Como parte do esforço de marketing, a logística desempenha um papel-chave na satisfação dos clientes da empresa e na lucratividade da empresa como um todo, podendo levar a uma vantagem diferencial no mercado.

Ao analisar o papel da logística na empresa, Ballou (1993) afirma que a concepção logística de agrupar conjuntamente as atividades relacionadas ao fluxo de produtos e serviços para administrá-las de forma coletiva é uma evolução natural do pensamento administrativo. As atividades de transporte, estoques e comunicações iniciaram-se antes mesmo da existência de um comércio ativo entre regiões vizinhas.

As empresas devem realizar essas mesmas atividades como uma parte essencial de seus negócios, a fim de prover seus clientes com os bens e serviços que eles desejam. Na visão de Gilgeous e Parveen (2000), o estabelecimento de uma boa estratégia logística exige o emprego dos processos criativos inerentes ao desenvolvimento de estratégias corporativas e inclui três objetivos básicos: redução de custos, redução de capital e melhoria de serviços.

Nesse sentido, a logística empresarial tem por objetivo prover o cliente com os níveis de serviço desejados. A meta de nível de serviço logístico é providenciar bens ou serviços corretos, no lugar certo, no tempo exato e na condição desejada ao menor custo possível. Isso é conseguido, conforme Lambert et al. (1998), por meio da administração adequada das atividades-chave da logística:

- serviço ao cliente: a satisfação do cliente é importante para a empresa;
- processamento de pedidos: o sistema nervoso central da empresa;
- comunicações de distribuição: a comunicação eficaz é vital;
- controle de inventário: o impacto financeiro dos estoques;
- previsão de demanda;
- tráfego e transporte: o transporte é um dos elos estratégicos da logística;
- armazenagem e estocagem;
- localização de fábrica e armazéns/depósitos;
- movimentação de materiais (seus objetivos);
- suprimentos;
- suporte de peças de reposição e serviço (pós-venda);
- embalagem;
- reaproveitamento e remoção de refugo;
- administração de devoluções (logística reversa).

Vale salientar que, na prática, muitas organizações vêm desenvolvendo novos organogramas para melhor tratarem as atividades de suprimento e distribuição, frequentemente dando *status* de alta administração para a função, ao lado de marketing e produção.

Logística: breve histórico

Se por um lado é importante a visão sistêmica, por outro é necessário o estudo individual de cada um dos elementos da cadeia logística, suas característica, inter-relações, custos e a forma como são agrupados.

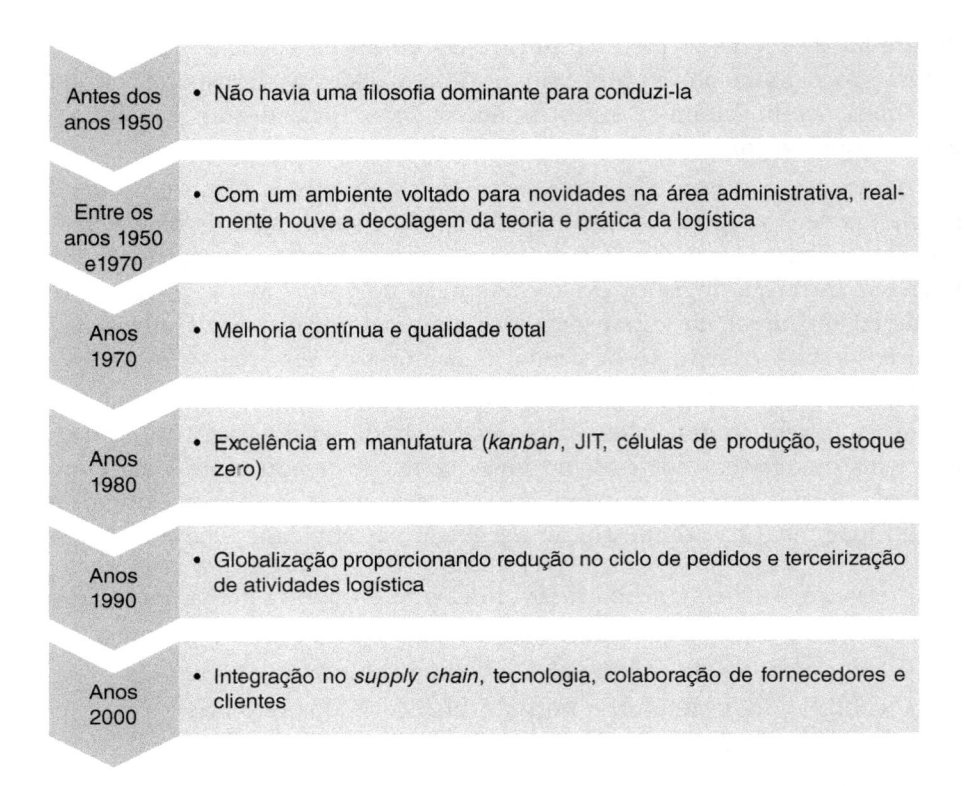

Antes dos anos 1950	• Não havia uma filosofia dominante para conduzi-la
Entre os anos 1950 e 1970	• Com um ambiente voltado para novidades na área administrativa, realmente houve a decolagem da teoria e prática da logística
Anos 1970	• Melhoria contínua e qualidade total
Anos 1980	• Excelência em manufatura (*kanban*, JIT, células de produção, estoque zero)
Anos 1990	• Globalização proporcionando redução no ciclo de pedidos e terceirização de atividades logística
Anos 2000	• Integração no *supply chain*, tecnologia, colaboração de fornecedores e clientes

Figura 2.2 Histórico da logística.

A cadeia logística é o canal de movimento do produto ao longo do processo industrial até os clientes. Mas pode-se dizer simplesmente que é a sucessão de manuseios, movimentações e armazenagens pelas quais o produto passa desde a matéria-prima, conjuntos semielaborados, até chegar ao cliente final.

Estratégia para o futuro

Você sabia?

Estratégia é a arte de aplicar os meios disponíveis ou explorar condições favoráveis com vista em objetivos específicos, geralmente utilizado após um planejamento.

Como parte da rápida mudança da economia global, é essencial que fiquemos alinhados com a direção de nossos clientes (bem como tentemos permanecer fora da linha de frente em vista do pensamento, planejamento e tecnologia). O importante aqui é que o alinhamento em relação ao cliente traga um foco claro para o papel que continuaremos exercendo na logística da cadeia de suprimentos.

Com o fenômeno da globalização, propiciando a abertura do mercado externo, obtivemos um grande aumento da oferta de produtos provenientes dos mais diversos países do planeta. Efeitos significativos da economia como um todo, especialmente para a logística.

Nessa condição, deveria ficar claro que estamos no meio de grandes e poderosas mudanças no nosso mundo, nossa economia, nossos negócios e a maneira de como praticamos a logística. Nossa força ainda estará na profunda compreensão dos processos comerciais logísticos relevantes (isto é, administração de material, operações de abastecimento do varejo, estoque, processamento da ordem de compra etc.) e em ajudar nossos clientes a remodelarem seus processos comerciais para perspectiva de ponta a ponta num ambiente baseado na nova tecnologia.

Na medida em que mudanças e inovações necessitam ser implementadas nos sistemas logísticos para melhorar o serviço aos clientes, aumenta a necessidade de sistematizar os projetos.

Essa sistematização passa pela clara compreensão das necessidades implícitas de nossos clientes, bem como pela tradução das mesmas em requisitos técnicos. Veremos, ao avançarmos na leitura deste texto, o processo de gerenciamento de requisitos, que envolve o conjunto de atividades visando coletar, triar (levantar, analisar e filtrar) e especificar (documentar e controlar) esses requisitos, visando definir objetivos e assegurar a qualidade do produto final do projeto.

2.2 *Supply chain management* (SCM)

Considerável atenção tem sido dada aos sistemas chamados SCM (*supply chain management* – gerenciamento da cadeia de suprimento ou abastecimento). Este sistema permite coordenar todas as funções do "gerenciamento do fluxo de materiais" e informações, abordando toda atividade relacionada com materiais, desde o recebimento do pedido de vendas (ou previsão de vendas) até a entrega ao cliente. A gestão do *supply chain* abrange a gestão de todos os recursos de produção, transporte e aquisição de todas as empresas envolvidas nesse processo.

O grupo de pesquisa *Global Supply Chain Forum* (GSCF) nos EUA reúne-se anualmente com o objetivo de colaborar com a teoria e prática em SCM. Este grupo definiu que:

> SCM é a integração dos processos de negócios desde o usuário final até os fornecedores originais (primários) que providenciam produtos, serviços e informações que adicionam valor para os clientes e *stakeholders*.

Às vezes, o termo "gestão do *supply chain*" é utilizado para designar apenas a gestão dos recursos de uma dada empresa para aquisição, produção e transporte, mas o conceito é bem mais abrangente e ultrapassa as fronteiras de todos os envolvidos.

Consideramos componentes do SCM os principais tópicos:

- planejamento de demanda (previsão);
- colaboração de demanda (processo de resolução colaborativa para determinar consensos de previsão);
- promessa de pedidos (quando alguém promete um produto para um cliente, levando em conta tempo de duração e restrições);
- otimização de rede estratégica (quais produtos as plantas e centros de distribuição devem servir ao mercado) – *mensal ou anual*;
- produção e planejamento de distribuição (coordenar os planos reais de produção e distribuição para todo o empreendimento) – *diário*;
- calendário de produção – para uma locação única, criar um calendário de produção viável – *minuto a minuto*;
- planejamento de redução de custos e gerência de desempenho – diagnóstico do potencial e de indicadores, estratégia e planificação da organização, resolução de problemas em *real time*, avaliação e relatórios contábeis, avaliação e relatórios de qualidade.

Além disso, o gerenciamento da cadeia de suprimentos é oferecido como uma ponte de controle entre o fabricante e o distribuidor. Esta "coordenação" possibilita que o fabricante gerencie o reabastecimento de materiais ao distribuidor de forma sincronizada. Por sua vez, o distribuidor envia seus dados de demanda e estoque ao fabricante, que então estabelecerá a melhor sincronização de abastecimento e quantificará cada item.

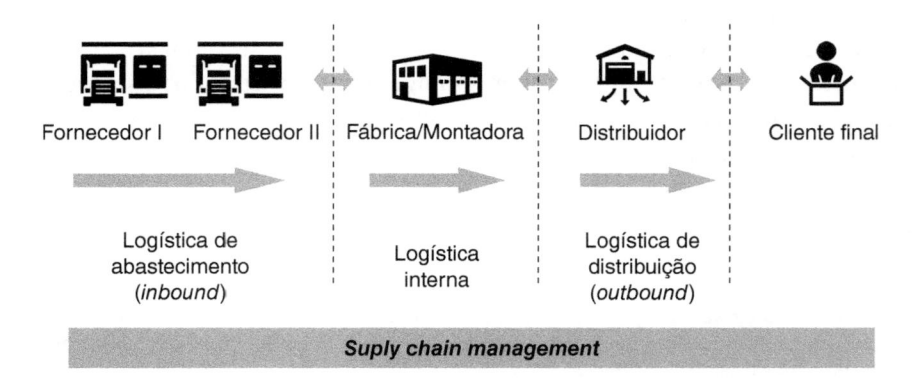

Figura 2.3 Processos da cadeia de suprimentos (abastecimento).

O controle desse fluxo de materiais, para distribuidor ou fabricante, tem dois objetivos básicos:

- melhorar o serviço ao cliente;
- maximizar os lucros.

Estes dois objetivos são de igual importância, mas o serviço ao cliente precisa ser atendido (ter maior prioridade) antes da maximização dos lucros. Ademais, a contribuição do controle de materiais para possibilitar maior rentabilidade consiste em reduzir os custos, assim, o segundo objetivo pode ser adequadamente parafraseado como "menores custos para a empresa".

Os dois objetivos básicos podem ser facilmente traduzidos em métodos funcionais. O serviço ao cliente conta com a sincronização do reabastecimento, enquanto que os custos da empresa podem ser melhor controlados pelo reabastecimento e quantidades de pedidos. Como sincronização do reabastecimento e quantidades de pedidos são métodos de controle de estoque, nossa avaliação focalizará esta área de controle. Se atendermos cada item no momento certo e na quantidade certa, teremos o perfeito controle dos estoques.

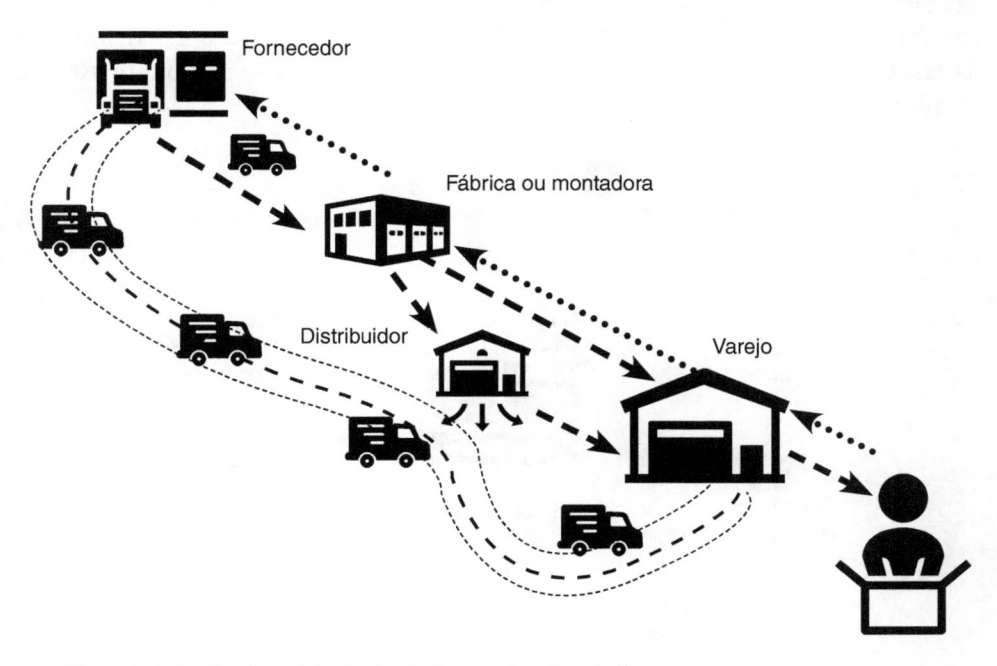

Figura 2.4 Gestão da cadeia de abastecimento (suprimentos).

2.3 Logística de suprimento

Caracteriza o início de um ciclo da cadeia logística e tem como elementos:

- desenvolvimento, especificação e projeto do produto;
- previsão de demanda;
- planejamento das necessidades (materiais e recursos);
- desenvolvimento de novas fontes de fornecimento, compras e seus respectivos controles.

É a fase do processo de suprimento em que são analisadas as demandas informadas pelos clientes, com o objetivo de estabelecer o modelo logístico de suprimento de cada item.

Análise das informações de necessidades

As informações de necessidades (IN) são a formalização para o suprimento, pelos clientes, de suas demandas de qualquer natureza, como planos de produção, vendas, manutenção ou demandas internas. Em etapa anterior, os clientes devem cadastrar os dados dos itens segundo as normas da empresa, para atribuição de código e inclusão do item no sistema de informações. A Figura 2.5 demonstra as fases do processo de suprimento desde a solicitação de um produto até sua entrega.

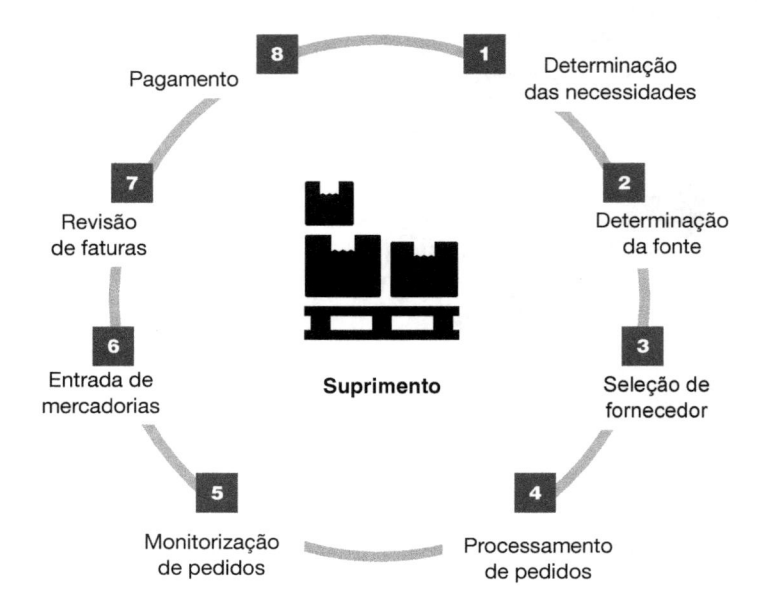

Figura 2.5 Fases do processo de suprimento de materiais.

As IN devem conter todos os dados necessários para que o suprimento gerencie o item, destacando-se:

- **informações relativas ao item**
  - código do material (quando for o caso);
  - dados descritivos (descrição padronizada ou referencial);
  - criticidade;
  - valor estimado;
  - restrições (perecibilidade, condições especiais de estocagem);
  - itens equivalentes e permutáveis.

- **informações relativas à demanda do item**
  - quantidades e datas requeridas (demanda programada);
  - consumo médio previsto (demanda probabilística);
  - estoque base (demanda incerta).

- **informações quanto à aplicação ou uso do item**
  - lotes de consumo;
  - equipamento (caso de sobressalentes);
  - quantidade de unidades instaladas por equipamento;
  - quantidade de equipamentos;
  - locais de uso;
  - usuários.

Análise do mercado supridor

A análise do mercado supridor informa os fatores que influenciam o tempo de ressuprimento (*lead time*) do item, cujo tamanho e regularidade constituem-se em elementos fundamentais na determinação das ações de gerenciamento dos estoques. Entre outros, são relevantes:

- origem do material (nacional, importado etc.);
- natureza do item (prateleira, fabricação específica etc.);
- tipo de mercado (monopólio, fornecedor exclusivo, mercado competitivo etc.);
- localização do mercado fornecedor;
- transporte (tempos, modais);
- qualidade dos fornecedores (qualidade do produto, cumprimento de prazos etc.);
- lote de fabricação;
- evolução de preços.

Devem ser analisados, em paralelo, os fatores internos da empresa (poder de compra, demora administrativa) que também interferem na composição dos tempos de compra.

Análise dos custos logísticos

Levantamento dos custos logísticos em todas as etapas do ciclo logístico de suprimento (catalogação, gestão, compra, transporte, movimentação, estocagem, embalagem, distribuição etc.) e avaliação de possíveis *trade-offs*.

Determinação do modelo logístico de suprimento

Modelo logístico de suprimento é a estratégia adotada para atendimento das necessidades de um item, em função do menor custo operacional anual, consideradas todas as variáveis analisadas no processo de gestão da demanda.

Para possibilitar a escolha do modelo logístico mais apropriado, a área de suprimentos deve analisar todas as informações disponíveis sobre o item, obtidas através do cliente e levantadas pela gestão de estoques. É a visão construída nos itens anteriores, a ser acrescida da análise de todo o ciclo logístico, com o objetivo de otimizar os custos do processo.

Podemos identificar três alternativas logísticas básicas para suprimento de materiais:

I.   suprimento por compra, com aquisição a cada necessidade;
II. suprimento sem formação de estoques, com a utilização de formas e modalidades alternativas de suprimento;
III. suprimento com formação de estoques, que só deve ocorrer, em princípio, quando não há possibilidade de atendimento das necessidades de material por qualquer forma alternativa que evite a imobilização desnecessária de recursos, garantido o nível de serviço desejado.

É evidente que, em muitos casos, a opção pela formação de estoques será necessária, cabendo, então, estudar a forma de agregar o menor custo possível aos materiais estocados.

O suprimento é o processo de finalização da gestão da demanda que é o atendimento da necessidade informada para atender o ponto de consumo.

2.4   Logística de produção

Tem início com o planejamento, programação e controle de produção e estoque (PPCPE), que recebe matérias-primas e componentes do estoque e envia para a produção, manuseio e transporte interno e estoques em processo. Um sistema produtivo pode ser definido genericamente como sendo um elemento capaz de transformar alguns recursos de entrada (*inputs*) em produtos e/ou serviços como saídas (*outputs*), conforme ilustra a Figura 2.6.

Na realidade, para muitos autores, o conceito de sistema produtivo é mais amplo, abrangendo outras funções além da manufatura, conforme relata Wild (1977), num trabalho clássico sobre o assunto.

Passados mais de trinta anos após essa proposta de classificação, nota-se que, sob alguns aspectos, ela necessita ser repensada. Por exemplo: os limites entre as funções manufatura e serviço têm se tornado cada vez menores, na medida em que se aumenta a demanda por produtos customizados e a importância da qualidade como prioridade competitiva. No âmbito deste trabalho interessa sobretudo a função manufatura dos sistemas produtivos. Assim sendo, um sistema produtivo é entendido aqui como podendo ser um único homem (um soldador, por exemplo), uma única máquina, um conjunto de máquinas, uma oficina, um departamento.

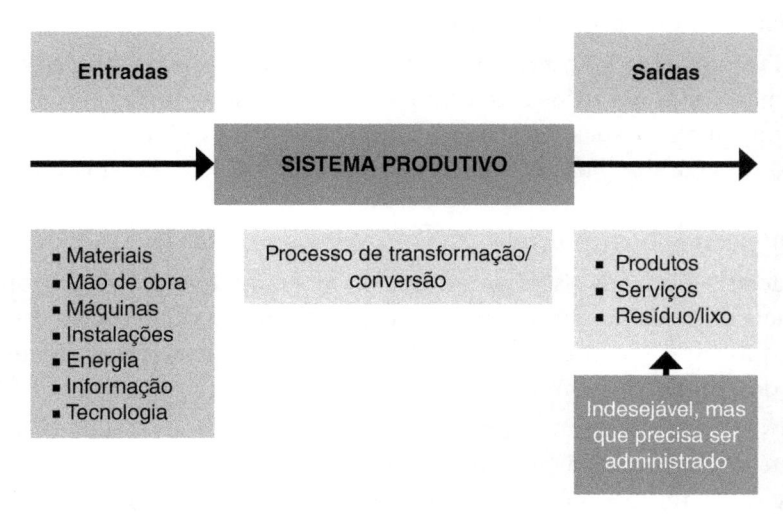

Fonte: Adaptada de Pires (20014, p. 39).
Figura 2.6 Ilustração de um sistema produtivo.

Classificação dos sistemas produtivos

Sob a ótica do PPCPE, é importante classificar os sistemas produtivos de acordo com sua forma de interação com os clientes, ou seja, conforme o nível de interferência que o comprador pode ter no produto final, numa classificação inicial do que significa dividi-los em sistemas do tipo que produzem para estoque e do tipo que produzem sob encomenda. Complementarmente, poder-se-ia generalizar dizendo que o primeiro grupo englobaria os sistemas onde a venda do produto geralmente é feita após a sua produção, enquanto que o segundo grupo englobaria aqueles onde ela é feita geralmente antes da sua produção.

A seguir, apresentaremos os sistemas produtivos:

- produção para estoque (MTS);
- montagem sob encomenda (ATO);
- produção sob encomenda (MTO);
- engenharia sob encomenda (ETO).

Produção para estoque: MTS (*make to stock*)

Caracterizado pelos sistemas que produzem produtos padronizados (produtos de prateleira), baseados em previsões de demanda. Nesse caso, nenhum produto customizado é produzido, porque o pedido (venda) é feito com base no estoque de produtos acabados. Isso significa que a interação dos clientes com o projeto dos produtos é muito pequena e/ou rara.

O MTS possui como característica principal a vantagem na rapidez na entrega dos produtos, mas os custos com estoques tendem a ser grandes e os clientes não têm como expressar suas necessidades a respeito dos produtos. Nesses sistemas, os ciclos de vida dos produtos tendem a ser relativamente longos e previsíveis.

Montagem sob encomenda: ATO (*assemble to order*)

Caracterizado pelos sistemas em que os subconjuntos, grandes componentes e materiais diversos são armazenados até o recebimento dos pedidos dos clientes contendo as especificações dos produtos finais. A interação dos clientes com o projeto dos produtos é limitada.

Nos sistemas ATO, as entregas dos produtos tendem a ser de médio prazo e as incertezas da demanda (quanto ao *mix* e volume dos produtos) são gerenciadas através de um excesso no dimensionamento dos estoques de subconjuntos e capacidade das áreas de montagem.

Produção sob encomenda: MTO (*make to order*)

Neste sistema, o projeto básico pode ser desenvolvido a partir dos contatos iniciais com o cliente, mas a etapa de produção só se inicia após recebimento do pedido formal. A interação com o cliente costuma ser extensiva e os produtos estão sujeitos a algumas modificações, mesmo durante a fase de produção.

No sistema MTO, os produtos geralmente não são "um de cada tipo", porque usualmente os produtos são projetados a partir de especificações básicas. Os tempos de entrega tendem a ser de médio prazo e as listas de materiais são usualmente únicas para cada produto.

A Tabela 2.1 faz um pequeno comparativo dos três sistemas em relação a alguns itens importantes para o PPCPE.

Tabela 2.1 Algumas características importantes dos sistemas MTS, ATO e MTO

Item	MTS	ATO	MTO
Interface entre a manufatura e os clientes	Pequena	Média	Grande
Tempo de entrega dos produtos	Pequeno	Médio	Grande
Volume de produção para cada unidade de venda	Grande	Médio	Pequeno
Base para PPCP	Previsões	Previsões e pedidos	Pedidos

Engenharia sob encomenda: ETO (*engineering to order*)

É como se fosse uma extensão do sistema MTO, com o projeto do produto sendo feito quase que totalmente baseado nas especificações do cliente. Os produtos são altamente customizados ("um de cada tipo") e o nível de interação com os clientes é muito grande.

Alguns autores procuram diferenciar os quatro sistemas através da definição do conceito de "ciclo competitivo" (*competitive lead time*), que seria o tempo compreendido entre o recebimento do pedido e o envio do produto final, ou seja, representaria o tempo de interação entre a manufatura e os clientes. A Figura 2.8 representa os ciclos competitivos para os quatro sistemas considerados.

Figura 2.7 Ciclos competitivos para quatro sistemas produtivos.

Essa tendência dos sistemas se movimentarem na direção apontada pela Figura 2.8 também é recentemente discutida por alguns profissionais, que afirmam que a tecnologia de produção dos próximos anos será baseada na produção "um de cada tipo" (*one-of-a-kind production*).

Sistemas de administração da produção

Sistemas de administração da produção são os sistemas de informação para apoio à tomada de decisões táticas e operacionais, referentes às seguintes questões logísticas básicas:

- O que produzir e comprar?
- Quanto produzir e comprar?
- Quando produzir e comprar?
- Com que recursos produzir?

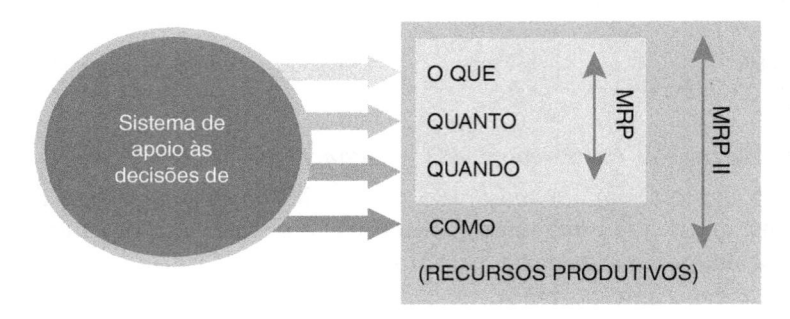

Produzir e comprar

Fonte: Adaptada de Corrêa, Gianesi e Caon (2001).
Figura 2.8 Abrangência do MRP e MRP II.

Anteriormente foi relatado que os sistemas produtivos poderiam ser superficialmente divididos em dois tipos básicos: sistemas de produção para estoque e sistemas de produção sob pedidos/encomenda.

Nos sistemas de produção sob pedidos/encomenda, os dados são originados durante o processo de vendas dos produtos. Portanto, nesse caso eles são obtidos mais facilmente e dão origem a um documento geralmente chamado de carteira de pedidos.

Independentemente da lógica que utilizem, os sistemas de administração da produção, para cumprirem seu papel de suporte atingindo os objetivos estratégicos da organização, devem ser capazes de apoiar o tomador de decisões logísticas a:

- planejar as necessidades futuras de capacidade produtiva;
- planejar os materiais comprados;
- planejar os níveis adequados de estoques;
- programar atividades de produção;
- ser capaz de saber e de informar a respeito da situação dos recursos e das ordens;

- ser capaz de prometer os menores prazos possíveis ao cliente e cumpri-los;
- ser capaz de reagir eficazmente.

Atividades básicas do PPCPE

Independentemente do sistema produtivo, da tecnologia de processo e do sistema (MRP, JIT etc.) utilizado na sua realização da análise, existem algumas atividades que são tradicionalmente inerentes ao PPCPE industrial. Isso significa que, num nível de complexidade variável, elas sempre se farão necessárias.

Considera-se que uma adequada realização dessas atividades consiste num ponto fundamental para o sucesso de qualquer indústria dentro do ambiente competitivo atual, sem porém se importar com a definição das responsabilidades na execução das mesmas (como qual deve ser o departamento, seção, gerência etc., responsável pela execução das mesmas).

O aparecimento e divulgação de novos sistemas, com capacidade de auxiliar na realização dessas atividades, tem feito com que o PPCPE se torne um objeto de contínuo e crescente interesse no meio industrial e acadêmico.

A Figura 2.10 ilustra as atividades do PPCPE mais facilmente encontradas e executadas, principalmente nas indústrias que produzem para estoque. Essas atividades tendem a ser simplificadas, permanecendo, porém, dentro dos limites propostos pela mesma figura.

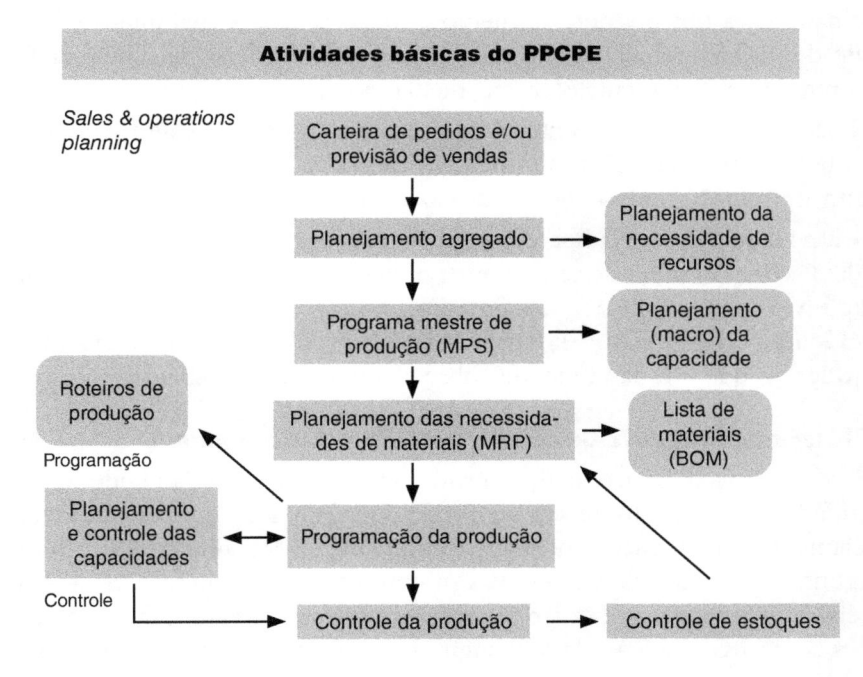

Figura 2.9 Atividades básicas do PPCPE.

Estas atividades encontradas no PPCPE serão discutidas de forma objetiva nos tópicos seguintes.

Previsão de vendas/carteira de pedidos

A área de PPCPE praticamente começa a trabalhar a partir dos dados iniciais (*inputs*) vindos da área de vendas. Normalmente esses dados dizem respeito a:

- que produtos produzir;
- quantos produtos produzir;
- em que prazo eles devem estar concluídos.

Nos sistemas de produção sob pedidos/encomenda, esses dados são originados durante o processo de venda dos produtos. Portanto, nesse caso, eles são obtidos mais facilmente e dão origem a um documento geralmente chamado de carteira de pedidos.

Por outro lado, nos sistemas de produção para estoque essa tarefa tende a ser mais complexa (provavelmente essa seja a única atividade de planejamento que é relativamente mais complexa nos sistemas de produção para estoque).

Planejamento agregado à produção

Tem como base o estabelecimento dos níveis gerais de produção, estoques e capacidade para um período de médio e longo prazo. A delimitação desse horizonte de planejamento não é tarefa fácil. Numa situação de estabilidade, esse horizonte tende a se estabelecer, em média, ao redor de 12 meses.

Nesse nível de planejamento, uma comparação da carga de trabalho com a capacidade permite antecipar a tomada de decisões, tais como novos investimentos, subcontratações, admissões, demissões etc.

A atividade de planejamento agregado nem sempre é considerada de forma isolada. Particularidades de cada indústria, tais como previsibilidade da demanda de alto nível de repetibilidade dos produtos, fazem com que muitas vezes ela nem seja executada. Nesse caso, ela tende a ser absorvida pelo planejamento mestre da produção, que é uma atividade subsequente e mais detalhada.

Planejamento mestre da produção: MPS (*Master Planning Schedule*)

É o referencial básico para a produção, estabelecendo quando e em que quantidade cada produto deverá ser produzido dentro de um certo horizonte de planejamento. Em situações normais, geralmente se trabalha com um horizonte de alguns meses, não ultrapassando um ano. Entretanto, mesmo em economias estáveis os programas costumam ser frequentemente alterados, fazendo com que autores como BOSE e RAO (1988) sugiram a divisão do horizonte em três níveis: programa sujeito a alterações, programa firme e programa congelado.

Na elaboração deste programa, as restrições impostas pela capacidade são variadas num nível macro, ou seja, geralmente nessa etapa verificações mais detalhadas da capacidade são inviabilizadas por restrições organizacionais e/ou econômicas.

A elaboração de um bom programa mestre da produção não costuma ser uma tarefa fácil, principalmente para as indústrias que produzem sob encomenda. Entretanto, essa atividade é, ainda que implicitamente, considerada ponto-chave sob o aspecto estratégico. O planejamento mestre de produção é um elemento fundamental na compilação dos interesses da manufatura de marketing.

Planejamento das necessidades de materiais

Consiste basicamente no planejamento das chamadas necessidades líquidas para cada produto/componente a ser produzido. Essas necessidades líquidas são calculadas com base nas necessidades brutas vindas da lista de materiais, pelas exigências impostas pelo planejamento mestre de produção e pelas informações vindas do controle de estoque (itens em estoque e itens em processo de fabricação/compras).

Uma tarefa importante após o cálculo dessas necessidades líquidas é a decisão sobre fabricar ou comprar cada um dos itens planejados.

Controle de estoques

O controle de estoques cuida basicamente do controle físico sobre todos os itens fabricados e comprados, utilizados pela indústria para a produção de seus produtos ou em centro de distribuição (CD) para atendimento de pedidos.

Em termos práticos, isso significa trabalhar com dois objetivos aparentemente conflitantes: minimizar os investimentos em estoques e maximizar os níveis de atendimento aos clientes e produção da indústria.

Programação da produção

Consiste basicamente em definir os prazos de entrega para os itens definidos, respectivamente, como "fabricados" e "comprados".

Para os itens definidos como "fabricados", muitas vezes são definidos o centro produtivo e a sequência das operações a serem realizadas. As restrições a essa tarefa são impostas pela capacidade disponível do centro produtivo, para o período em questão, bem como pelas exigências tecnológicas colocadas nos roteiros de produção.

Planejamento e controle da capacidade

O planejamento da capacidade basicamente estipula, através de um parâmetro que for mais adequado (como quantidade de peças, quantidade de horas etc.), quais devem ser os níveis de produção (*outputs*) máximos que os centros produtivos devem ter num certo horizonte de planejamento.

O controle da capacidade basicamente cuida das providências para que a capacidade planejada seja realizada (através de ações no chão de fábrica, como ativar e desativar máquinas) e das informações a serem utilizadas por outras atividades do PPCPE.

Controle da produção

Consiste basicamente em acompanhar a fabricação e compra dos itens planejados, com o objetivo de que os prazos estabelecidos sejam cumpridos.

Sob o âmbito interno, o controle da produção costuma também atuar colhendo dados importantes para o sistema de custos (tal como quantidade de horas trabalhadas num centro produtivo, mão de obra alocada etc.), tomando decisões típicas de chão de fábrica (como mudanças de prioridades, necessidade de horas extras etc.) e alimentando de informações o controle de estoques.

Planejamento de vendas e operações: S&OP (*Sales and Operations Planning*)

Mais do que um simples módulo do MRP II, o S&OP pode e deve exercer uma função mais importante dentro do processo de gestão da empresa. Parte deste papel se refere à integração vertical entre níveis de decisão diferentes, estratégicos e operacionais, visando garantir que aquilo que foi decidido estrategicamente, com uma perspectiva de longo prazo, seja efetivamente realizado por meio das decisões operacionais. Representaria, assim, o elo entre as reuniões de planejamento estratégico da alta direção e as decisões gerenciais do dia a dia da produção. Outra parte se refere à integração horizontal entre decisões de mesmo nível, mas de diferentes funções da empresa, como marketing, manufatura, finanças, entre outras. Deste ponto de vista, representaria também o elo entre as diferentes funções que garante que todas estejam colocando seu esforço na mesma direção.

2.5 Processos para o bom desempenho do gerenciamento logístico

Planejamento

A prática do planejamento é muito comentada em diversos livros, revistas, artigos, entre outros meios. Nos processos logísticos não é diferente, o planejamento é o alicerce sólido para garantia da boa execução das atividades. Quando planejamos, analisamos uma série de situações, sempre buscando as melhores alternativas que trarão os melhores resultados. Com planejamento fica mais fácil de visualizar onde queremos chegar e o que temos de fazer para podermos alcançar o resultado desejado. Um das práticas utilizadas para garantia do cumprimento do planejamento é a ferramenta PDCA (*plan, do, check, action –*

planejar, fazer, checar, agir). Com esta ferramenta, você estabelece um formato ideal para acompanhar o que foi planejado e corrigir o que for preciso para que o planejamento seja concretizado. É necessário determinar o melhor método, do ponto de vista econômico e estratégico, para o uso dos recursos, considerando-se as condições particulares de cada atividade.

Sistema integrado

Pessoas: todas as áreas e processos devem estar interligados, ou seja, é preciso saber quem é responsável por cada momento dentro de um processo, do início ao final de cada etapa. É necessário integrar as atividades logísticas, coordenando o conjunto de operações (recebimento, estocagem, planejamento da produção, movimentação, embalagem, expedição e transporte).

Tecnologia: a tecnologia da informação é de grande importância e também trata-se de um sistema integrado. Agilidade e confiabilidade das informações são fatores decisivos para o crescimento de uma organização, pois são elas que possibilitam aos gestores tomar a decisão correta no tempo certo. Esta mesma tecnologia da informação propicia melhor desempenho da área operacional, integrando e disponibilizando informações em tempo real. Através de um sistema integrado utilizando-se de *softwares* de ERP, WMS, TMS, conforme sua organização, a mesma obterá resultados expressivos.

Fluxo de materiais

Boa visão do processo se faz necessária, pois somente assim podemos colocar em prática as melhores ferramentas para bom desempenho das atividades. É essencial planejar um fluxo contínuo e progressivo de materiais e o mais econômico. Para isso, é importante que se conheça o processo de sua área, pois assim você poderá desenvolver melhores práticas para obter o bom desempenho desejado.

O fluxo de materiais deve ser contínuo como o fluxo das águas de um rio. Muitas empresas contratam empresas especializadas para implementar essas práticas. Quando falamos em fluxo contínuo, falamos tanto de uma linha de produção na execução da montagem de equipamentos quanto da realização de armazenagem, *picking* e *packing* de materiais em um centro de distribuição.

Simplificação

Para a logística, simplificar não significa deixar de fazer algo, muito pelo contrário, simplificar significa buscar a melhor prática conseguindo reduzir, combinar ou eliminar movimentos e/ou equipamentos desnecessários.

Para trabalharmos bem com a simplificação, temos de quebrar alguns paradigmas, como aquela frase bem conhecida: "Sempre foi assim." Não podemos agir desta forma, principalmente nos dias de hoje, com tantas novidades e mudanças acontecendo ao mesmo tempo.

Simplificar significa colocar as melhores práticas de forma objetiva para obter os melhores resultados. Se podemos simplificar, para que complicar?

Seleção dos equipamentos

Na escolha dos equipamentos para logística, devem-se considerar todos os aspectos dos materiais a serem movimentados, o tipo dos movimentos a serem realizados e os métodos a serem utilizados.

A seleção do equipamento correto implica em melhorias de processos e ganhos financeiros significativos para a empresa. Grande cuidado devemos ter quanto ao treinamento dos colaboradores que utilização esses equipamentos. Não adianta selecionarmos os melhores equipamentos se não selecionarmos os melhores operadores.

Padronização

Padronizar não é fazer tudo igual para facilitar a compreensão e unicidade de uma operação ou processo. A padronização se faz necessária para que todos que atuem em um mesmo departamento, área ou processo os compreendam da mesma forma.

A padronização de métodos de processo, formulários e documentações facilita nossa vida, reduz o tempo e minimiza os erros. Quando padronizamos, criamos uma identidade. Mas lembre-se: nenhuma padronização deve engessar uma atividade ou processo.

Flexibilidade

"Flexibilidade" é uma das palavras mais importantes dentro dos processos logísticos. Em um país com extensão territorial tão grande, a flexibilidade em muitos momentos do processo é quem faz diferença.

Como todas as empresas são diferentes umas das outras, as pessoas também são. Quando falo de flexibilidade, falo especialmente de fazer a diferença. Muitas pessoas só fazem aquilo para o que foram determinadas, muitas vezes não pensam em alternativas e isto pode custar caro, e muitas vezes até a perda de um cliente.

Manutenção

Planejar a manutenção preventiva e o reparo programado de todos os processos e/ou equipamentos. Um grande aliado é a manutenção preventiva, repare antes que quebre.

Não devemos conduzir as coisas acreditando que, do jeito que está, está bom. Precisamos ter muito cuidado. Quando falamos de logística, a mesma deve ter um tratamento especial. Devemos ter os equipamentos sempre em bom estado operacional, jamais podemos deixar de atender nossos clientes por conta de problemas internos.

Obsolescência

Obsoleto, fora de uso, que não tem mais serventia. Substituir métodos e equipamentos obsoletos por métodos e equipamentos mais eficientes. Equipamentos em uso deverão ser mantidos em atividade, equipamentos obsoletos deverão ser substituídos.

Para tomar a decisão correta, é preciso, além de conhecer muito bem os processos e equipamentos, principalmente conhecer as novas tecnologias e práticas utilizadas em nosso ramo de atividade.

Controle

Costumo dizer que controlar é uma das atividades mais importantes na logística. O controle de um planejamento, de uma operação, de uma produção reduz erros e problemas futuros.

Estabelecer uma unidade de medida e acompanhar um processo é fundamental, pois assim podemos realizar as melhorias necessárias quando o processo não estiver dentro do que foi estabelecido. A função de controlar consiste em averiguar se as atividades efetivas estão de acordo com as atividades que foram planejadas. Controle sempre, pois assim obterá o sucesso que deseja.

As dicas mencionadas nesta seção, se bem compreendidas e utilizadas, lhe trarão muito sucesso. Costumo dizer que estas dicas nem sempre são mencionadas, pois representam o pulo do gato para os profissionais de logística.

2.6 Atividades importantes para logística nas organizações

Essas atividades são divididas em primárias ou de apoio e destacam os principais tópicos da logística com que as empresas deste segmento devem se preocupar em gerenciar. Os bons resultados são frutos da forma pela qual administramos o nosso negócio.

Atividades primárias

A definição de competência logística a partir de Ballou (1999) identifica aquelas atividades que são de importância primária para o alcance dos objetivos logísticos de custo e nível de serviço. Estas atividades-chave são:

- transportes;
- manutenção de estoques;
- processamento de pedidos.

Essas atividades são consideradas primárias porque elas contribuem com a maior parcela do custo total da logística ou são essenciais para a coordenação e o cumprimento da tarefa logística.

Transportes

Para a maioria das empresas, o transporte é a atividade logística mais importante simplesmente porque absorve, em média, de um a dois terços dos custos logísticos. É essencial, pois nenhuma empresa moderna pode operar sem providenciar a movimentação de suas matérias-primas ou de seus produtos acabados de alguma forma.

Sua importância é sempre sublinhada pelos problemas financeiros colocados para muitas empresas, quando há greve ferroviária nacional, ou carreteiros autônomos paralisam suas atividades devido a aumentos no preço de combustíveis. Não é incomum denominar tais eventos de desastres nacionais. Os mercados nem sempre podem ser entendidos e produtos não podem permanecer no canal de distribuição para tornarem-se obsoletos.

"Transporte" refere-se aos vários métodos para movimentar produtos. Algumas alternativas populares são os modais rodoviário, ferroviário e aeroviário. A administração da atividade de transporte geralmente envolve decidir-se quanto ao método de transporte, aos roteiros e à utilização da capacidade dos veículos (BERTAGLIA, 2003).

Manutenção de estoque

Geralmente, não é viável providenciar produção ou entrega instantânea aos clientes. Para se atingir um grau razoável de disponibilidade de produto, é necessário manter estoques, que agem como "amortecedores" entre a oferta e a demanda. O uso extensivo de estoques resulta no fato de que, em média, eles são responsáveis por aproximadamente um a dois terços dos custos logísticos, o que torna a manutenção de estoques uma atividade-chave da logística.

Enquanto o transporte adiciona valor de lugar ao produto, o estoque agrega valor de tempo. Para agregar este valor dinâmico, o estoque deve ser posicionado próximo aos consumidores ou aos pontos de manufatura. Os números, normalmente grandes, desses pontos de estoque e os altos custos associados a manter esses produtos armazenados, em geral entre 25 e 30% do valor do produto por ano, requerem administração cuidadosa. A administração de estoques envolve manter seus níveis tão baixos quanto possível ao mesmo tempo em que provê a disponibilidade desejada pelos clientes.

Processamento de pedidos

Os custos de processamento de pedidos tendem a ser pequenos quando comparados aos custos de transporte ou de manutenção de estoques. Contudo, processamento de pedidos é uma atividade logística primária. Sua importância deriva do fato de ser um elemento crítico em termos do tempo necessário para levar bens e serviços aos clientes. É também a atividade primária que inicia a movimentação de produtos e a entrega de serviços.

Além disso, estas três atividades logísticas podem ser colocadas em perspectiva, notando-se sua importância naquilo que pode ser chamado de "ciclo crítico de atividades logísticas". O tempo requerido para um cliente receber um pedido depende do tempo necessário para entregar o pedido. Como o resultado final de qualquer operação logística é prover serviço para conseguir mercadorias para os clientes quando e onde eles quiserem, estas três atividades são centrais para cumprir essa missão. Por isso, elas são chamadas de atividades primárias.

Atividades de apoio

Apesar de transporte, manutenção de estoques e processamento de pedidos serem os principais ingredientes que contribuem para a disponibilidade e a condição física de bens e serviços, há uma série de atividades adicionais que apoiam estas atividades primárias. São elas (BALLOU, 1999):

- armazenagem;
- manuseio de materiais;
- embalagem de proteção;
- obtenção;
- programação de produtos;
- manutenção de informação;
- gestão de pessoas (referência do autor).

Armazenagem

Refere-se à administração do espaço necessário para manter estoques. Envolve problemas como localização, dimensionamento de área, arranjo físico, recuperação do estoque, projeto de docas ou baias de atracação e configuração do armazém.

Manuseio de materiais

Está associado com a armazenagem e também apoia a manutenção de estoques. É uma atividade que diz respeito à movimentação do produto no local de estocagem – por exemplo, a transferência de mercadorias do ponto de recebimento no depósito até o local de armazenagem e deste até o ponto de despacho. São problemas importantes: seleção do equipamento de movimentação, procedimentos para formação, pedidos e balanceamento de carga de trabalho.

Embalagem de proteção

Um dos objetivos da logística é movimentar bens sem danificá-los além do economicamente razoável. Bom projeto de embalagem do produto auxilia a garantir movimentação sem quebras. Além disso, dimensões adequadas de empacotamento encorajam manuseio e armazenagem eficientes.

Obtenção

É a atividade que deixa o produto disponível para o sistema logístico. Trata da seleção das fontes de suprimentos, das quantidades a serem adquiridas, da programação das compras e da forma pela qual o produto é comprado. É importante para a logística, pois decisões de compras têm dimensões geográficas e temporais que afetam os custos logísticos. A obtenção não deve ser confundida com a função de compras. Compras incluem muitos dos detalhes de procedimentos (por exemplo, negociação de preço e avaliação de vendedores) que não são especificamente relacionados com a tarefa logística; daí o uso do termo "obtenção" como substituto.

Programação do produto

Enquanto a obtenção trata do suprimento (fluxo de entrada) de empresas de manufatura, a programação de produto lida com a distribuição (fluxo de saída). Refere-se primariamente às quantidades agregadas que devem ser produzidas e quando e onde devem ser fabricadas. Não diz respeito à programação detalhada de produção, executada diariamente pelos programadores de produção.

Manutenção de informação

Nenhuma função logística dentro de uma empresa poderia operar eficientemente sem as necessárias informações de custo e desempenho. Tais informações são essenciais para o correto planejamento e controle logístico. Manter clientes, volumes de vendas, padrões de entrega e níveis de estoque apoia a administração eficiente e efetiva das atividades primárias de apoio.

Gestão de pessoas

Grande parte das atividades dos processos logísticos são realizadas por pessoas, sejam elas para administrar ou realizar operações. A necessidade de profissionais qualificados faz com que se tenha grande atenção no preparo e acompanhamento dos colaboradores. Conforme comentado anteriormente, inovação e desenvolvimento de talentos serão cada vez mais um diferencial dentro das organizações. Pelos avanços tecnológicos e gerenciais que vêm ocorrendo, estes não serão mais um diferencial competitivo, mas sim a forma pela qual os mesmos serão acompanhados e gerenciados. Pessoas possuem diferentes formas de pensamento, cultura, trabalho, conhecimento, habilidade e competência. Pessoas melhor preparadas proporcionam melhores resultados.

3. ESTUDO DE CASO

Uma empresa localizada na cidade de Santo André – São Paulo cresceu muito nos últimos dez anos, obtendo faturamento anual de 50 milhões por ano. Um dos principais fatores que proporcionou este crescimento significativo foi o fato de ser um produto inovador que conquistou o mercado.

Quando a empresa foi fundada pelo sr. José Mário, este não tinha noção que seu negócio cresceria tanto em tão pouco tempo. Sua meta no início era poder compartilhar com outras pessoas sua ideia e ver os produtos de sua empresa em todo o Brasil.

Os produtos da empresa do sr. José Mário possuem produção para estoque (MTS). Por serem produtos padronizados (produtos de prateleira) baseados em previsões de demanda, tudo que se fabrica possui venda certa. Esses produtos possuem como característica principal a vantagem da rapidez na entrega, mas os custos com estoques tendem a ser grandes e os clientes não têm como expressar suas necessidades a respeito dos produtos. Nesses sistemas, os ciclos de vida dos produtos tendem a ser relativamente longos e previsíveis.

Esta empresa vende seus produtos em todo o Brasil, e por conta do crescimento dessas vendas teve de montar assistências técnicas em Belo Horizonte – MG, Rio de Janeiro – RJ, Vitória – ES, Curitiba – PR, Porto Alegre – RS, Recife – PE, Fortaleza – CE e Manaus – AM. Essas assistências técnicas recebem, mensalmente, componentes para manutenção dos produtos da empresa do Sr. José Mário.

A empresa está passando por sérios problemas relacionados a não conseguir abastecer com alguns componentes, enquanto outros estão em grande quantidade nas prateleiras das assistências técnicas. Com isso, estão deixando de atender a seus clientes quanto à manutenção de seus produtos e, ainda, houve aumento do valor de estoque em virtude de itens em grande quantidade.

Sr. José Mário, ao perceber que o lucro dos dois últimos anos teve uma queda, resolveu contratar um gerente de logística para solucionar e proporcionar o retorno de lucratividade para o negócio.

Questão

Sendo você o novo diretor, quais práticas logísticas você deve utilizar para proporcionar o abastecimento das assistências técnicas no menor tempo possível, na qualidade esperada e com o menor custo?

4. RESUMO

Neste capítulo estão contemplados os principais assuntos:

- Definição e conceituação de logística, bem como sua importância nas empresas, atuando na gestão eficiente de seus recursos, atribuindo qualidade aos produtos/serviços e influindo na satisfação dos consumidores, conforme as exigências do mercado.

- Conceituação de como é essencial e importante o alinhamento em relação ao cliente para que haja foco claro no papel que continuaremos a exercer na logística da cadeia de suprimentos.
- Destaque para o fato de que o gerenciamento da cadeia de suprimentos é oferecido como uma ponte de controle entre o fabricante e o distribuidor. Essa "coordenação" possibilita que o fabricante gerencie o reabastecimento de materiais ao distribuidor de forma sincronizada.
- Compreensão sobre a importância da análise do mercado supridor para obter informações que influenciam o tempo de ressuprimento (*lead time*) do item, cujo tamanho e regularidade constituem em elementos fundamentais na determinação das ações de gerenciamento dos estoques.
- Apresentação dos sistemas produtivos de acordo com sua forma de interação com os clientes. Foram destacados os seguintes sistemas produtivos: produção para estoque (MTS), montagem sob encomenda (ATO), produção sob encomenda (MTO) e engenharia sob encomenda (ETO).
- Apresentadas as boas práticas dos processos para garantir o bom desempenho logístico. As dicas mencionadas, se bem compreendidas e utilizadas, trarão muito sucesso.

5. EXERCÍCIOS

1. Qual é a definição de logística conforme o *Council of Supply Chain Management Professionals* (CSCMP)?

2. Conforme Bowersox e Closs (2006), sob o ponto de vista do sistema logístico, quais são os três fatores de primária importância?

3. O que é estratégia?

4. Qual a definição de SCM (*supply chain management* – gerenciamento da cadeia de suprimento ou abastecimento)?

5. Quais são os sistemas produtivos apresentados neste capítulo?

6. Quais são as atividades primárias e de apoio na logística?

ARMAZENAGEM E DISTRIBUIÇÃO

Assista à **videoaula**

OBJETIVOS DE APRENDIZAGEM

Ao final deste capítulo, o aluno deverá ser capaz de:

- Descrever o que é armazenagem e distribuição.
- Identificar as principais características da armazenagem.
- Listar as características de embalagem, arrumação de carga e acondicionamento.
- Explicar as práticas para uma separação de pedidos eficiente.
- Sumarizar as características da distribuição.
- Conceituar logística reversa e sua prática.

1. INTRODUÇÃO

Ao se montar ou reestruturar uma cadeia de abastecimento, em sua totalidade ou parcialmente, uma das questões estratégicas que se coloca é sobre o sistema de armazenagem e sobre o melhor canal de distribuição, ou combinação de canais, que coloca um produto no mercado da forma mais competitiva possível. Uma vez implementados os canais de distribuição, a segunda questão está ligada à melhor forma de mantê-los em operação, garantindo os níveis de serviço inicialmente planejados.

Este cuidado se deve por conta de não ser viável financeiramente ter todos os produtos possíveis armazenados para garantir o atendimento sempre que um cliente necessite deles. O ideal é ter a menor quantidade armazenada, ocupando menos espaço e valor de estoque com uma inteligência competente no canal de distribuição desses produtos.

Neste capítulo, teremos a oportunidade de compreender melhor os detalhes e práticas para se ter um sistema de armazenagem e distribuição que atenda com nível de serviço elevado e menor custo possível.

2. CONCEITOS

Um sistema de armazenagem envolve mais do que simplesmente armazenar materiais. Envolve muitos outros fatores, como disponibilização de espaço, estruturas de armazenagem, sistemas de movimentação de materiais, pessoas, equipamentos, entre outros.

O sistema de distribuição dependerá da característica do negócio de cada empresa da forma que foi planejado seu fluxo de processos logísticos, de sua cadeia de abastecimento e da forma que a empresa compete no mercado.

Assim, é importante que o fluxo dos processos de armazenagem e distribuição esteja bem elaborado para proporcionar o atendimento das expectativas dos clientes.

2.1 Características da armazenagem

A armazenagem está entre os tópicos mais importantes da cadeia logística. Um sistema de armazenagem, quando bem aplicado na empresa, pode solucionar e evitar diversos problemas que influenciam diretamente o processo produtivo e de distribuição dos produtos, otimizando espaços e diminuindo sensivelmente o custo do produto para o consumidor final e consequentemente aumentando a competitividade no mercado.

A principal função da armazenagem é de administrar espaço e tempo. O espaço dependerá do tipo de produto a ser manuseado, assim os operadores usam o espaço disponível efetivamente e algumas ferramentas logísticas que ajudam na flexibilização desse espaço.

Atualmente as empresas estão muito niveladas em relação ao aspecto tecnológico, sendo a logística um dos principais diferenciais para a sobrevivência e o crescimento das mesmas no mercado. Uma logística eficiente pode representar o diferencial de uma empresa.

A armazenagem de produtos faz parte da vida do homem desde os tempos mais antigos. Guarda, manutenção e movimentação da matéria-prima de produto acabado, com intuito de manter a qualidade do produto, administrando o espaço e tempo, fazem parte desse processo. Sabe-se que ainda o armazém ou centro de distribuição (CD) é o meio mais eficiente para consolidar as linhas de fornecedores e dividir o volume para servir seus clientes.

Quando a questão é espaço, o mesmo pode ser melhor utilizado quando da utilização de um sistema localizador de estoque. Temos, por intermédio da informática, *hardware* e *software* capazes de realizar todas as funções de gerenciamento de estoques existentes em um armazém, porém, mais do que esta tecnologia, precisamos ter uma boa equipe, pois a disciplina é uma necessidade importante. Um sistema integrado de localização necessita de manutenção por parte de todos os colaboradores que trabalham no armazém. Desde a entrada do material no recebimento até a saída na expedição, todas as etapas precisam ser registradas, evitando assim divergências no ato de inventariar um determinado produto. Na Figura 3.1 evidenciaremos as principais atividades de um armazém (CD).

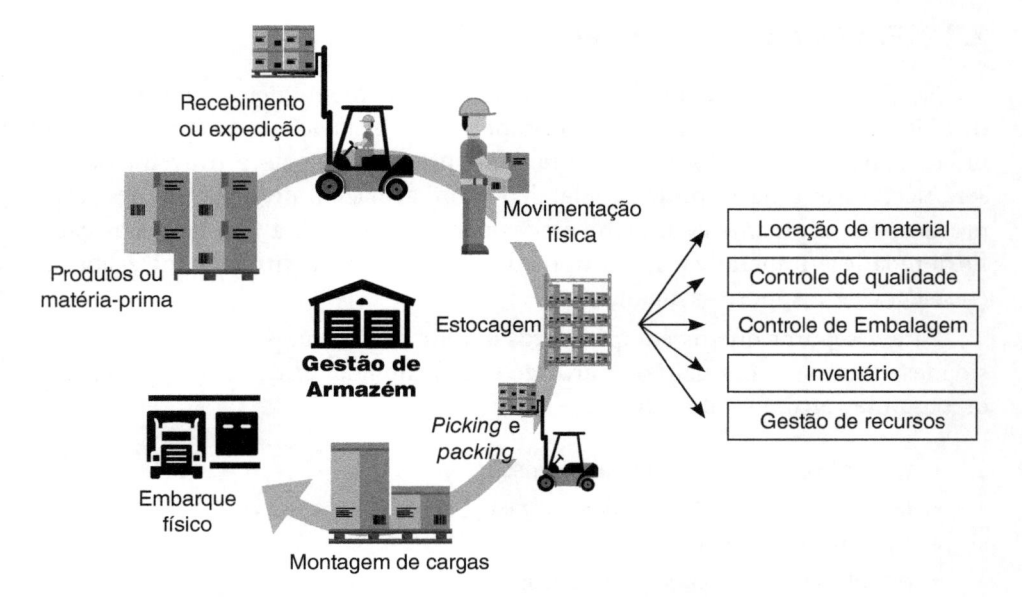

Figura 3.1 Principais atividades de um armazém (centro de distribuição).

Um armazém, com seus processos otimizados e alinhados, proporciona:

- máxima utilização do espaço (ocupação do espaço);
- efetiva utilização de recursos disponíveis (mão de obra e equipamentos);
- pronto acesso a todos os itens (seletividade);
- máxima proteção aos itens estocados;
- boa organização;
- satisfação das necessidades dos clientes.

A armazenagem pode ser simples ou complexa. Dependendo de algumas características intrínsecas dos materiais, a armazenagem torna-se complexa em virtude de:

Tabela 3.1 Características intrínsecas dos materiais

Fragilidade	Oxidação	Radiação	Volume
Combustividade	Explosividade	Corrosão	Peso
Volatização	Intoxicação	Inflamabilidade	Forma

Após análise do tipo de material que iremos trabalhar, teremos a condição de projetar as necessidades do armazém para boa gestão dos processos e produtos.

2.2   Projetando um armazém

No projeto de um armazém, é necessário inicialmente determinar o nível de flexibilidade desejado, com base no propósito da instalação. Se este objetivo for uma instalação para estocar itens raramente utilizados, então provavelmente não será necessário uma resposta rápida. Se for um armazém no qual grandes cargas precisam ser rapidamente movimentadas para dentro e para fora da instalação, a flexibilidade é imperativa. Esses tipos de armazém incluem produtos acabados, *cross-docking* e suporte à manufatura.

Para assegurar que os equipamentos adquiridos acomodarão todas as necessidades futuras e conduzirão o armazém à flexibilidade, devemos documentar os seguintes atributos do estoque:

- tamanho, forma e peso dos itens;
- tamanho, peso e forma das cargas;
- tipo de base das cargas;
- quantidades de reabastecimento;
- nível de atividade de cada SKU (*stock keeping unit*);

- quantidade recebida e expedida por carga;
- necessidades especiais de acesso aos contenedores;
- necessidade especiais de movimentação e estocagem de materiais (por exemplo, materiais que oferecem riscos quando manuseados de maneira incorreta);
- estocagem e movimentação.

O sistema mais utilizado é baseado na curva ABC. Limitar o número de categorias pode aumentar a flexibilidade, permitindo que diversas SKUs (*stock keeping unit* ou unidade de manutenção de estoque) sejam estocadas em locais diferentes.

Dê preferência para equipamentos de estocagem com aberturas (vãos livres) e tamanhos de contenedores flexíveis.

Comece escolhendo os equipamentos para estocagem de itens maiores e siga até os menores. A opção mais popular de estocagem de cargas de grande porte é a estrutura de porta-paletes de profundidade única.

As estruturas de estocagem determinarão os equipamentos de movimentação de materiais a serem utilizados no armazém. Observar apenas o tamanho do prédio, forma e espaçamento de colunas limita as alternativas. Em geral, quanto mais rígido o *layout* do armazém, menor a flexibilidade. A seguir alguns itens estratégicos de relevância:

Figura 3.2 Estratégicas que devem ser adotadas em um armazém.

Layout do armazém

O armazém é um grande galpão cujo objetivo maior é o de estocar produtos e materiais de forma protegida. Os armazéns de hoje são bem diferentes dos que existiam trinta anos atrás. O papel estratégico e o propósito da armazenagem vêm sofrendo mudanças nos últimos anos por conta da velocidade de disponibilização de produtos em curto espaço de tempo.

O *layout* é importante na seleção, adequação, construção, modificação ou ampliação do armazém, assim como na localização dos componentes, estações de trabalho, movimentação de materiais, máquinas e operários.

A armazenagem depende de um bom *layout*, com grande acessibilidade dos equipamentos de movimentação aos produtos, fluidez do fluxo de materiais, áreas obstruídas (gargalos), eficiência da mão de obra e segurança do pessoal e do armazém.

O fluxo deve contemplar:

- velocidade;
- ordem de estocagem;
- capacidade do depósito;
- otimização e giro das empilhadeiras.

A largura dos corredores está relaciona com o tipo de equipamentos de movimentação de cargas que será utilizado. Essa dependência está relacionada com o giro em torno do seu eixo, proporcionando um raio para realização do mesmo. Este raio deve ser relacionado com a largura do corredor para que o mesmo possa realizar esta rotação de forma livre, sem esbarrar nas laterais das colunas e estantes.

A altura da última carga paletizada depende da elevação máxima do garfo da empilhadeira, além da altura do pé-direito do armazém. É preciso prestar grande atenção a esse dimensionamento para não perder, por falta de cálculo, espaços que poderão fazer falta com o aumento da demanda no armazém. A utilização de túneis de circulação entre as estruturas (altura para passagem de empilhadeiras) facilita a circulação dos equipamentos de movimentação de materiais de um corredor para o outro, porém, deve-se atentar à altura do maior equipamento de movimentação utilizado para não comprometer a passagem do mesmo.

O dimensionamento das estruturas, estantes e locais de estocagem de caixas, paletes ou contêineres, dependerá das medidas e peso dos mesmos. Além destes detalhes, é importante destacar a análise quanto às instalações do prédio, rede de prevenção de incêndio, rede elétrica, encanamentos no piso ou tubulação no teto, colunas, portas, janelas, escadas etc.

No que se refere ao piso, ele deve ser plano, nivelado, uniformemente distribuído e apto a suportar cargas pontuais e de movimentação. Verificar possíveis desníveis, afundamento, fragilidade ou anomalia.

Não é possível colocar estruturas em pisos do tipo paralelepípedos, bloquetes, lajotas, placas de rocha e piso asfáltico, pois apresentam grande deficiência ao nivelamento e resistência ao arrancamento (esforço exigido pelo chumbador).

O ideal é um piso monolítico de concreto armado com características mínimas de resistência a esforços verticais.

Quanto aos corredores, eles são o acesso às estruturas ou localizações; também são sinônimo de menos espaço disponível para armazenar. Necessariamente dimensionamos um corredor central de mão dupla e corredores de acesso às estruturas. A largura dependerá dos equipamentos de movimentação. Nenhuma estrutura deverá estar encostada nas paredes, obrigatoriamente haverá um recuo de aproximadamente 600 mm.

Todas as passagens são projetadas em acordo com os equipamentos de movimentação, operações de manuseio, cargas e descargas.

Importante atentar aos locais livres para guardar os equipamentos, operações gerais, separação de mercadorias, embarque e desembarque, quarentenas etc.

2.3   Sistemas de endereçamento ou localização dos estoques

Existem dois métodos básicos: o sistema de endereços fixos e o sistema de endereços variáveis. Para aproveitar melhor o espaço e por conta de possíveis remoções ou inserções de novos produtos, é recomendável utilizar alternância de números. Por exemplo, A1-0001, A1-0003, A1-0005, e assim por diante.

No sistema de endereçamento fixo, existe uma localização específica para cada produto. Caso não haja muitos produtos armazenados, nenhum tipo de codificação formal será necessário. Caso a linha de produtos seja grande, deverá ser utilizado um código alfanumérico, que visa à minimização do tempo de localização de guarda ou retiro (*picking*) dos materiais.

Já o sistema de endereçamento variável apresenta como característica principal a não necessidade de que um material seja sempre armazenado no mesmo local. Com os sistemas de WMS (*warehouse management systems* – sistemas de gerenciamento de armazém) esta prática é muito utilizada, pois o material é sempre armazenado em locais vazios. Este sistema proporciona maior flexibilidade, porém é muito importante utilizar *softwares* que proporcionem maior precisão no gerenciamento das informações.

Classificação e codificação dos materiais

Um sistema de classificação e codificação de materiais é fundamental para os procedimentos de armazenagem adequados, controle eficiente dos estoques e uma operacionalização correta do almoxarifado.

Classificar um material significa agrupá-lo segundo sua forma, dimensão, peso, tipo, família e uso. Em outras palavras, classificar um material significa ordená-lo segundo critérios adotados, agrupando materiais de acordo com as suas semelhanças. Classificar os bens dentro de suas peculiaridades e funções tem como finalidade facilitar o processo e posteriormente dar-lhes um código que os identifique quanto aos seus tipos, usos, finalidades, datas de aquisição, propriedades e sequência de aquisição. Por exemplo, com a codificação do bem, passamos a ter, além das informações acima mencionadas, um registro que nos informará todo o seu histórico: preço inicial, localização, vida útil esperada, valor depreciado, valor residual, manutenção realizada e previsão de sua substituição.

Codificar um material significa representar todas as informações necessárias, suficientes e desejadas por meio de números e/ou letras, com base na classificação obtida do material.

A tecnologia de computadores está revolucionando a identificação de materiais e acelerando o seu manuseio.

Modelo de etiqueta:

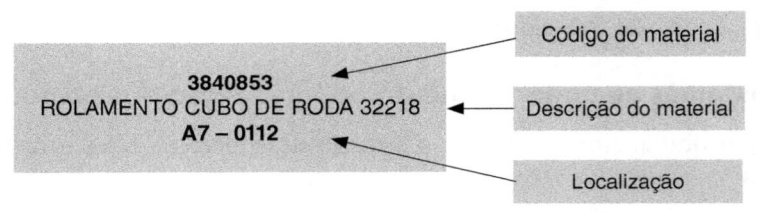

Figura 3.3 Modelo de etiqueta de codificação de item.

Políticas de operação de armazenagem

Ao proporcionarmos a cada item diferenciado um código próprio, proporcionamos maior precisão no momento do atendimento de um pedido. As diferenciações de marca, tipo, sabor, aroma, perfume, dimensões, peso, cor, embalagem, custo fazem parte dos produtos e precisam estar bem apresentadas para não causar dúvidas. Na gestão de estoques e sistemas de identificação, a SKU representa a unidade de venda e de registro nos sistemas de informação.

Se os itens forem idênticos, receberão o mesmo código, independentemente do local de origem de fabricação. Exemplo: parafuso zincado de 1" X 1"1/2 – independentemente do fornecedor que fabricar o mesmo, as suas características físico-químicas serão as mesmas.

> **Segurança:** é a primeira prioridade. Todas as atividades operacionais, antes de serem produtivas, devem ser seguras. Desejamos desfrutar de um ambiente confortável e ergonômico, com processos seguros e adequados níveis de esforço físico, iluminação e ruído.

Fiéis depositários: os colaboradores do armazém são os responsáveis pela guarda dos materiais a eles confiados.

First In, First Out (FIFO): respeitar o princípio pelo qual o Primeiro item que Entra deve ser o Primeiro que Sai. Este princípio é conhecido como PEPS.

First Expire, First Out (FEFO): Primeiro que Vence é o Primeiro que Sai (PVPS). Serve para gerenciar a arrumação e expedição das mercadorias do estoque de acordo com o prazo de validade.

Last In, First Out (LIFO): sigla inglesa correspondente a UEPS, cujo significado é Último que Entra, Primeiro que Sai.

Estornos: não crie ou permita que se formem estoques complementares nas seções. Incentive os usuários para que sempre devolvam o excedente ao estoque central. Com este formato de trabalho, evita-se a manutenção através de ajustes no sistema informatizado, ERP ou WMS.

2.4   Embalagem, arrumação de carga e acondicionamento

Embalagens são invólucros, recipientes ou qualquer forma de acondicionamento removível, ou não, destinado a cobrir, empacotar, envasar, proteger ou manter, especificamente ou não, os produtos.

Elas têm por finalidades:

- identificar o produto;
- conter e proteger o produto;
- contribuir para a eficiência da distribuição física.

Podem ser úteis ou necessárias em todas as fases de fabricação ou distribuição da empresa:

- abastecimento de matéria-prima;
- movimentação e estocagem de produtos ou peças;
- transporte e distribuição de produtos acabados.

Classificação das embalagens

Uma embalagem pode ser classificada em:

- primária;
- secundária;
- terciária ou unidade de despacho;
- quaternária ou unidade padrão de carga;
- quintenária;
- autoexpositora;

- de distribuição física;
- retornável;
- descartável.

Embalagem primária

Embalagem de contenção, que está em contato direto com a mercadoria ou contém o produto (vidro, lata, plástico etc.), sendo a medida de produção e de consumo. Também pode ser a unidade de venda no varejo.

Embalagem secundária

Embalagem de apresentação, o acondicionamento (contenedor) que protege e/ou apresenta a embalagem primária ao usuário no ponto de venda.

Embalagem terciária ou unidade de despacho

Embalagem de comercialização, que contém um múltiplo da embalagem secundária ou primária; é o caso das caixas de madeira, papelão, plástico ou outro material. A combinação das embalagens primária e secundária acaba sendo a medida de venda ao atacadista.

Embalagem quaternária ou unidade padrão de carga

Embalagem de movimentação, múltiplo da embalagem terciária, que envolve o contenedor e facilita a movimentação e a armazenagem.

Embalagem quintenária

É a unidade conteinerizada ou as embalagens especiais para envio a longa distância.

Embalagem autoexpositiva

É aquela que, além de transportar a mercadoria, visa expô-la. É chamada de embalagem de autovenda. Caracteriza-se por:

- ser usada, sobretudo, para as mercadorias de vendas diárias;
- manter unidas e protegidas as embalagens de vendas diárias;
- ser empilhável;
- estar pronta para a venda, exigindo o menor esforço para abri-la;
- ter um texto e decoração atrativos;
- ser de fácil manuseio, tanto em peso quanto em volume.

Embalagem de distribuição física

É aquela destinada a proteger o produto, suportando as condições físicas encontradas no processo de carga, transporte, descarga e entrega. Pode ser uma embalagem primária ou secundária. Caracteriza-se por:

- proteger o produto durante as duras etapas de distribuição física;
- fornecer identificação do conteúdo e instruções especiais para utilização;
- fornecer ao cliente facilidades para abrir, desembalar, fechar novamente, reutilizar ou descartar.

Podemos citar como exemplos:

- caixas de papelão;
- caixas de madeira;
- caixas de plástico;
- sacos de papel ou plástico;
- tambores de aço, fibra, plástico ou mistos;
- cilindros e bujões para gases;
- barris e tonéis de madeira;
- fardos.

Embalagem retornável

É considerada aquela prevista para ser usada por um período longo, em perfeitas condições, podendo ou não incluir acessórios retornáveis, como separadores, bandejas, divisores, caixas plásticas etc.

Embalagem descartável

É aquela projetada para ser usada apenas uma vez, geralmente de baixo custo, não exigindo controle e devolução. Porém deve apresentar-se em boas condições.

Funções da embalagem

Na maioria das vezes as embalagens são utilizadas para proteger os produtos, mas neste caso os profissionais de marketing aproveitam para promover o produto utilizando-se da embalagem. As embalagens também são utilizadas às vezes como extensão do produto, caso das fraldas descartáveis, cuja adquisição em certo volume permite que a própria embalagem seja utilizada como modo de armazenamento pelo cliente.

Para refletir

Uma embalagem tem como função principal proteger os produtos, para que este não sofra nenhum dano. Mas além da proteção, a embalagem pode possuir a função de despertar o desejo, o marketing, para que o consumidor tenha o sentimento de desejo e adquira aquele produto. Assim, além de envolver e proteger o produto, uma bela embalagem pode fazer toda a diferença na hora da venda.

Figura	Característica	Cuidados
kyoshino | iStockphoto	**Caixas de papelão:** são usadas normalmente para acondicionar produtos leves, como vidros de remédios, alimentos, perfumes, brinquedos, livros etc.	Lugar molhado em perto de pontas, nem pensar! Também é preciso respeitar o empilhamento máximo na hora da arrumação.
AstroBoi | iStockphoto	**Caixas de madeira:** são usadas para embalar produtos mais pesados, como motores, baterias, ferramentas, espelhos etc.	Não machuque suas mãos em lascas, pregos ou fitas de aço. Use luvas de raspa!
SafakOguz | iStockphoto	**Engradados:** são usados para adicionar mercadorias de formas irregulares que dificultam o transporte, como cabines de caminhão, bicicletas, móveis etc.	Não coloque mercadorias pesadas em cima deles!
KateFieldNYC | iStockphoto	**Fardos:** são usados para acondicionar mercadorias que não exigem uma embalagem muito resistente, como tecidos, algodão, bolas etc.	Colocar perto de pontas ou líquidos, nem pensar!
Coprid | iStockphoto	**Sacos:** existem três tipos: de papel, de pano e de plástico. São usados normalmente para embalar em que pequena quantidade as mercadorias a granel, como milho, cimento, carvão etc.	Colocar perto de pontas ou líquidos, nem pensar!

Figura	Característica	Cuidados
happyfoto | iStockphoto 	**Feixes:** tipo de embalagem utilizado em mercadorias que não necessitam de proteção, como pás, picaretas, vassouras etc.	Não coloque mercadorias que quebrem ou amassem sobre eles!
nyvltart | iStockphoto 	Tambores: são usados para transportar produtos líquidos, como óleo, combustível, graxas etc.	Não role, nem os coloque perto de pontas!
JANIFEST| iStockphoto 	**Bombonas:** são usadas para transportar líquidos, como ácidos, detergentes etc.	Não role, nem coloque perto de pontas!
YinYang | iStockphoto 	**Barricas:** são utilizadas para transporte de vinhos e azeitonas	Não role, nem coloque perto de pontas!
agnormark| iStockphoto 	**Bobinas:** é a forma de acondicionamento para papel, chapas de aço, chapa de alumínio etc.	Calce para que não corram!
Gearstd| iStockphoto 	**Carretéis:** utilizados para acondicionar cabos elétricos, cabos de aço, materiais etc.	Calce para que não corram!
scanrail | iStockphoto 	**Cilindros e botijões:** para gases, como oxigênio e gás de cozinha	Muita atenção mesmo! Se vazar, pode intoxicar e até levar à morte.

Figura 3.4 Tipos de embalagem.

Simbologia

Um símbolo representa alguma coisa. Símbolos de segurança identificam o cuidado que se deve tomar para carregar, arrumar e transportar a carga. Alguns cuidados vêm escritos nas embalagens.

Veja só:

CUIDADO	FRÁGIL	NÃO VIRE	ESTE LADO PARA CIMA
EMPILHAR MÁXIMO DE _____ CAIXAS		EVITAR CHOQUES	

As legendas são facilmente identificadas, porém, na maioria das vezes vêm com símbolos de segurança, cuja leitura não é tão fácil assim.

Alguns exemplos:

Figura	Descrição	Figura	Descrição
primo-piano | iStockphoto	**Frágil** A carga é frágil e deve ser manuseada com cuidado, a fim de não ser quebrada ou amassada.	primo-piano | iStockphoto	**Proteger da luz** A carga não deve permanecer exposta à luz.
primo-piano | iStockphoto	**Proteger da umidade** A carga deve ser colocada em lugar seco, onde não receba qualquer tipo de umidade.	primo-piano | iStockphoto	**Carrinho de mão** O carrinho de mão deve ser encaixado no mesmo lado onde aparece o símbolo.
primo-piano | iStockphoto	**Frágil, não agitar** A carga é frágil, podendo derramar, e deve ser manuseada com cuidado, a fim de não ser amassada ou ter o conteúdo derramado.	primo-piano | iStockphoto	**Substância tóxica** A carga é perigosa. Ao manuseá-la, é preciso muito cuidado, pois o produto é tóxico.
primo-piano | iStockphoto	**Face superior nesta direção** A carga deve permanecer posicionada de forma que as setas estejam apontando para cima.	primo-piano | iStockphoto	**Içamento** Em caso do transporte com auxílio de guindaste, talha, ponte rolante, a carga deve ser envolvida por correntes nos locais indicados na embalagem.

Figura	Descrição	Figura	Descrição
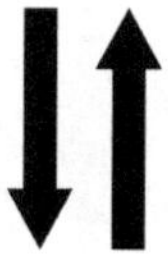 primo-piano | iStockphoto	**Setas invertidas** A carga deve permanecer posicionada de forma que sempre uma das setas esteja apontando para cima.	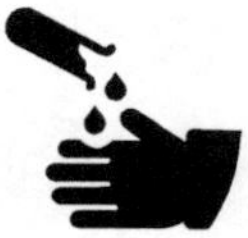 Bismillah_bd | iStockphoto	**Produto corrosivo** Esta carga não deve entrar em contato com a pele, pois o produto é corrosivo. Usar equipamento de proteção.
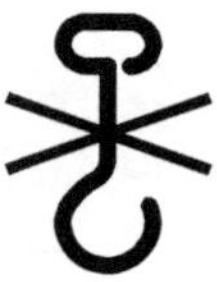 primo-piano | iStockphoto	**Não usar ganchos ou furar** A carga não deve ser suspensa ou movimentada com auxílio de ganchos.	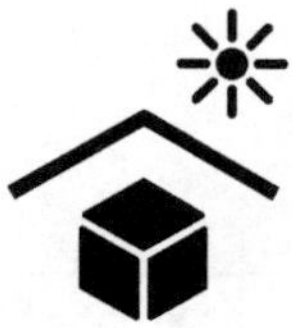 primo-piano | iStockphoto	**Proteger do calor** A carga deve ser colocada em local fresco, protegida do calor.

Figura 3.5 Símbolos de segurança.

Na inexistência de símbolos, procure saber sobre a carga com o conferente ou encarregado; só inicie o manuseio após obter as informações necessárias. Ou, ainda, veja na nota fiscal da carga. Assim, você evita acidentes ou avarias na carga.

Acessórios de armazenagem

A carga pode ser armazenada manualmente ou com acessórios e equipamentos. Procure sempre saber como deve movimentar a carga, pergunte ao conferente ou olhe os documentos. Com isso você cuida da sua segurança e da segurança da carga.

Alguns exemplos de acessórios:

- paletes ou estrados – tablados de madeira transportados por empilhadeira ou carrinho hidráulico;
- contêineres – caixas de metal com portas;
- gaiolas – armações de metal parecidas com uma caixa. Podem ser empilhadas;
- caçambas – armações de metal parecidas com uma gaiola. Usadas para peças pequenas.

Figura	Descrição
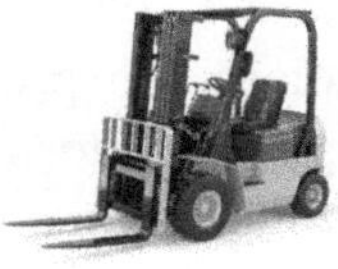 Bet_Noire | iStockphoto	**Empilhadeira** Essa você conhece! É um veículo com motor. Só pode dirigi-lo quem é habilitado.

Figura	Descrição
 Acervo do autor	**Alavanca de rodas** Com ela, você levanta cargas pesadas.
 urfinguss | iStockphoto	**Carrinho de mão simples** Para levar cargas de até 300 kg.
 nicomenijes | iStockphoto	**Carrinho plataforma** Sabia que você pode carregar até 800 kg com esse carrinho?
 DSGpro | iStockphoto	**Carrinho para tambor** O nome já diz, não é mesmo? Ele trava o tambor, para carregá-lo com segurança.
 Boris Rabtsevich | iStockphoto	**Carrinho hidráulico** Carrega rolos de tapete e cargas de até 1.200 kg.
 Acervo do autor	**Carrinho tartaruga** Veja esse, você não vai acreditar! Carrega até 2.000 kg. Levanta paletes ou estrados.

Figura 3.6 Equipamentos de movimentação de materiais.

Ao se montar ou reestruturar uma cadeia de suprimento, em sua totalidade ou parcialmente, uma das questões estratégicas que se coloca é sobre o melhor canal de distribuição, ou a combinação de canais, que coloca um produto no mercado da forma mais competitiva possível. Uma vez implementados os canais de distribuição, a segunda questão está ligada à melhor forma de mantê-los em operação, garantindo os níveis de serviço inicialmente planejados.

2.5   Estratégias de armazenagem

A armazenagem dos produtos de forma correta é fator importante para que se tenha facilidade no momento de localizar o material desejado. As empresas têm este conhecimento e procuram facilitar a disposição de seus produtos no local de armazenagem. Para isso, precisamos gerenciar o fluxo físico e de informações.

Os critérios de armazenamento são:

- cada material deverá ter um local definido e demarcado;
- cada produto deve ser identificado e codificado;
- materiais de maior movimentação ou materiais grandes, pesados, de difícil manuseio, deverão localizar-se próximos da entrada e da saída;
- materiais perigosos, produtos químicos e inflamáveis deverão ficar confinados em locais apropriados;
- materiais perecíveis deverão ser organizados em função do critério "o primeiro que entra é o primeiro que sai" para evitar o envelhecimento e a perda do produto.

Ao falarmos de armazenagem não podemos deixar de falar do almoxarifado, que responde pelas funções de recebimento, armazenamento e distribuição dos materiais.

A Figura 3.7 ilustra uma operação no almoxarifado.

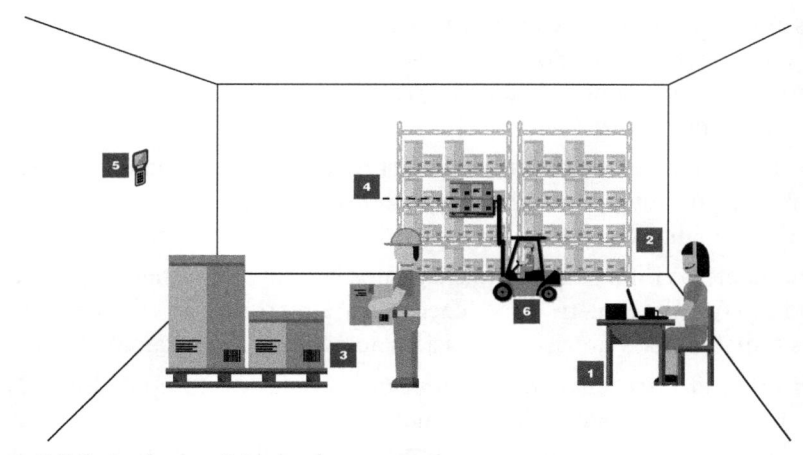

Figura 3.7 Ilustração das atividades de um armazém.

Detalhamento das atividades:

1. entrada da nota fiscal no sistema para conferência dos dados, geração de saldo do material no sistema;

2. estantes utilizadas para armazenamento dos materiais;
3. descarregamento dos materiais no recebimento;
4. equipamento transportando material para o local de armazenagem;
5. emissão de radiofrequência para baixa de código de barras para coletor sem fio;
6. após inspeção, retirar material para enviar para o local de armazenagem.

2.6   Sistema integrado como ferramenta

Nas primeiras décadas da existência dos computadores, as empresas possuíam diversos tipos de arquivos com dados redundantes em setores diferentes. Na verdade, o computador servia como catalisador e processador de dados, transformando-os em informações valiosas para a tomada de decisões gerenciais.

Praticamente, o que ocorria na informatização de grande parte das empresas era a transferência de operações manuais para os computadores, sem se preocupar com a racionalização e administração de tais informações.

A existência de dados repetidos em locais diferentes, nessa época, era inevitável e basicamente uma constante em qualquer organização.

O gerenciamento dessas informações não tinha grande importância, pois o interessante do processo era o aproveitamento máximo do potencial dos computadores de forma bastante prática e imediatista.

Nos últimos tempos, as empresas, de uma forma geral, passaram a se preocupar com a racionalização de seu sistema de trabalho, buscando alternativas para enfrentar o acirramento da concorrência. A filosofia empresarial é produzir mais a um menor custo.

Observando sob esse prisma, a área de processamento de dados jamais poderia ficar atrás e, portanto, a otimização dos processos de geração de informações passou a ser analisada de uma forma mais séria e profissional.

Certamente, as informações são elementos bastante importantes; precisam estar atualizadas, corretas e, além disso, chegar em tempo real ao destino para que as decisões tomadas pelas organizações sejam acertadas e produzam o efeito desejado.

Além de tudo isso, mais tarde surgiram as redes de computadores. Na atualidade, o compartilhamento de informações entre os diversos departamentos e setores das empresas e sua conexão com órgãos públicos, clientes e fornecedores tornaram-se necessidades incontestáveis.

Por isso, é praticamente impossível uma empresa não dispor de uma rede de computadores para que tais operações se tornem possíveis, inclusive com o uso frequente da Internet.

Vale destacar que qualquer sistema de informações, como folha de pagamento, controle de estoque, contabilidade ou outro semelhante, possui basicamente o mesmo "comportamento": captar dados na empresa, processá-los e retorná-los em forma de informações úteis para a tomada de decisão na administração empresarial.

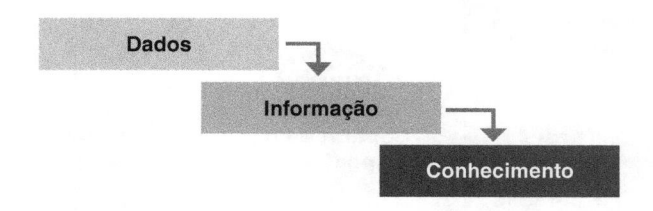

O OBJETIVO FINAL É **TRANSFORMAR...**

Figura 3.8 Formato de registro em um sistema de informação.

Entretanto, visto de uma forma genérica, podemos definir sistema como um conjunto de partes que interagem, visando a um objetivo específico e com alguma finalidade prática.

Sistemas de informações

Em toda e qualquer organização empresarial, seus administradores necessitam tomar decisões a todo instante, dependendo de cada situação existente e, é claro, sempre baseados em informações que chegam às suas mãos.

Normalmente, essas informações são canalizadas por intermédio de diversos meios, havendo poucas variações de empresa para empresa.

Evidentemente, é imprescindível que tais informações sejam apresentadas de forma clara, objetiva e mereçam total confiabilidade. É preferível não ter informações a tê-las de forma incorreta ou desatualizada.

O sistema de informações de toda e qualquer organização é de um valor incalculável, inclusive para a sua própria sobrevivência, e podemos conceituá-lo como sendo um conjunto de fatores coordenados que geram informações de qualquer natureza e com alguma finalidade prática.

2.7 Separação de pedidos

Na separação de pedidos, o que é adequado para uma empresa nem sempre é bom para outra. Dessa forma, identificar o melhor método de separação de pedidos e sistemas de suporte começa com o entendimento de seu negócio.

Com tais informações, você está pronto para explorar as opções disponíveis da separação de pedidos. Veja a Figura 3.9.

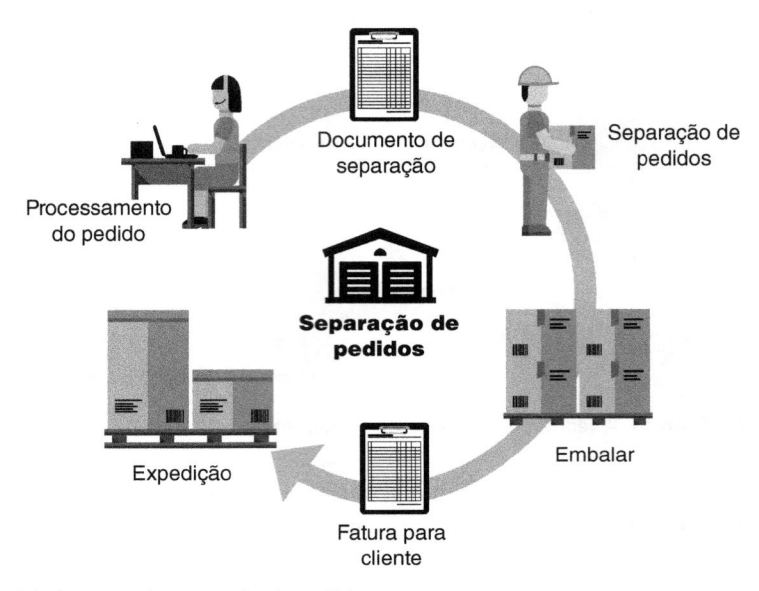

Figura 3.9 Processo de separação de pedidos.

A separação de pedidos pode envolver a separação por palete, separação por camada, separação de caixas ou separação por caixa aberta, ou qualquer outra combinação destas.

É possível que não haja um único método de separação de pedidos que seja adequado para toda sua operação. Ao contrário, sua solução ótima pode envolver uma combinação dinâmica de métodos.

A separação manual utilizando uma lista de separação é melhor quando usada em operações muito pequenas, onde a sincronização não é crítica para você. A separação manual pode ser realçada com separadores de pedidos utilizando etiquetas codificadas com barras, lendo-se o código de barras para confirmação da separação durante todo o processo.

É uma boa ideia manter o controle das atividades no armazém e, periodicamente, manter disponíveis alternativas de separação. Podemos usar um computador para manter o controle de cada transação. Assim, quando quisermos analisar o sistema, ele estará disponível. Poderá ser analisado se é necessário colocar o estoque de maior movimentação mais próximo da expedição ou fazer novas mudanças.

Tudo o que é estocado, um dia ou às vezes no mesmo dia, será "desestocado", ou seja, retirado do estoque. A esta importante atividade dá-se o nome de "separação" ou, em inglês, "*picking*". Dentro de um armazém temos muitas atividades importantes, mas esta atividade – "separação"– é a mais importante. Isso porque ela consome uma grande parcela de recursos (tempo do ciclo do pedido, distância, mão de obra etc.).

A "separação" é a penúltima atividade do fluxo de materiais do armazém, logo todo e qualquer atraso nas operações anteriores será cobrado nesta atividade, que se torna facilmente um gargalo.

Envolve erros de retirada de itens, em quantidades não conformes etc.

Nosso maior desafio é como fazer cada vez mais separações de itens em menor distância e em menos tempo, além de agregar valor ao cliente.

Sistema de separação de pedidos

Basicamente, os sistemas de separação de pedidos classificam-se nos quatro sistemas a seguir:

- **unitária** – cada separador faz a coleta de um só pedido por vez;
- **por lote** –a separação é feita por um grupo de pedidos de cada vez;
- **por zona** – a separação é organizada por zona, com um separador em cada uma para fazer a coleta de todos os pedidos;
- **por onda** – é um método similar à separação unitária, a diferença é que um grupo de pedidos é programado.

Dicas para uma separação eficiente

Planejamento da separação

O primeiro passo é ter acuracidade no controle de estoque, de tal forma que o separador nunca perca tempo procurando um item que não existe no estoque.

Segundo, ter uma lista adequada de separação, com localização exata do item. Terceiro, ter os itens nessa lista em uma sequência lógica.

Embalagens padronizadas

É importante que se padronizem as embalagens, evitando, desta forma, necessidade de o operador pesar ou contar os itens a serem separados.

Equipamento adequado

A utilização do equipamento correto é de fundamental importância para a separação, pois a escolha do mesmo gera soluções mais ou menos eficazes.

Arranjo físico (*layout*)

Deve-se considerar o *layout* como fator importante na separação. É importante que não haja movimentação maior do que a necessária.

Congestionamento

A concentração de muitos separadores em uma mesma área de separação é prejudicial à operação, pois são gerados muitos tempos de espera, o que aumenta o tempo perdido.

Manutenção dos equipamentos

A manutenção adequada dos equipamentos auxilia a separação de pedidos, pois aumenta a disponibilidade das máquinas.

5S – *Housekeeping*

As más condições de organização, arrumação, limpeza, padronização e disciplina são outros fatores consumidores de tempo. *Housekeeping* é uma técnica para iniciar e manter os processos de Qualidade e Produtividade Total em uma empresa. Assim, é de grande importância a implementação do 5S para garantir a mudança de pensamento dos colaboradores da equipe e para obter melhores condições estruturais e comportamentais. Do ponto de vista organizacional, o 5S deve ser implementado com o objetivo específico de melhorar as condições de trabalho e criar o "ambiente da qualidade", tornando-o altamente estimulador para que as pessoas possam transformar os seus potenciais em realização.

VOCÊ SABIA?

O sistema 5S foi oficializado no Japão na década de 1950, apesar de sua longa existência informal como fundamento da educação moral daquele país. Seu significado baseia-se na constituição de 5 palavras japonesas que começam com a letra S: *seiri, seiton, seisou, seiketsu* e *shitsuke,* que deram origem no Brasil aos 5 sensos: senso de utilização, senso de organização, senso de limpeza, senso de saúde e senso de autodisciplina.

Treinamento

Os operadores deverão conhecer o sistema de localização, saber utilizar corretamente os equipamentos necessários, colocar e identificar claramente os itens nos corredores e estantes e/ou prateleiras, entre outras habilidades para esta atividade conforme perfil de cada empresa.

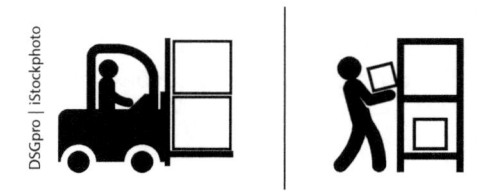

Figura 3.10 Formas de separação de materiais.

Como regra geral nas operações de separação, podemos encontrar os passos a seguir:

- ter certeza de que a mercadoria está disponível;
- localizar a mercadoria;
- acumular os itens do pedido na sequência de separação, segundo o local de estoque;
- designar o tempo necessário para separar o pedido, para programar o trabalho no armazém;
- liberar os pedidos para a expedição em lotes sincronizados;
- calcular o peso e a medida cúbica da mercadoria para definir características volumétricas e de peso do transporte;
- enviar o pedido para o faturamento e emitir a nota fiscal;
- obter o endereço do cliente para roteirizar a entrega;
- acumular as notas fiscais por local de destino e/ou número de rota (para acumular volumes máximos por veículos).

Sistemas convencionais de separação de pedidos
- Separador vai até o item.
- Item vem até o separador.
- Separação ao nível inferior.
- Separação nos níveis superiores.
- Separação sem papéis (ex.: reconhecimento de voz, radiofrequência, sistema orientado pela luz, também conhecido como *"pick-to-light"* etc.).
- Separação por som (*"pick-by-audio"*) etc.

Regras para aumentar a produtividade na separação

Eliminar ou combinar operações:
- separar e embalar;
- trazer os itens ao separador;
- separar por agrupamento de pedidos;
- retirar do estoque de acordo com o número de etiquetas;
- separar e dar baixa simultaneamente.

Localizar itens "populares" nos locais mais acessíveis:
- localizar de acordo com variações sazonais;
- evitar andar muito;
- evitar alongamento/flexões.

Equilibrar atividades de entrada e saída:
- evitar congestionamento;
- estabelecer horários diferentes (entrada/saída);
- rotas com fluxos definidos nos corredores.

Distribuir itens que saem juntos em uma área comum:
- formação de *kits*;
- células de estocagem/separação.

Dividir a área de estoque da área de separação:
- horizontal;
- vertical;
- transferência por *kanban* (cartão).

Agrupar pedidos na separação para reduzir o tempo:
- separação de múltiplos pedidos;
- contentores ou carrinhos com divisórias.

Listar itens na sequência da rota de separação:
- eliminar idas e vindas;
- dividir por zonas de separação.

Estabelecer códigos de identificação visual e de localização:
- cores nas estanterias;
- marcações no piso;
- mostradores ao nível dos olhos;
- caracteres nítidos e simples.

Selecionar veículos de movimentação adequados:
- propiciar conforto ao separador;
- fornecer simplicidade ao separador;
- não abrir caixas;
- veículos com escadas, divisórias.

Selecionar a melhor combinação de equipamentos de movimentação:
- estanterias dentro de estruturas porta-paletes;
- estanterias dinâmicas com transportadores contínuos.

Na distribuição, alteramos a forma de um material movimentando seletivamente, dentro de um prazo até o ponto de venda. Qualquer movimento que não contribui para este objetivo atrai custos sem agregar valor.

Slow moving

Os itens *slow moving* são conhecidos como itens em estoque com baixa rotatividade/movimentação ou com um índice relativamente baixo de uso, em comparação ao uso normal mantido no estoque. Materiais de baixa rotatividade necessitam de acompanhamento para boa gestão do estoque. Esses itens precisam ser identificados para não comprometer o nosso processo de gestão de estoques e armazenagem. Conhecer esta particularidade dos itens em estoque é primordial para que possamos armazená-los de forma correta, geralmente em locais mais difíceis de se alcançar, proporcionando aos itens de maior movimento uma melhor localização, facilitando e agilizando a separação de pedidos (*picking*).

2.8 Distribuição de produtos

Distribuição física é o processo da logística que trata da movimentação, estocagem e processamento de pedidos dos produtos finais de uma empresa. Costuma ser a atividade mais importante em termos de custo para a maioria das empresas, pois absorve cerca de dois terços dos custos logísticos (GOMES; RIBEIRO, 2004).

A distribuição física preocupa-se principalmente com bens acabados ou semiacabados, ou seja, com as mercadorias que a empresa oferece para vender quando não planeja executar processamentos posteriores. Desde o instante em que a produção é finalizada até o momento no qual o comprador toma posse dela, as mercadorias são responsabilidade da logística, que deve mantê-las no depósito da fábrica e transportá-las até depósitos locais ou diretamente ao cliente.

O profissional de logística deve preocupar-se em garantir a disponibilidade dos produtos requeridos pelos clientes à medida que eles desejam e se isso pode ser feito a um custo razoável (BALLOU, 1999, p. 40).

Há, geralmente, dois tipos de mercado para os quais se deve planejar. O primeiro deles é o de usuários finais, que são tanto aqueles que usam o produto para satisfazer suas necessidades como aqueles que criam novos produtos, caso de consumidores industriais. Os consumidores finais também podem ser empresas que, por sua vez, vendem seus produtos aos seus clientes.

> A distribuição tem como função criar valor, tornando produtos ou serviços disponíveis aos consumidores ou usuários, de forma apropriada, no lugar certo e no tempo certo.

O segundo tipo de mercado é composto por intermediários que não consomem o produto, mas que oferecem para revenda, em geral para outros intermediários ou consumidores finais. São, por exemplo, distribuidores, varejistas e usuários finais.

A diferença primordial entre essas categorias de compradores está no volume e no perfil da compra. Consumidores finais adquirem pequenas quantidades e são em grande número. Suas compras são mais frequentes do que aquelas feitas pelos intermediários. Estes usuários finais do tipo empresas de manufatura, geralmente, compram grandes quantidades. Como regra, existem menos destes últimos do que consumidores finais. Não raro, empresas têm a mistura desses dois tipos de clientes. Sistemas de distribuição física precisam ter certo grau de flexibilidade para suprir as necessidades dos diversos tipos de clientes de forma econômica.

Muitas configurações estratégicas diferentes de distribuição podem ser empregadas. Há três formas básicas:

1. entrega direta a partir de estoques de fábrica;
2. entrega direta a partir de vendedores ou da linha de produção;
3. entrega feita utilizando um sistema de depósitos.

Quando clientes adquirem bens em quantidade suficiente para lotar um veículo, as entregas podem ser feitas diretamente a partir dos vendedores, centro de distribuição dos estoques de fábrica ou da linha de produção. Uma vez que os fretes são menores quando cargas completas de veículos vão até uma única localização do cliente, este método de entrega incorre no menor custo total de transporte. Fornecedores de matéria-prima geralmente utilizam entrega direta de grandes volumes, a menos que o produto seja comprado em pequena quantidade (BALLOU, 1999).

Quando os clientes não desejam comprar em quantidade suficientemente grande para gerar entregas com carga completa, os logísticos empregam estratégia alternativa – suprir através de um sistema de depósitos. Isto é motivado pela redução dos custos de distribuição e pela melhoria do nível de serviço oferecido.

Clientes com pequeno volume de compras podem ser supridos a partir de fábrica, mas os clientes que se localizam longe da planta industrial não podem, em geral, ser atendidos economicamente. Neste caso, as entregas devem ser feitas em volumes menores do que de uma carga completa até seus armazéns. Partindo dos depósitos, as mercadorias precisam ser movimentadas apenas por curtas distâncias com fretes maiores de carga parcial. Os custos adicionais de estocagem são mais do que compensados pelo menor custo global de transporte. Além disso, como os estoques ficam em média mais próximos dos clientes, o nível de serviço tem sua qualidade com melhorias.

A tarefa de movimentar o produto não termina necessariamente quando os bens chegam ao cliente. O administrador do logístico deve estabelecer procedimentos e preparar a estocagem dos bens devolvidos a partir dos sítios de entrega. Arranjos similares devem ser feitos para produtos que ficarem obsoletos quando ainda estocados. Eles devem ser liquidados ou devolvidos à fábrica para retrabalho (Ballou, 1999, p. 40-42).

Converse (1954 apud BOWERSOX; CLOSS, 2001) referia-se à distribuição física como "a outra metade do marketing". A maioria dos principais livros e textos de marketing identifica a distribuição física como um elemento-chave da disciplina. Por exemplo, McCarthy (1975, p. 75-80) define marketing como uma mistura de produto, lugar (distribuição física), promoção e preço.

Os especialistas de marketing consideram a distribuição física como parte integrante da função marketing, pois executa na maioria das empresas a distribuição como uma estratégia. Kotler (2000) afirma que os clientes avaliam qual oferta proporciona maior valor agregado, formando uma expectativa de valor e avaliando sua satisfação a partir da capacidade da oferta em atender ou não essa expectativa. Destaca que o marketing tem dois propósitos básicos: um deles é obter demanda e o outro é atender demanda. Estes dois estão ligados pelo nível de serviço provido.

Conseguir demanda é resultado dos esforços promocionais, assim como do preço e da composição (*mix*) da carteira de produtos oferecidos ao público. Uma vez conseguida a demanda, esta deve ser atendida e a distribuição física age.

A distribuição dos produtos está atrelada a outros processos, como armazenagem e transporte, que precisam ser bem realizados para que o produto correto chegue ao seu destino conforme solicitado pelo cliente. A cada dia nossos clientes se tornam mais exigentes e a competitividade se torna cada vez mais acirrada. Desta forma, não podemos errar, pois senão perderemos competitividade e credibilidade em nosso mercado de atuação.

Seguem alguns cuidados que devemos ter para que isso não ocorra:

- disponibilizar produtos e serviços onde o cliente deseja;
- entregar na data prometida;
- qualidade na entrega do produto;
- velocidade do atendimento, consistência dos prazos, flexibilidade e planos de contingência (para lidar com as incertezas);
- continuada medição e correção das variáveis que afetem o serviço ao cliente.

Portanto, consideramos a distribuição física como parte final do processo, a saída, ou seja, o produto do processo logístico. Considerando sua importância e seu impacto na administração de movimentação de materiais, seu conceito deve ser entendido para que a teoria dos fluxos logísticos possa ser implementada.

2.9 Logística reversa

Quando falamos em logística, imaginamos um fluxo de produtos, desde o momento em que é gerada a necessidade de atendimento de um produto até sua entrega ao cliente, que estará aguardando a sua chegada. Mas é importante ressaltar que existe um fluxo reverso, do ponto de consumo até o ponto onde esse produto teve seu início de produção. Esse fluxo reverso precisa ser gerenciado para obtenção de ganho sustentável expressivo nos negócios.

Ainda falamos pouco sobre logística reversa, porém este assunto está se tornando cada vez mais comum em boa parte das empresas. Podemos usar como exemplo as empresas de gás de cozinha, que necessitam do botijão vazio para fazer o reabastecimento. Os clientes que necessitam comprar um novo botijão cheio têm que entregar o vazio, pagando somente o valor do gás. Nas grandes cidades, as empresas que vendem água em galões de 20 litros adotam o mesmo critério. Estes exemplos são os que evidenciamos em nosso dia a dia.

Ouvimos muito nos dias de hoje a palavra "reciclagem". O Brasil se destaca como um dos maiores recicladores de latas de alumínio. É notável o grande aproveitamento de matéria-prima reciclada, tendo desenvolvido meios inovadores na coleta de latas descartadas. Com o índice de 96,2% na reciclagem de latas de alumínio para bebidas em 2005, o país se manteve pelo quinto ano consecutivo na liderança do *ranking* mundial dessa atividade. Segundo dados divulgados pela ABRALATAS e pela ABAL (Associação Brasileira do Alumínio), em 2010, o Brasil reciclou 439 mil toneladas de alumínio. A relação entre esse volume e o consumo doméstico de alumínio indica um percentual de 33,8%, que é superior à média mundial de 27% (base 2009). Na reciclagem de latas de alumínio para bebidas, em 2010, o país reciclou 239,1 mil toneladas de sucata, o que corresponde a 17,7 bilhões de unidades, ou 48,5 milhões por dia ou 2 milhões por hora. Pelo décimo ano consecutivo, o país lidera a reciclagem de latas de alumínio para bebidas, entre os países em que a atividade não é obrigatória por lei – como no Japão, que em 2010 reciclou 92,6% de latas; Argentina, 91,1%, e Estados Unidos, 58,1% – e entre países europeus, cuja legislação sobre reciclagem de materiais é bastante rígida, e apresentaram um índice médio de 64,3% (dados de 2009).

Leite (2003) define logística reversa como a área da logística empresarial que planeja, opera e controla o fluxo e as informações logísticas correspondentes, do retorno dos bens de pós-vendas e de pós-consumo ao ciclo de negócio ou ao ciclo produtivo, por meio dos canais de distribuições reversos, agregando valores de natureza: econômico, ecológico, legal, logístico, de imagem coorporativa, entre outros.

PARA REFLETIR

Com a preocupação em preservar o meio ambiente, existe uma clara tendência de que a legislação ambiental caminhe no sentido de tornar as empresas cada vez mais responsáveis pelo ciclo de vida de seus produtos. Sendo assim, a prática da logística reversa se tornará uma forte aliada para as atividades de reciclagem de materiais, a fim de proporcionar sustentabilidade ambiental.

Na área da indústria, onde o processo de gerenciamento da logística reversa é mais recente, destacamos as indústrias de eletrônicos, cosméticos, varejo e automobilística, que conseguem ganhos expressivos evitando desperdícios. Esses setores também têm que lidar com o fluxo de retorno de embalagens e produtos, de devoluções de clientes ou do reaproveitamento de materiais para produção.

Com a preocupação em preservar o meio ambiente, existe uma clara tendência de que a legislação ambiental caminhe no sentido de tornar as empresas cada vez mais responsáveis pelo ciclo de vida de seus produtos. Isso significa ser legalmente responsável pelo seu destino após a entrega dos produtos aos clientes e o impacto que eles produzem no meio ambiente.

Os fornecedores acreditam que os clientes valorizam as empresas que possuem políticas mais liberais de retorno de produtos. Esta é uma vantagem percebida onde os fornecedores ou varejistas assumem os riscos pela existência de produtos danificados. Isso envolve, é claro, uma estrutura para recebimento, classificação e expedição de produtos retornados.

Além disso, os esforços em desenvolvimento e melhorias nos processos de logística reversa podem produzir também retornos consideráveis, que justificam os investimentos realizados.

Por trás do conceito de logística reversa está um conceito mais amplo que é o do "ciclo de vida". A vida de um produto, do ponto de vista logístico, não termina com sua entrega ao cliente. Produtos se tornam obsoletos, danificados, ou não funcionam e devem retornar ao seu ponto de origem para serem adequadamente descartados, reparados ou reaproveitados.

Do ponto de vista financeiro, fica evidente que, além dos custos de compra de matéria-prima, de produção, de armazenagem e estocagem, o ciclo de vida de um produto inclui também outros custos que estão relacionados a todo o gerenciamento do seu fluxo reverso. Do ponto de vista ambiental, esta é uma forma de avaliar qual o impacto de um produto sobre o meio ambiente durante toda a sua vida. Esta abordagem sistêmica é fundamental para planejar a utilização dos recursos logísticos de forma a contemplar todas as etapas do ciclo de vida dos produtos.

Nesse contexto, podemos então definir logística reversa como sendo o processo de planejamento, implementação e controle do fluxo de matérias-primas, estoque em processo e produtos acabados (e seu fluxo de informação) do ponto de consumo até o ponto de origem, com o objetivo de recapturar valor ou realizar um descarte adequado, conforme podemos observar na Figura 3.11.

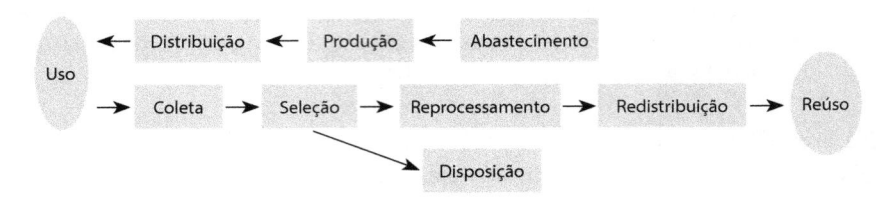

Fonte: Fleichmann (2001).
Figura 3.11 Cadeia de recuperação de produtos.

- coleta;
- inspeção;
- reprocessamento;
- disposição;
- redistribuição.

Não podemos deixar de falar dos sistemas de informação que garantem o recebimento e atendimento correto dos pedidos, desde que estejam parametrizados conforme as atividades da empresa. É importante ressaltar que os colaboradores precisam estar treinados para desenvolver bem suas funções, evitando assim erros de envio dos produtos aos seus clientes e o retorno desnecessário.

A logística reversa está sendo levada cada vez mais a sério no Brasil. As empresas sabem que para serem competitivas precisam, além de ter um bom produto, disponibilizá-lo no momento certo e conforme a necessidade do cliente. Isso não impede que seus processos possam ser revistos para continuar atendendo as necessidades e obtendo redução de custos, pois quando bem definidos trarão ganhos expressivos para as organizações.

3. ESTUDO DE CASO

Soluções inovadoras para atender clientes é o que a grande maioria dos consumidores espera. Porém, para que as empresas possam atender e fidelizar seus clientes, despertando o desejo e a credibilidade pelos serviços prestados é preciso trabalhar com pontualidade. Em alguns casos, se faz necessário, em alguns momentos, realizar novas adequações e rever o formato de seu negócio.

Uma empresa do ramo atacadista, utilizando-se de processos logísticos e trabalhando com gerenciamento da cadeia de abastecimento, tem conquistado mercado e destaque. Seu negócio está focado em comprar produtos variados desde detergente até materiais de construção, e depois atendê-los conforme solicitação dos pedidos de seus clientes.

Por conta do aumento na demanda dos produtos de uma empresa atacadista, esta se deparou com a necessidade de ampliar seus negócios e providenciar um novo local para poder atender todos os pedidos que chegam. Uma empresa que trabalha neste ramo tem que respeitar prazos, pois toda mercadoria tem de sair do CD (centro de distribuição) no prazo certo para atender o cliente final.

Uma das características de distribuição da empresa é de que todos os produtos são entregues por frota própria, ou seja, com veículos e gestão de frotas da própria empresa. Analisando o cenário, destacamos que a distribuição dos produtos está relacionada a outros processos, como armazenagem e transporte, que precisam ser bem realizados para que o produto chegue corretamente ao seu destino, conforme solicitação do cliente.

Por conta da oferta de produtos e serviços prestados por diversas empresas a cada dia, os clientes se tornam mais exigentes e a competitividade se torna cada vez mais acirrada, onde não podemos errar, exigindo por parte das empresas maior competência para gerar e manter sua credibilidade.

Questão

Sendo você o responsável pela escolha de localização e estruturação do CD e definição do canal de distribuição, com base nos aprendizados destes capitulo, descreva:

- Quais características deverão ser levadas em consideração no projeto deste novo armazém? Quais são os cuidados que devemos ter ao definirmos o melhor sistema de distribuição?

4. RESUMO

Neste capítulo, estão contemplados os principais assuntos:

- Compreensão de que a principal função da armazenagem é administrar espaço e tempo. O espaço dependerá do tipo de produto a ser manuseado, assim os operadores usam o espaço disponível efetivamente e algumas ferramentas logísticas que ajudam na flexibilização desse espaço.
- Boas práticas para se projetar um armazém são necessárias inicialmente para determinar o nível de flexibilidade desejado, com base no propósito da instalação.
- Conceito de SKU (*stock keeping unit*), que tem como finalidade designar os diferentes itens mantidos em estoque.

- Apresentação dos tipos de embalagem, sua função, legendas contidas nas embalagens, bem como sua importância na armazenagem de materiais.
- Apresentação dos principais tipos de equipamento de movimentação de materiais, essenciais para a guarda, retirada e transporte de materiais.
- Compreensão das práticas utilizadas para a separação de pedidos, bem como regras para aumentar a produtividade na separação.
- Conceito de distribuição e quais cuidados deverão ser tomados para garantir a qualidade da entrega.
- Conceito de logística reversa, bem como dos pontos mais importantes na rede de recuperação de um produto.

5. EXERCÍCIOS

1. Quais são as principais etapas de um armazém?

2. Quais são as características de um bom *layout* quanto ao fluxo de um CD?

3. O que é e qual a finalidade de uma embalagem?

4. O que é *housekeeping*?

5. O que é distribuição física?

6. Quais são os pontos importantes na rede de recuperação de produtos quando se fala de logística reversa?

SISTEMAS MODAIS DE TRANSPORTE

Assista à **videoaula**

OBJETIVOS DE APRENDIZAGEM

Ao final deste capítulo, o aluno será capaz de:

- Descrever quais são os principais modais de transporte.
- Listar as principais características de cada modal.
- Apontar quais os principais tipos de carga.
- Descrever as características para escolha do modal de transporte.

1. INTRODUÇÃO

O transporte rodoviário ainda representa maior percentual da carga movimentada, o que demonstra que a economia brasileira ainda é bastante dependente desse modo de transporte. Tal situação foi afetada por uma grande quantidade de problemas setoriais acumulados durante as últimas décadas, o que certamente repercutiu em todo o sistema de logística para o transporte regional de cargas e passageiros no país.

Geralmente, o elemento mais importante no processo logístico é o transporte, mas também o de maior custo para a maioria das empresas. A movimentação de fretes absorve entre um a dois terços do total dos custos logísticos. Assim, o profissional de logística necessita de um bom entendimento das questões de transporte. Dentro das análises realizadas tanto pelas indústrias como pelo próprio varejo, o transporte apresenta um peso muito grande no preço final de seus produtos; para tanto, faz-se necessária uma ótima gestão nesse ponto.

Obter um bom conhecimento geográfico e dos modais de transporte é de grande importância para se montar uma boa estratégia de redução de custos de transporte e torná-lo mais competitivo.

2. CONCEITOS

Ao pensarmos em transporte, temos em nossas mentes a compreensão de que é o processo de movimentar um produto de um local a outro. Partindo do início da cadeia de suprimento e chegando até o cliente, ele exerce um papel importante em toda a cadeia de suprimento porque os produtos raramente são fabricados e consumidos no mesmo local.

O sucesso de qualquer cadeia de suprimento está estreitamente ligado à boa utilização do transporte, e, à medida que o transporte se torna mais eficiente e oferece melhor desempenho, a sociedade beneficia-se de melhor padrão de vida.

Ao conhecermos melhor as características dos modais, torna-se possível buscar as melhores soluções para o negócio.

2.1 O transporte na logística

O transporte é o principal componente do sistema logístico, pois todos os produtos necessitam ser transportados de um local a outro, até estarem disponíveis nas mãos de seus clientes. Possui significado de movimento de estoque de um ponto a outro da cadeia de suprimento. O transporte pode ser realizado a partir de várias combinações de meios de rotas, cada uma com características particulares de desempenho. As escolhas sobre o transporte exercem um forte impacto na responsabilidade e na eficiência da cadeia de suprimento. O transporte tem um papel preponderante na qualidade dos serviços logísticos, pois impacta diretamente no tempo de entrega, na confiabilidade e na segurança dos produtos.

Todos os dias, centenas de milhares de empresas compram e vendem milhões de produtos, produtos estes que podem ser transportados numa enorme variedade de configurações e tipos de embalagens. Os despachos podem constituir peças únicas, caixotes ou caixas, paletes parciais ou totais, contêineres etc.

O sistema de distribuição de produtos de uma empresa sempre foi importante e complexo, pois o transporte é um considerável elemento de custo em toda atividade industrial e comercial.

O transporte movimenta produtos de um local a outro, partindo do início da cadeia de suprimentos e chegando até o cliente. Ele exerce um papel importante em toda a cadeia de suprimentos porque os produtos raramente são fabricados e consumidos no mesmo local.

Com o crescimento do *e-commerce* e a consequente entrega de produtos em domicílios, os custos dos transportes tornaram-se ainda mais significativos no varejo. A movimentação de fretes absorve entre um e dois terços do total dos custos. O foco está nas instalações e serviços que compõem o sistema de transporte e no desempenho de vários serviços de transporte que um gerente poderia selecionar.

O sucesso de qualquer cadeia de suprimentos está estreitamente ligado à boa utilização do transporte e, à medida que o mesmo se torna mais eficiente e oferece melhor desempenho, a sociedade beneficia-se de melhor padrão de vida. Neste capítulo, vamos compreender a importância dessa atividade tão representativa no processo logístico.

Assim, podemos definir transporte como o deslocamento de pessoas e mercadorias de um local para outro, feito por intermédio de veículos, aeronaves, embarcações ou equipamentos de movimentação.

Sem transporte não teríamos como produzir produtos, pois conforme a definição de transporte, os produtos raramente são produzidos em um único local.

Papel do transporte no *supply chain*

O transporte mobiliza o produto entre diferentes estágios na cadeia de suprimento. Assim como outros fatores importantes da cadeia de suprimento, o transporte exerce grande influência tanto na responsabilidade quanto na eficiência. Um transporte mais rápido, utilizando diferentes meios ou diferentes quantidades a serem transportadas, contribui para que a cadeia de suprimento seja mais responsiva, mas acaba reduzindo a eficiência. O tipo de transporte utilizado por uma empresa também afeta os estoques e localização das instalações da cadeia de suprimento.

Transporte como estratégia competitiva

O papel do transporte na estratégia competitiva da empresa é representado geralmente quando a empresa está avaliando as necessidades-alvo de seus clientes. Se a estratégia competitiva tem como alvo o cliente que demanda um nível muito alto de responsabilidade e esse cliente está disposto a pagar por essa responsividade, a empresa pode então utilizar o transporte como um fator-chave para tornar a cadeia de suprimento mais comprometida. O oposto também ocorre. Se a estratégia competitiva da empresa tem como alvo clientes que apresentam o preço como principal critério de decisão de compra, a empresa pode então utilizar o transporte para baixar o custo do produto, sacrificando a responsividade. Como a empresa pode utilizar tanto o estoque como o transporte para aumentar o comprometimento e eficiência, a solução mais favorável para a empresa é, muitas vezes, encontrar o equilíbrio exato entre ambos.

2.2 Modais de transporte

Os produtos podem ser transportados por diferentes modais, porém são basicamente seis os modais de transporte, considerando a inclusão do novo modal, que é o infoviário:

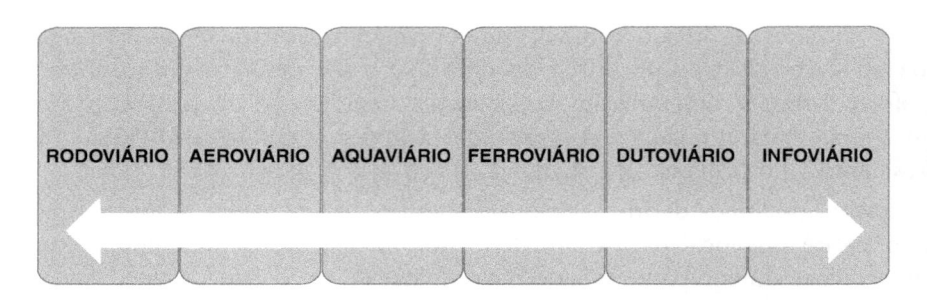

Figura 4.1 Sistemas modais de transporte.

Cada modal possui custos e características operacionais próprias, que os tornam mais adequados para certos tipos de operação e produtos. Os critérios para escolha de modais devem sempre levar em consideração aspectos de custos por um lado e características de serviço por outro. Em geral, quanto maior o desempenho em serviços, maior tende a ser o custo dos mesmos.

A intensidade da utilização dos equipamentos de transporte exerce grande influência no custo, como também a frequência de movimentação e a percentagem de quilômetros percorridos com o veículo carregado, sendo que esta última está diretamente relacionada com cargas de retorno.

Na matriz, podemos observar os seguintes valores, onde se destaca o transporte rodoviário:

- transporte rodoviário com 62,7%;
- transporte ferroviário com 21,7%;

- transporte aquaviário com 11,7%;
- transporte aéreo com 0,1%;
- transporte dutoviário com 3,8%.

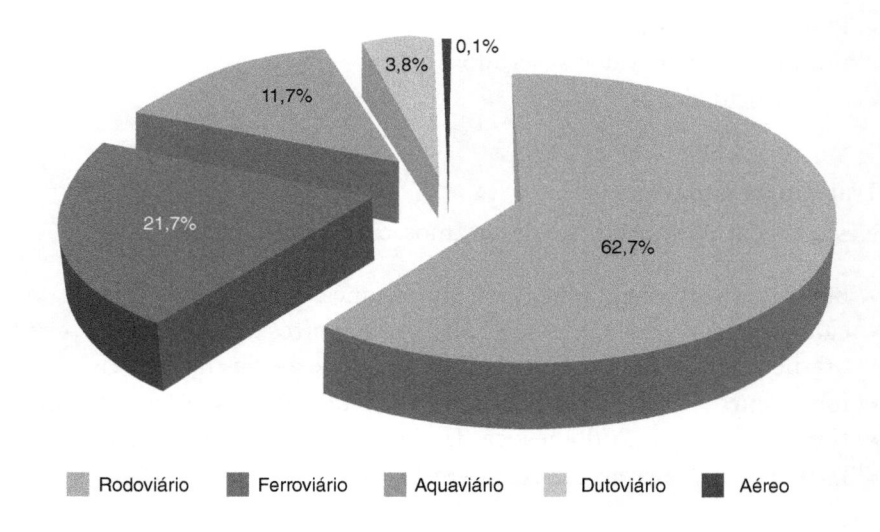

Fonte: Panorama do transporte de cargas rodoviárias – Instituto ILOS (2011).
Figura 4.2 Matriz de transporte no Brasil, 2008.

Transporte aéreo

As companhias aéreas possuem um alto custo fixo de infraestrutura e equipamento, os custos de mão de obra e combustível estão diretamente relacionados à viagem e não dependem do número de passageiros ou da quantidade de carga transportada em um voo. O objetivo da companhia aérea é maximizar o tempo de voo diário de um avião e a receita gerada por viagem. Como os custos fixos são altos e os custos variáveis são relativamente baixos, o gerenciamento da receita (as companhias aéreas variam os preços dos assentos determinando-os de acordo com a classe) é um fator significativo para o sucesso de companhias que transportam passageiros, mas não para carga.

As transportadoras aéreas oferecem um meio de transporte extremamente veloz e consideravelmente caro. Itens pequenos de valor alto ou remessas emergenciais que precisam percorrer longas distâncias são os casos mais indicados para o transporte aéreo.

Normalmente, as transportadoras aéreas levam cargas inferiores a 230 quilos, incluindo produtos de alta tecnologia, de valor alto, mas com pouco peso.

Características:

- em geral é utilizado onde o tempo é um fator muito importante;
- pequenos volumes, de fácil movimentação;
- longas distâncias;
- produtos de alto valor agregado;
- alta velocidade.

Transporte aquaviário

Neste modal de transporte, destacamos cinco modalidades:

- **marítima** – navegação costeira ou oceânica;
- **cabotagem** – navegação realizada entre portos ou pontos do território brasileiro, utilizando a via marítima ou esta e as vias navegáveis interiores;
- **longo curso** – navegação realizada entre portos brasileiros e estrangeiros;
- **fluvial** – navegação doméstica de rios e canais de navegação;
- **lacustre** – navegação realizada em lagos.

Características:

- grandes volumes de movimentação;
- longas distâncias;
- confiabilidade média;
- no marítimo, todo tipo de produto, no hidroviário, produtos de baixo valor agregado;
- baixa velocidade.

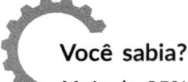

Você sabia?

Mais de 85% das exportações brasileiras são efetuadas por meio de portos, que, por causa da falta de tecnologia avançada e mão de obra qualificada, aliada aos problemas estruturais das instalações, levam ao aumento de custos e atrasos nas transações de exportação e importação, além de não conseguirem oferecer melhores serviços e custos mais acessíveis.

Transporte dutoviário

Esse tipo de transporte oferece uma faixa muito limitada de serviços e capacidades. Os produtos economicamente mais viáveis para serem movimentados por dutovia são o petróleo cru e os produtos de petróleo refinado. A movimentação do produto por meio de dutovia é muito mais vagarosa. Essa lentidão é abrandada pelo fato de que os produtos movem-se 24 horas por dia e sete dias por semana.

Com relação ao tempo em trânsito, o serviço de dutovia é o mais confiável de todos os modais, porque há poucas interrupções para causar a variabilidade no tempo em trânsito. O mesmo ocorre com as perdas e danos de produtos, ou seja, devido à característica do produto e do meio de transporte a probabilidade é muito pequena, porém, quando ocorrem, podem trazer consequências drásticas para o meio ambiente.

Características:

- grandes volumes de movimentação, fluxo contínuo. Alta confiabilidade;
- longas distâncias;
- restrito a poucos produtos, basicamente granéis líquidos;
- alto estoque em trânsito;
- baixa velocidade;
- risco de perdas e danos pequeno.

Transporte ferroviário

A ferrovia no Brasil possui mais de 150 anos, mas paramos no tempo. Basta que olhemos para o nosso mapa ferroviário e veremos que estamos muito aquém de um país desenvolvido; apesar de nossa dimensão territorial, somente a faixa mais próxima ao litoral conta com uma malha ferroviária. No Centro-Oeste e Norte é ainda um meio de transporte para o futuro.

O desempenho desse meio de transporte é prejudicado pela enorme quantidade de tempo gasto em cada transição. Os atrasos são exagerados porque os trens atualmente não são agendados e sim construídos – o trem parte quando há vagões suficientes para compor todo o trem. Os vagões esperam o trem ser composto, agravando a incerteza do tempo de entrega para o embarcador.

O setor do transporte ferroviário, por sua vez, sofre a concorrência direta do modal rodoviário, sendo obrigado a controlar suas tarifas a fim de se manter competitivo, mesmo que isso possa prejudicar inicialmente a sua saúde financeira.

Características:

- grandes volumes de movimentação;
- médias e longas distâncias;

- produtos de baixo valor agregado, como minérios, produtos agrícolas, fertilizantes, carvão etc.;
- baixa velocidade (média Brasil de 12 a 25 km/h).

Transporte infoviário

O mais novo meio, que transporta produtos como música eletronicamente, vídeos em tempo real (videoconferência), documentos escaneados enviados por *e-mail*, *e-books* (livros eletrônicos), filmes, educação a distância, *e-mail* e recados que antes eram encaminhados por cartas ou telegramas, utilizando de benefícios proporcionados pela Internet, após terem sido enviados por meios físicos. Este modal é um novo meio de transporte de produtos/serviços que vem sendo aplicado de diversas formas e em diferentes níveis de negócios, visando entregar os produtos de forma mais rápida, com menos estoques a um custo menor. A estratégia é integrar um ambiente composto de diferentes estruturas cuja finalidade é competir com maior flexibilidade de inovação.

Segundo Kotler, Jatusripitak e Maesincee (1997), o investimento em comunicações será necessário para construir as "infovias eletrônicas", que são a infraestrutura essencial para uma economia saudável voltada para as informações. Ainda segundo os autores, os serviços de vídeo nas redes de comunicações estão se tornando gradualmente mais significativos à medida que se desenvolvem mais aplicações comerciais e educacionais neste formato de mídia.

Características:

- apoio aos outros modais de transporte;
- reduz a logística de deslocamento de pessoas, utilizando videoconferência;
- possibilita informação em tempo real;
- elimina a quantidade de documentos em papéis;
- economiza custos de materiais físicos, como: impressão de livros, gravação de músicas em CD.

Transporte rodoviário

O transporte rodoviário é aquele realizado por caminhões e carretas e que, entre todos os modais, é o mais utilizado pela facilidade nos transportes de mercadorias, em viagens de curtas e médias distâncias. Sua utilização nos processos logísticos se deve ao fato de que todo conjunto de bens e serviços produzidos e consumidos pela sociedade precisa ser coletado, transferido e entregue, necessitando assim da movimentação física.

O rodoviário é peça fundamental, permitindo que a multimodalidade e a intermodalidade possam ser realizadas.

Características:

- complementa outros modais de transporte;
- pequenas e médias distâncias;
- serviço ponto a ponto;
- produtos acabados e semiacabados;
- produtos com necessidades específicas (exemplo: controle de temperatura);
- velocidade média (no Brasil, de 60 a 80 km/h).

Cada meio de transporte possui características diferentes no que se refere a velocidade, dimensão das entregas (pacotes individuais e paletes, de caminhões carregados a navios), custo de entrega e flexibilidade. Essas particularidades definem cada meio e ajudam a empresa a definir a melhor opção.

A Tabela 4.1 demonstra uma análise dos modais quanto aos custos.

Tabela 4.1 Custos fixos e variáveis de cada modal

Modal	Custos
Ferroviário	Altos custos fixos em equipamentos, terminais, vias férreas etc.
	Custo variável baixo.
Rodoviário	Custos fixos baixos (rodovias estabelecidas e construídas com fundos públicos).
	Custo variável médio (combustível e manutenção).
Aquaviário	Custo fixo médio (navios e equipamentos).
	Custo variável baixo (capacidade para transportar grande tonelagem).
Dutoviário	Custo fixo mais elevado (direitos de acesso, construção, requisitos para controle das estações e capacidade de bombeamento).
	Custo variável mais baixo (nenhum custo com mão de obra de grande importância).
Aeroviário	Custo fixo alto (aeronave e manuseio e sistemas de cargas).
	Alto custo variável (combustível, mão de obra e manutenção).

Fonte: Nazário (2000).

A Tabela 4.2 classifica as características operacionais de cada modal quanto à velocidade, disponibilidade, confiabilidade, capacidade e frequência. A menor pontuação indica a melhor classificação.

Tabela 4.2 Características operacionais relativas por modal de transporte

Características operacionais	Ferroviário	Rodoviário	Aquaviário	Dutoviário	Aéreo
Velocidade	3	2	4	5	1
Disponibilidade	2	1	4	5	3
Confiabilidade	3	2	4	1	5
Capacidade	2	3	1	5	4
Frequência	4	2	5	1	3
Resultado	14	10	18	17	16

Fonte: Nazário (2000).

Velocidade: refere-se ao tempo decorrido de movimentação em dada rota (também conhecida como *transit time*), sendo o modal aéreo o mais rápido de todos.

Disponibilidade: é a capacidade que o modal tem de atender a qualquer par origem-destino de localidades. As transportadoras rodoviárias apresentam a maior disponibilidade, já que conseguem dirigir-se diretamente para os pontos de origem e destino, caracterizando um serviço porta a porta.

Confiabilidade: refere-se à variabilidade potencial das programações de entrega esperadas ou divulgadas. Os dutos, devido a seu serviço contínuo e à possibilidade restrita de interferência pelas condições de tempo e de congestionamento, ocupam lugar de destaque no item confiabilidade.

Capacidade: refere-se à possibilidade de um modal de transporte de lidar com qualquer requisito de transporte, como tamanho e tipo de carga. O transporte realizado pela via marítima/fluvial é o mais indicado para essa tarefa. A frequência está relacionada com a quantidade de movimentações programadas.

Assim, com os dados apresentados nas Tabelas 4.1 e 4.2, a preferência prevalece sobre o transporte rodoviário. No Brasil, ainda existe uma série de barreiras que impedem que todas as alternativas modais, multimodais e intermodais sejam utilizadas de forma mais racional. Isso é reflexo do baixo nível de investimentos verificado nos últimos anos com relação à conservação, ampliação e integração dos sistemas de transportes. A forte predominância do modal rodoviário prejudica a competitividade em termos de custos de diversos produtos, como é o caso das *commodities* para exportação.

2.3 Tipos de carga transportada

Cada tipo de carga transportada possui características diferentes. Dentre elas, destacamos:

- **transporte de carga seca** – são produtos não perecíveis e que podem ser transportados independentemente das intempéries (sol, chuva, calor, frio, dia, noite etc.). Ex.: madeira, ferragens, materiais para construção (exceto cimento e similares), equipamentos, encanamentos etc.;
- **transporte de veículos** – geralmente acondicionados em carretas "cegonhas" ou guinchos. As carretas, em sua grande maioria, transportam veículos zero-quilômetro, enquanto que os guinchos transportam em sua grande maioria veículos usados. Quando existe necessidade de sigilo, geralmente no transporte de novos modelos ou protótipos utilizam-se caminhões *sider*;
- **transporte de produtos perigosos** – produto perigoso é transportado em caminhões-tanque que acomodam a carga com maior segurança. É considerada como produto perigoso toda e qualquer substância que, dadas as suas características físicas e químicas, possa oferecer, quando em transporte, riscos à segurança pública, saúde de pessoas e meio ambiente, de acordo com os critérios de classificação da ONU, publicados através da Portaria nº 204/97 do Ministério dos Transportes. A classificação desses produtos é feita com base no tipo de risco que apresentam;
- **transporte de paletes e *racks*** – são transportados, em sua grande maioria, em caminhões *sider* que agilizam o processo de carga e descarga, não descartando também a utilização do caminhão-baú, quando necessário. Geralmente os produtos transportados são acondicionados de forma unitizada, para facilitar sua movimentação, carregamento e descarregamento;
- **transporte de contêiner** – a técnica de conteinerização pode ser definida como o transporte direto de mercadorias de qualquer tipo – animais; líquidas ou em grãos; em embalagens unitárias de formas e tamanhos diferentes ou uniformes – em contêineres apropriados. Outras vantagens incluem maior proteção às mercadorias contra intempéries e choques, devido ao reforço extra oferecido pela caixa externa. Os contêineres ainda podem ser transferidos de um modal de transporte para outro, sem demandar grandes operações de manuseio na carga e descarga. Por essas razões, os contêineres têm ampliado em muito sua aceitação entre os transportadores, companhias de seguros e embarcadores de carga. Os caminhões que realizam o transporte de contêineres necessitam de um porta-contêiner, equipamento adequado para transporte dos mesmos;
- **transporte de perecíveis** – geralmente, requerem maior cuidado por conta de serem passíveis de deterioração ou composição e exigem condições

especiais de temperatura e/ou arejamento para manutenção de suas características orgânicas. Esses produtos são acondicionados e transportados em caminhão-baú refrigerado, que garante a qualidade do produto desde sua saída no ponto de origem até sua entrega no cliente final;

- **transporte graneleiro** – carga a granel é toda carga homogênea, sem acondicionamento específico, apresentando-se sob a forma de sólidos. Compreende as cargas não acondicionadas, portanto, sem invólucro/embalagem. Essas cargas são transportadas, geralmente, em caminhões graneleiros que possuem características específicas para este tipo de transporte;

- **transporte de líquidos** – geralmente acondicionados em um caminhão com carroceria-tanque de aço, também chamado de caminhão-cisterna, carro-tanque ou caminhão-pipa. Diferentemente do transporte de produtos perigosos, aqui destacamos o transporte de produtos como sucos e água. O caminhão-cisterna ou caminhão-pipa é utilizado exclusivamente para o transporte de água. O caminhão-pipa pode ser utilizado para lavar ruas, abastecer de água residências e empresas, condomínios e navios.

A forma de se transportar os produtos dependerá muito do processo logístico de cada empresa, bem como do seu tipo e característica. Assim sabermos o que temos disponível no mercado para a execução destas atividades é de suma importância.

2.4   Análise da escolha do modal ideal

Quando falamos de custo/preço, as diferenças entre os modais tendem a ser substanciais. Tomando como base um transporte de carga fechada a longa distância, verifica-se que, em média, os custos/preços mais elevados são do modal aéreo, seguido pelo rodoviário, ferroviário, dutoviário e aquaviário, pela ordem.

Para escolhermos um modelo de modal que atenda as necessidades de nosso processo, antes precisamos analisar cinco características que são de grande importância:

- velocidade;
- consistência;
- capacitação;
- disponibilidade;
- frequência.

Velocidade: o modal aéreo é o mais veloz sem sombra de dúvidas, seguido pelo rodoviário, ferroviário, aquaviário e dutoviário. No entanto, considerando que a velocidade deve levar em consideração o tempo gasto no porta a porta (*door to* *door*), esta vantagem do aéreo só ocorre para distâncias médias e grandes, devido aos tempos de coleta e entrega que precisam ser computados, ou seja, quanto maior a distância a ser percorrida, maior a vantagem do aéreo em termos de velocidade. Por outro lado, é bom lembrar que, na prática, o tempo do rodoviário e do ferroviário depende fundamentalmente do estado de conservação das vias e do nível de congestionamento das mesmas. No Brasil, o estado de conservação das vias rodoviárias e ferroviárias está insatisfatório, e varia muito de região para região e de trecho para trecho, o que pode modificar em muito o desempenho dos modais.

Consistência: representando a capacidade de cumprir os tempos previstos, tem o duto como a melhor opção. Por não ser afetado pelas condições climáticas ou de congestionamentos, o duto apresenta uma alta consistência, seguida na ordem pelo rodoviário, ferroviário, aquaviário e aéreo. O baixo desempenho do aéreo resulta de sua grande sensibilidade a questões climáticas e sua elevada preocupação com questões de segurança, o que torna bastante comuns atrasos nas saídas e nas chegadas. Vale lembrar novamente que, assim como no caso da velocidade, o desempenho do rodoviário e do ferroviário depende fortemente do estado de conservação das vias e do nível de congestionamento do trânsito.

Capacitação: está relacionada à possibilidade de um determinado modal trabalhar com diferentes volumes e variedades. Nesta dimensão, o destaque de desempenho é o modal aquaviário, que praticamente não tem limites sobre o tipo de produto que pode transportar, assim como o volume, que pode atingir centenas de milhares de toneladas. O duto e o aéreo apresentam sérias restrições em relação a esta dimensão. O duto é muito limitado em termos de produtos, pois só trabalha com líquidos e gases, e o aéreo possui limitações em termos de volume e tipos de produtos.

Disponibilidade: refere-se ao número de localidades onde o modal se encontra presente. Aqui, aparece a grande vantagem do rodoviário, que quase não tem limites de onde pode chegar. Teoricamente, o segundo em disponibilidade é o ferroviário, mas isso depende da extensão da malha ferroviária em um determinado país. O modal aquaviário, embora ofereça potencial de alta disponibilidade devido a nossa costa de oito mil quilômetros, e nossos 50 mil quilômetros de rios navegáveis, porém mal explorados, apresenta de fato uma baixa disponibilidade, função da escassez de infraestrutura portuária, de terminais e de sinalização.

Frequência: pelo número de vezes em que o modal pode ser utilizado em um dado horizonte de tempo, o duto é o que apresenta o melhor desempenho. Por trabalhar 24 horas por dia, sete dias por semana, o duto pode ser acionado a qualquer momento, desde que esteja disponível no local desejado. Seguem pela ordem de desempenho o rodoviário, ferroviário, aéreo e hidroviário. A baixa frequência do hidroviário resulta dos grandes volumes envolvidos na operação, o que obriga a trabalhar com a carga consolidada, diminuindo dessa maneira a frequência na direção sul-nordeste, de pouco mais de uma partida por semana.

2.4.1 Algumas definições importantes

Inter – posição intermediária; equivalente: entre® entrededo (Aurélio).

Multi – muito, numeroso (Aurélio).

Transporte intermodal – o transporte de mercadorias feito (transferido) entre duas modalidades diferentes de transporte.

Transporte multimodal – o transporte de mercadorias feito por pelo menos duas modalidades diferentes de transporte.

Transbordo – transferência de pessoas e/ou cargas de um veículo para outro. O transbordo pode ser intermodal e intramodal. Intermodal – feito entre veículos de diferentes modalidades. É o que ocorre frequentemente. Exemplos: carga de trem para navio, carga de avião para caminhão etc.

OTM – operador de transporte multimodal – responsável pelo transporte multimodal que é praticado por um único operador de transporte.

GPS – *global positioning systems* – sistema de posicionamento global – possibilita uma comunicação completa entre a central e a unidade móvel instalada, não importando a transmissão de dados utilizada.

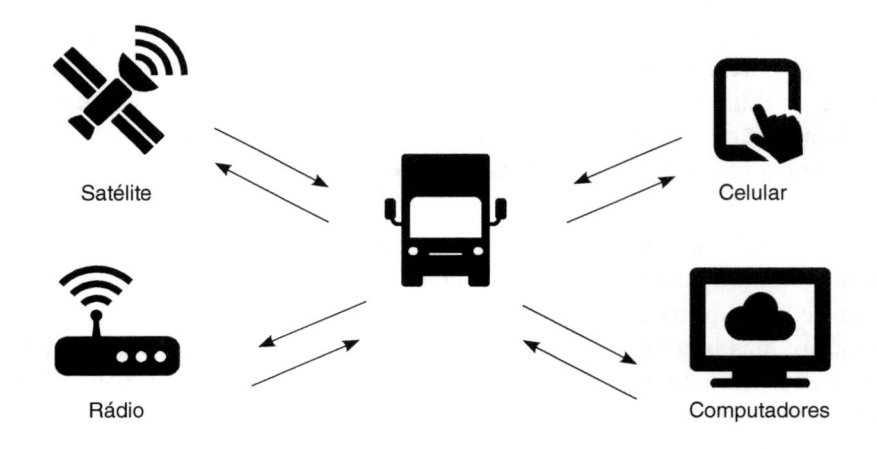

Figura 4.3 Monitoramento através de sistema GPS.

2.5 Prestadores de serviços logísticos (PSL)

Chamamos de PSL o fornecimento de serviços logísticos, incluindo as formas mais simples e tradicionais, como transporte e armazenagem.

O abandono do paradigma da verticalização nas modernas cadeias de suprimentos cria demandas que são, em grande parte, supridas por outros agentes econômicos. Parte desses agentes surgiu da definição ou diversificação de seus antigos negócios (as empresas transportadoras, por exemplo), dando origem aos prestadores de serviços logísticos.

Os PSL são originários de vários setores, principalmente da distribuição de produtos, da indústria propriamente dita e do setor de transportes e de armazenagem.

Devido ao aumento do número de transportadoras, houve redução nas taxas de frete e na oferta de serviços inovadores. As exigências dos embarcadores, com maior poder de negociação, passaram a ser mais severas, exigindo melhores níveis de serviço, a preços mais baixos. Os transportadores tiveram sua margem de lucro reduzida. Buscando a sobrevivência e melhores oportunidades no mercado, começaram a oferecer uma gama mais ampla de serviços. Consequentemente, as empresas de transporte rodoviário ampliaram seus negócios, aumentando a rentabilidade e dando origem a grande parte dos operadores logísticos de hoje.

Operadores logísticos (OPL)

De acordo com definição mais específica, é o prestador de serviços logísticos que tem competência reconhecida em atividades logísticas, desempenhando funções que podem englobar todo o processo logístico de uma empresa-cliente, ou somente parte dele.

A ABML (Associação Brasileira de Movimentação e Logística), por sua vez, apresenta uma definição um pouco mais restrita de operador logístico:

> "Operador logístico é o fornecedor de serviços logísticos, especializado em gerenciar todas as atividades logísticas ou parte delas, nas várias fases da cadeia de abastecimento de seus clientes, agregando valor ao produto dos mesmos, e que tenha competência para, no mínimo, prestar simultaneamente serviços nas três atividades consideradas básicas: controle de estoques, armazenagem e gestão de transportes" (ABML, 1999).

Assim, mesmo um restrito conjunto de serviços logísticos (de armazenagem e transporte, por exemplo), por mais limitado que seja, deve ser oferecido pelo operador de maneira coordenada e integrada. Este fará as adaptações de ativos, bem como de sistemas de informação e comunicação necessários à execução desses serviços, sempre de acordo com as características e as necessidades do cliente, de forma a permitir maior eficiência da cadeia de suprimentos.

O termo "operador logístico integrado", muito usado no Brasil, subentende que essa organização forneça serviços administrativos e operacionais, ao mesmo tempo. Essa variedade de atividades oferecidas pelos prestadores de serviços tem se ampliado, com um número maior de combinações oferecidas aos clientes.

3. ESTUDO DE CASO

O custo de transporte representa até dois terços do valor do total dos custos logísticos de uma empresa. O transporte é de extrema necessidade, pois sem ele as empresas não têm como disponibilizar seus produtos para seus clientes.

Diante desta situação, uma empresa do ramo de agronegócio cujos produtos possuem características para carga transportada a granel que não precisam de acondicionamento específico e apresentam-se sob a forma de sólidos.

Essa empresa compreende seus produtos como cargas não acondicionadas, portanto sem invólucro/embalagem. Essas cargas são transportadas, geralmente, em caminhões graneleiros, que possuem características específicas para esse tipo de transporte.

Moderno, eficiente e competitivo, o agronegócio brasileiro é uma atividade próspera, segura e rentável. Com um clima diversificado, chuvas regulares, energia solar abundante e quase 13% de toda a água doce disponível no planeta, o Brasil tem 388 milhões de hectares de terras agricultáveis férteis e de alta produtividade, dos quais 90 milhões ainda não foram explorados. Esses fatores fazem do país um lugar de vocação natural para a agropecuária e todos os negócios relacionados às suas cadeias produtivas. O agronegócio é hoje a principal locomotiva da economia brasileira e responde por um em cada três reais gerados no país.

A forte predominância do modal rodoviário neste negócio prejudica a competitividade em termos de custos.

Questão

Para nos tornarmos competitivos e conquistarmos aumentarmos os lucros, o que podemos fazer com relação ao transporte dos produtos desta empresa, levando em conta os aprendizados deste capítulo?

4. RESUMO

A seguir estão contemplados os principais assuntos discorridos no capitulo:

- O transporte é o principal componente do sistema logístico, pois todos os produtos necessitam ser transportados de um local a outro, até estarem disponíveis nas mãos de seus clientes. Possui significado de movimento de estoque de um ponto a outro da cadeia de suprimento.
- Um transporte mais rápido, utilizando diferentes meios ou diferentes quantidades a serem transportadas, contribui para que a cadeia de suprimento seja mais responsiva, mas acaba reduzindo a eficiência.
- O papel do transporte na estratégia competitiva da empresa é representado geralmente quando a empresa está avaliando as necessidades-alvo de seus clientes.

- Apresentação dos principais modais de transporte e suas características. São basicamente seis, considerando a inclusão do novo modal, que é o infoviário e suas particularidades.
- Destacadas as características comparativas de cada modal de transporte em relação a velocidade, disponibilidade, confiabilidade, capacidade, frequência e resultado.
- Apresentados os tipos de carga, bem como a característica de cada um desses modelos.
- Explanação sobre PSL e OPL, bem com as atividades realizadas por cada um destes.

5. EXERCÍCIOS

1. Quais são os modais de transporte estudados neste capítulo?

2. Quais são as características do modal aquaviário?

3. Quais são as características das cargas transportadas?

4. Quais são as análises a serem realizadas para se escolher um modal de transporte?

5. O que é um operador logístico?

ESTOQUES

Assista à **videoaula**

OBJETIVOS DE APRENDIZAGEM

Ao final deste capítulo, o aluno deverá ser capaz de:

- Descrever as melhores práticas para realizar uma gestão de estoques eficiente.
- Fazer uma classificação ABC do estoque.
- Calcular o consumo médio, estoque de segurança, ponto de pedido e lote de compra.
- Conceituar inventário e requisitos para a realização deste processo.
- Explicar cada uma das ferramentas logísticas apresentadas.

1. INTRODUÇÃO

Possivelmente, estoque é um assunto de conhecimento de todos, pois trata--se de uma prática utilizada há muitos anos, cujo exemplo é nossa própria casa, quando estocamos mantimentos como arroz, feijão, açúcar, entre outros. A gestão de estoques é um conceito amplamente difundido, presente em praticamente todo tipo de organização, até mesmo em nosso dia a dia.

Com o ciclo de vida dos produtos cada vez menores e a necessidade de reduzir o valor de estoque sem comprometer o processo produtivo ou atendimento de produtos acabados, a gestão de estoques é de grande importância para proporcionar condições de se realizar atendimentos com alto nível de serviço e menor custo de manutenção dos estoques.

É importante destacar a importância, complexidade e extensão da gestão de estoques, que ainda não é tratada com devida importância em muitas empresas, sendo até classificada como uma questão não estratégica e restrita à tomada de decisões baixa nessas organizações. No entanto, outras empresas já perceberam como a gestão de estoques pode proporcionar vantagens competitivas ao se observar os estoques em toda a cadeia de abastecimento da qual fazem parte.

2. CONCEITOS

Compreender as melhores práticas para fazer a gestão de estoque é fundamental. O atendimento das necessidades de material aos clientes é realizado de duas formas: obtenção do material (compra, transferências, produção etc) a cada solicitação; e uso dos estoques existentes.

As boas práticas para gestão de estoque deverão dispor de condições para não formar estoques elevados, que representam imobilização de capital. Entretanto, como o mercado não pode nos atender sempre de forma imediata, torna--se imprescindível mantermos, de forma estratégica, em estoque os materiais necessários ao atendimento das demandas de forma a se evitar paralizações das atividades que gerem prejuízos ou comprometam a segurança de pessoas e do meio ambiente.

Porém, para que se possa continuar a suprir as necessidades de atendimento, é preciso trabalhar com ferramentas logísticas que sejam fortes aliadas de um estoque enxuto, de modo a proporcionar a redução do custo de estoque sem comprometer o atendimento de nossos clientes.

2.1 Gestão de estoques para controle da demanda

A decisão de estocar ou não um determinado produto dependerá muito de sua particularidade quanto a sua complexidade ou facilidade de aquisição.

O dimensionamento de um estoque de forma adequada e o conhecimento das particularidades dos produtos, por parte da equipe responsável pelo ressuprimento, é um fator de grande importância para qualidade no nível de serviço no atendimento ao cliente, seja ele interno ou externo. Algumas empresas possuem a visão tradicional de que se faz necessário que produtos devem ser mantidos em estoque, seja para acomodar variação nas demandas, seja para produzir lotes econômicos em volumes superiores ao necessário, seja para não perder vendas.

No entanto, essa visão ocasiona para as empresas:

- custos mais altos de manutenção de estoques;
- falta de tempo na resposta ao mercado;
- risco de o material tornar-se obsoleto.

O controle de estoque exerce influência de grande importância nos custos de rentabilidade da empresa. Os estoques absorvem capital que poderia ser investido de outras maneiras, desviam fundos de outros usos potenciais e têm o mesmo custo de capital que qualquer outro projeto de investimento da empresa. Aumentar a rotatividade do estoque libera ativo e economiza o custo de manutenção do inventário. Assim, se faz necessário ter uma política de estoque adequada, de tal forma que não se tenha material em excesso e nem em falta.

Você sabia?

Os materiais utilizados no processo produtivo por essas empresas não podem faltar. Falta de matérias-primas pode parar linhas de produção ou alterar data de entrega, o que, por sua vez, pode levar ao atraso na entrega do produto final.

As empresas que possuem processo produtivo em sua cadeia de suprimentos se destacam quando o assunto é estoque. Na Figura 5.1 veremos as principais atividades para o bom gerenciamento da gestão de estoques.

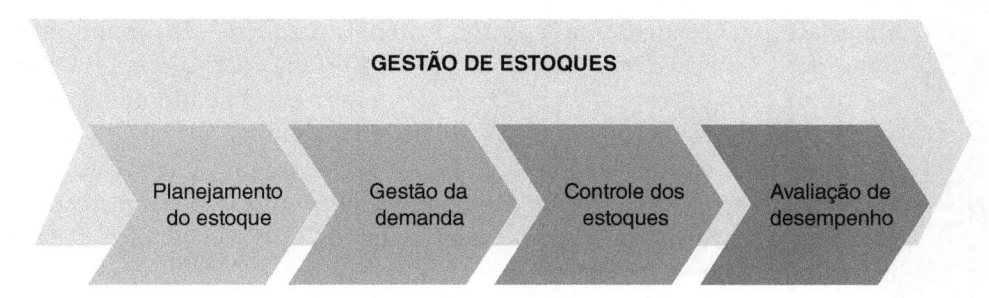

GESTÃO DE ESTOQUES

Planejamento do estoque — Gestão da demanda — Controle dos estoques — Avaliação de desempenho

Figura 5.1 Atividades importantes para boa gestão de estoques.

2.2 Tipos de estoque

Os estoques podem ser classificados em diversos tipos. Porém, aqui, destacaremos os mais relevantes e de maior utilização, conforme se observa a seguir:

- **Matéria-prima** – esse tipo de estoque requer alguma forma de processamento para ser transformado em produto acabado. A utilização é diretamente proporcional ao volume de produção. Como exemplo, temos aço, madeira, alumínio, entre outros.

- **Produtos em processo (*work in process*)** – em um processo de produção, consideram-se produtos em processo os diversos materiais que estão em diferentes fases do processo produtivo. Correspondem a todos os materiais que sofreram algum tipo de transformação, porém não atingiram a forma final do produto a ser comercializado. Como exemplo, temos chapas dobradas, suportes, polia usinada, entre outros.

- **Materiais de embalagem** – correspondem a recipientes para embalar produtos, conjuntos, material acabado etc. Como exemplo, temos caixa de papelão, caixa de madeira, barricas, entre outros.

- **Produto acabado** – compreendem os produtos que sofreram um processo de transformação e estão prontos para ser vendidos. Como exemplo, temos sapato, copo, bolsa, entre outros.

- **Componentes** – estão relacionados com os materiais que fazem parte da montagem de conjuntos ou subconjuntos. Os mesmos são essenciais no processo do qual fazem parte, pois sua falta poderá comprometer e parar até uma linha de montagem. Como exemplo, temos porca, parafuso, arruela, entre outros.

- **Materiais de manutenção** – neste tipo de estoque, estão inseridos todos os itens não regularmente consumidos pelo processo produtivo. São os componentes utilizados para a manutenção de equipamentos, instalação predial, dentre outros. Como exemplo, temos pneus, lâmpadas, correias, fios, braçadeiras, entre outros.

- **Materiais para expediente** – estes materiais também são conhecidos como itens improdutivos. São responsáveis por abastecer a empresa, em sua rotina administrativa. Como exemplo, temos papel sulfite, tintas para impressora, formulário da emissão de NF, entre outros.

- **Mercadorias** – são todos os itens acabados que possuem características de produtos de varejo, geralmente disponibilizados em lojas, supermercados, *shoppings,* dentre outros. Como exemplo, temos CD, computador, fogão, aparelho de som, entre outros.

- **Ferramentas** – neste estoque estão alojados os materiais de importância para o material produtivo ou de manutenção. Como exemplo, temos alicates, martelos, brocas, dentre outros.

2.3   Gestão de estoques: princípio do estoque como um sistema

A classificação quanto à natureza dos estoques permite identificar o tipo de ação gerencial a ser adotada: ressuprir, programar, disponibilizar, transferir, reaproveitar ou alienar materiais. Identifica, ainda, a responsabilidade pelos valores estocados: a inclusão ou manutenção de qualquer item no estoque ativo representa a aprovação da área de suprimentos quanto à existência do estoque e sua adequação à política de estoques.

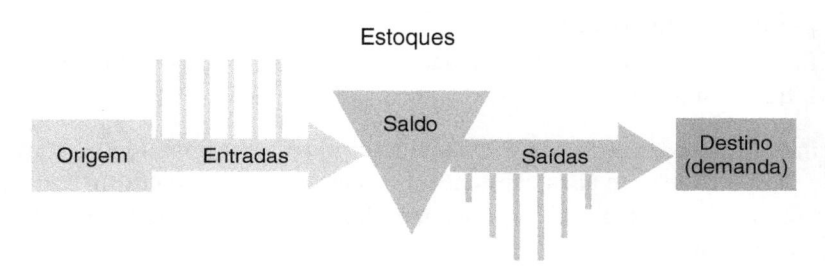

Fonte: Gasnier (2002).
Figura 5.2 Fluxo genérico do material em um depósito.

Gasnier (2002) destaca que, ao observarmos a Figura 5.2, visualizando o estoque como um sistema, veremos que todo item em um depósito apresenta transações de entrada e saída e que os saldos do material em estoque são decorrências destas movimentações:

- **entradas** – as entradas de materiais são transações que aumentam o saldo do item. Na figura, estão representadas graficamente por barras verticais acima da linha de horizonte. Observe que o perfil da distribuição de entradas parece ser frequente e uniforme;
- **saídas** – as saídas são transações que diminuem o saldo do item em estoque. Estão representadas aqui por barras verticais abaixo da linha de horizonte. Na figura, a disposição das barras sugere que existe uma razoável variação no perfil de consumo;
- **saldo** – o saldo é a quantidade disponível, sendo decorrência do saldo anterior, somadas as entradas e subtraídas as saídas no período. Na figura, o nível do saldo é representado pelo triângulo.

As entradas e saídas dependerão da demanda existente para o material/produto. *Softwares* de gestão de estoques efetuam o registro de movimentação do material/produto com os apontamentos de cada fase do processo, desde sua entrada até a saída do mesmo. Essas informações servem como base de dados para o levantamento, análises e parametrizações para garantia da boa gestão do estoque.

O que compreende a gestão de materiais?

Princípio da causa – estoques existem devido a causas; eliminando a causa, cessa a necessidade do respectivo estoque. Algumas causas fundamentais:

- incertezas;
- flutuações da oferta;
- erros nas previsões e expectativas;
- falta de conhecimento, como conceitos e técnicas de gestão de estoques;
- políticas ultrapassadas;
- falta de informações ocasionadas por sistemas precários e falta de confiabilidade nos dados.

Princípio da consequência – estoques implicam em penalidades para a empresa e para a cadeia de abastecimento. É preciso ter sempre em mente: **"quanto menos melhor!"**, claro **que** de forma coerente. Alguns efeitos negativos de manter estoques excessivos:

- cria necessidade de espaço físico maior;
- implica em maiores custos operacionais;
- provoca falta de liquidez financeira;
- pode causar perdas por obsolescência;
- implica maior custo dos seguros;
- produz mais despesas administrativas decorrentes de maior necessidade de planejamento, controle, manuseio, inventários, inspeções etc.;
- pode causar perdas por desvalorização das mercadorias.

Reduzir ou manter em estoque?

Este é um dilema que faz parte do planejamento logístico e estratégico das empresas. Porém, para que esta questão seja respondida, é necessário conhecer as particularidades dos produtos e principalmente a qualidade e confiabilidade do prazo de entrega dos fornecedores. No processo de redução dos estoques encontramos alguns detalhes de importância:

- a crescente diversificação da linha de produtos das empresas exige que estas utilizem seus recursos financeiros da forma mais produtiva possível;
- desejamos maior liquidez. Itens parados no estoque não agregam valor para os clientes;
- alguém sempre paga pelo custo do financiamento do capital de giro investido em materiais;
- estoque reduzido agiliza o *feedback* (que melhora a qualidade) e permite respostas rápidas na mudança de linha;

- reduzimos os custos de manutenção dos estoques, tais como espaço para armazenagem, seguros e perdas por manuseio e movimentação. Manter estoques provoca também perdas por obsolescência dos materiais.

Encontramos, porém, algumas características por conta das quais os produtos precisam ser mantidos em estoque, pois:

- existem restrições, na cadeia de abastecimento, entre a capacidade produtiva instalada e a demanda de mercado;
- persistem as causas das incertezas e flutuações na oferta e na demanda;
- a falta de materiais pode comprometer o atendimento, reduzindo o faturamento, e permitindo que o cliente procure alternativas na concorrência.

Estas são as decisões diárias que cabem aos gestores de materiais enquanto procuram executar sua desafiadora missão.

2.4 Classificação ABC

Por muitas vezes ouvimos falar da classificação ABC, mas sem entender e saber da importância que a mesma tem na dinâmica dos estoques. A classificação do nosso estoque é muito importante para sabermos que política de estoque iremos adotar.

Agora é o momento de aprender um dos pontos mais importantes para administração de estoque. Se não soubermos quais são os itens de maior ou menor valor em nosso estoque, corremos o risco de comprar o desnecessário para aquele momento, ou termos falta de material, elevando de forma significativa o valor do nosso estoque.

A gestão de estoques é fator de grande importância para as empresas, e digo mais, uma boa gestão de estoques faz com que a empresa possa se tornar mais competitiva no mercado em que atua. Para compreendermos melhor a importância de um estoque bem administrado, vamos dar um exemplo. Em nossas casas procuramos comprar os produtos e materiais necessários para nossa utilização, obedecendo a um grau de prioridade. Dificilmente compramos produtos caros em grande quantidade e frequência, nós os compramos conforme nossa necessidade. Se os produtos e materiais forem de valor menor e tiverem um consumo significativo, procuramos comprar uma quantidade maior para termos tranquilidade, sabendo que dificilmente eles faltarão.

Muitas empresas ainda mantêm vários itens em estoque por medo de que os mesmos faltem na sua linha de produção ou no estoque do centro de distribuição, comprometendo assim a entrega do produto ao cliente. Para manter um controle melhor do estoque e reduzir seu custo, sem comprometer o nível de atendimento, é importante classificar os itens de acordo com a sua importância relativa no estoque.

Assim, surge a importância da classificação do estoque pela curva ABC. Este método é antigo, mas muito eficaz e baseia-se no raciocínio do diagrama de Pareto, desenvolvido pelo economista italiano Vilfredo Pareto. É através da classificação da curva ABC que conseguimos determinar o grau de importância dos itens, permitindo assim diferentes níveis de controle com base na importância relativa do item.

A representação gráfica demonstrada na Figura 5.3 traz o conceito utilizado pelo cálculo da curva ABC.

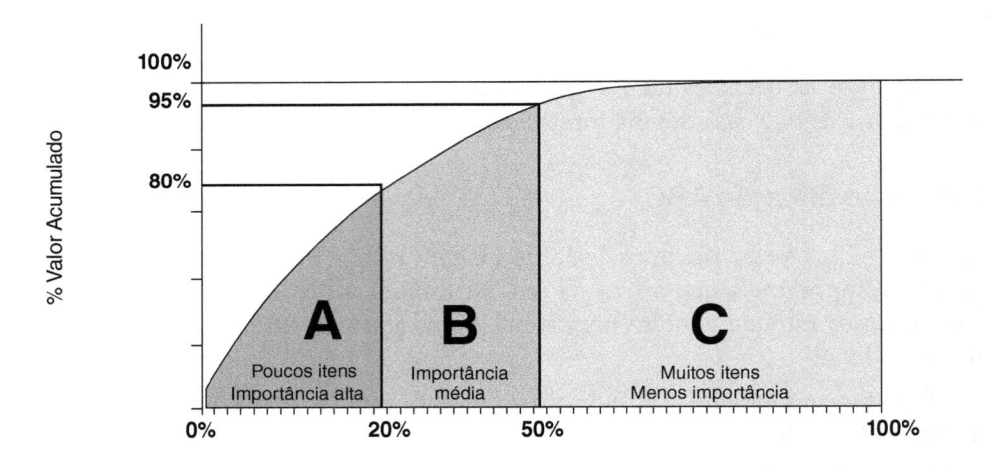

Figura 5.3 Representação da curva ABC para classificação dos itens.

Geralmente os estoques possuem os valores da Tabela 5.1, tanto para itens em estoque quanto valor. Lembro que os números abaixo servem como parâmetros para classificarmos a curva ABC.

Tabela 5.1 Representatividade em percentual da classificação ABC dos itens em estoque

Classificação ABC	% Quant. em estoque	% Valor em estoque
A	20%	80%
B	30%	15%
C	50%	5%

Características da classificação ABC dos itens

Classe A: são os principais itens em estoque de alta prioridade, foco de atenção do gestor de materiais, pois são materiais com maior valor devido à sua importância econômica. Estima-se que 20% dos itens em estoque correspondem a 80% do valor em estoque.

Classe B: compreende os itens que ainda são considerados economicamente preciosos, logo após os itens de categoria A, e que recebem cuidados medianos. Estima-se que 30% dos itens em estoque correspondem a 15% do valor em estoque.

Classe C: não deixam de ser importantes também, pois sua falta pode inviabilizar a continuidade do processo, no entanto o critério estabelece que seu impacto econômico não é dramático, o que possibilita menos esforços. Estima-se que 50% dos itens em estoque correspondem a 5% do valor em estoque.

A partir dessa classificação, priorizamos aqueles de classe A nas políticas de estoques devido à maior importância econômica. Dessa forma, os itens classe A receberão sistematicamente maior atenção do que itens classe C, em termos de análises mais detalhadas, menores estoques, maiores giros, menores lotes de reposição, mais contagem etc.

Cálculo da curva ABC

Para realização da classificação ABC, vamos utilizar CMM (consumo médio mensal) do item. Para isso, vamos utilizar a seguinte fórmula para cada item:

$$CMM = \frac{\sum \text{do item utilizado (últimos 12 meses)}}{12}$$

As demais informações são referentes às SKUs, onde utilizamos o respectivo custo de reposição (ou custo médio mensal, padrão ou *standard*), que é o critério mais indicado, visto que os valores monetários precisam ser ponderados pelos volumes ou intensidades dos fluxos correspondentes para homogeneizar uma mesma base comparativa. Usualmente recomendamos considerar o histórico dos últimos 12 meses, de forma a contemplar eventuais sazonalidades.

Na Tabela 5.2 faremos uma demonstração de como calcular os valores para a classificação da curva ABC.

Tabela 5.2 Exercício curva ABC 80-20

1	2	3	4	5	6	7	8
Qtd. itens	Código do produto	Custo unitário (R$)	CMM	Custo total	Classificação %	Classificação crescente	Classificação ABC
1	A00001	93,00	3200	297.600,00	30,4	1	A
2	D00002	31,00	2500	77.500,00	7,92	4	A
3	T00003	212,00	320	67.840,00	6,93	5	B
4	C00004	130,00	475	61.750,00	6,31	6	B
5	A00005	618,00	300	185.400,00	18,95	3	A
6	B00006	720,00	300	216.000,00	22,08	2	A
7	A00007	0,25	25000	6.250,00	0,64	10	B
8	E00008	0,60	6800	4.080,00	0,42	11	C
9	L00009	1,25	15000	18.750,00	1,92	8	C
10	B00010	6,30	3000	18.900,00	1,93	7	B
11	C00011	5,40	600	3.240,00	0,33	12	C
12	N00012	1,10	1000	1.100,00	0,11	14	C
13	A00013	25,40	700	17.780,00	1,82	9	C
14	B00014	0,35	2000	700,00	0,07	15	C
15	N00015	3,50	400	1.400,00	0,14	13	C
				978.290,00	100,00		

Dados das colunas:

1. quantidade de itens (SKUs) que estamos analisando;
2. código do produto, que determina a origem do item;
3. custo unitário do item;
4. CMM, quantidade média utilizada em 1 mês;
5. multiplicar os valores da coluna 3 (Custo unitário em R$) pelos valores da coluna 4 (CMM);
6. dividir cada valor da coluna 5 pelo valor total (somatória) da coluna 5 e multiplicar por 100, assim encontramos o valor representado em percentual;
7. pegar o maior valor da coluna 6 (ordem decrescente) e numerar (em ordem crescente) na coluna 7 (exemplo: iniciando por e seguindo a sequência 1, 2, 3, 4, ... n), sucessivamente;
8. realizar a soma da seguinte forma: iniciando pelo maior valor da coluna 6 até o menor valor. Os itens que contemplarem a soma até chegar próximo do valor de corte contemplarão a classificação ABC. Neste exemplo a classificação utilizando os itens 1, 2, 3 e 4 da coluna 7 contemplam a

soma de 79,37%, que neste caso é o ponto de corte da classe A, pois, conforme estabelecido, o mesmo possui como referência o valor de 80%.

Observação importante: se encontrarmos para **A** valores entre 79,37% e 86,30%, o mais próximo de 80% será o valor de 79,37%, então este será o nosso ponto de corte.

Neste nosso exemplo teremos os números relacionados a seguir para a coluna valores:

Tabela 5.3 Representação do valor em estoque em %

Classificação ABC	% Quant. em estoque	% Valor em estoque
A	26,67%	79,37%
B	26,67%	15,82%
C	46,66%	4,81%

Para calcular o percentual de representatividade dos itens na classificação ABC, pegar o total de itens analisados – neste caso, são 15 itens, utilizando a fórmula abaixo:

$$A = [\frac{\text{Quantidade de itens A encontrados}}{\text{Total de itens}}] + 100 = [\frac{4}{15}] * 100 = 26,67\%$$

$$B = [\frac{\text{Quantidade de itens A encontrados}}{\text{Total de itens}}] + 100 = [\frac{4}{15}] * 100 = 26,67\%$$

$$C = [\frac{\text{Quantidade de itens A encontrados}}{\text{Total de itens}}] + 100 = [\frac{7}{15}] * 100 = 46,66\%$$

Assim, teremos nossa classificação da curva ABC da seguinte forma:

Tabela 5.4 Representação dos itens em estoque em %

Classificação ABC	% Quant. em estoque	% Valor em estoque
A	26,67%	79,37%
B	26,67%	15,82%
C	46,66%	4,81%

O cálculo pode ser realizado de forma manual, utilizando planilhas em Excel através de aplicação de fórmulas, ou de forma automática, utilizando um ERP que geralmente já possui essas funções.

Ocasionalmente, constatamos que alguns analistas de materiais intervêm reclassificando alguns itens conforme sua experiência e julgamento. No entanto, não recomendamos esta prática, visto que a classificação ABC é, por definição, uma apuração estatística de fatos, isenta de outros critérios que poderiam viciá-la.

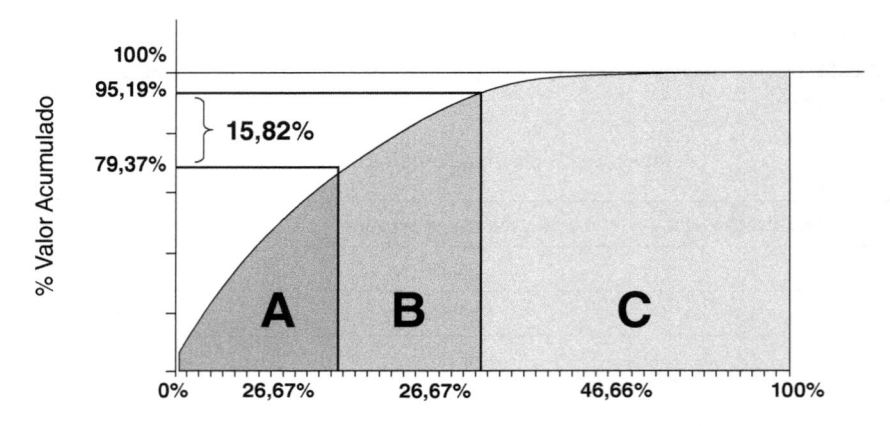

% Itens ordenados pelo Custo de Reposição × Consumo

Figura 5.4 Gráfico da classificação ABC do exercício.

Compete usualmente ao departamento de suprimentos o processamento e manutenção da curva ABC sempre atualizada e correta.

No entanto, convém analisar cada caso, pois horizontes menores podem ser mais relevantes em algumas situações. Existem empresas que consideram a previsão de vendas ou consumo, em detrimento do histórico, no entanto ressaltamos que nem sempre as previsões têm tanta precisão quanto os dados efetivamente comprovados. Os valores da Tabela 5.5 servem como parâmetros para reposição da cobertura de estoque.

Tabela 5.5 Período de reposição para cobertura do estoque

Classificação ABC	Dias de cobertura do estoque
A	7 dias
B	15 dias
C	30 dias

Outro ponto importante a ser ressaltado é a questão da **incidência**, ou seja, no período de 12 meses, quantas vezes o item teve saída. Exemplo:

- o item X teve um consumo de 1.000 peças, porém durante o período de 12 meses isso ocorreu 2 vezes no ano;
- o item Y teve um consumo de 200 peças, porém durante o período de 12 meses isso ocorreu 15 vezes no ano.

Sendo assim, maior atenção deve-se dar para o item Y. É através da incidência que podemos desenvolver ferramentas logísticas que possibilitem redução do estoque sem comprometer o atendimento do cliente. A Figura 5.4 demonstra os passos do ciclo de vida de um produto, fator de importância no gerenciamento de estoque.

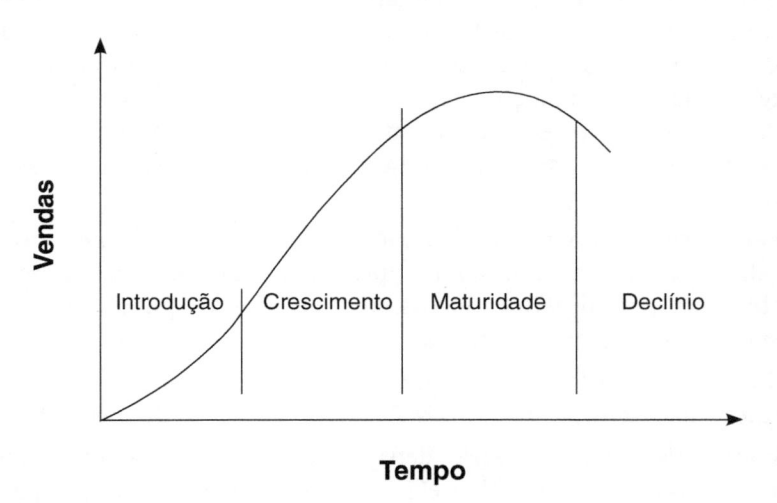

Fonte: Ballou (1995, p. 96).
Figura 5.5 Curva do ciclo de vida de um produto.

Costumo dizer que a classificação ABC é uma forma prática, eficiente e necessária para fazer a gestão de estoque. A grande disponibilização de novos produtos, cujo ciclo de vida está cada vez menor, faz com que tenhamos uma necessidade de planejar e acompanhar a rotatividade dos itens em estoque com a finalidade de obter a quantidade certa no momento certo.

Parâmetros de classificação

a) Escopo: de preferência, devem-se elaborar duas classificações distintas para os itens comprados e itens manufaturados, devidos a naturezas e tratamentos diferenciados. Geralmente, não é preciso e nem recomendável mais subdivisões que comprados e manufaturados.

b) Critério de priorização: multiplicar o consumo da SKU pelo respectivo custo de reposição (ou custo médio, padrão ou *standard*). É o critério mais indicado, visto que os valores monetários precisam ser ponderados pelos volumes ou intensidades dos fluxos correspondentes para homogeneizar uma mesma base comparativa.

c) Sistemática de apuração: pode ser manual, automática (via ERP) ou semiautomática (via planilhas de cálculos). Ocasionalmente, constatamos que alguns analistas de materiais intervêm reclassificando alguns itens conforme sua experiência e julgamento. No entanto, não recomendamos esta prática, visto que a classificação ABC é, por definição, uma apuração estatística de fatos, isenta de outros critérios que poderiam viciá-la.

d) Horizonte de alcance: usualmente recomendamos considerar o histórico dos últimos 12 meses, de forma a contemplar eventual sazonalidade. No entanto, convém analisar cada caso, pois horizontes menores podem ser mais relevantes em algumas situações. Existem empresas que consideram a previsão de vendas ou consumo, em detrimento do histórico, no entanto ressaltados que nem sempre as previsões têm tanta precisão quanto os dados efetivamente comprovados.

e) Periodicidade do processamento: naturalmente, cada negócio tem sua própria dinâmica, sendo que alguns apresentam uma alta migração de itens entre categorias. Preliminarmente, costumamos sugerir que a classificação seja atualizada a cada dois ou três meses.

f) Responsabilidade: compete usualmente ao departamento de PCM o processamento e manutenção da curva ABC sempre atualizada e correta.

g) Pontos de corte: é preciso definir onde passamos a régua que separa os itens em classes distintas. Não existe um critério universal porque existem diversos possíveis perfis para a curva ABC, como ilustrado na Figura 5.3. No entanto, frequentemente determinamos os cortes em 80% e 95% em virtude da facilidade de memorização.

Exceções: em princípio são definidas apenas três categorias clássicas (ABC), no entanto podem ser previstos casos especiais, como mostrado a seguir.

Itens classe D: entre os itens C, destacamos como D aqueles que apresentarem como particularidade adicional o fato de não terem tido consumo em determinado período. Em algumas organizações são considerados *slow moving* (material de baixa rotatividade).

Itens classe E: são aqueles itens cuja situação no sistema esteja configurada como "item desativado ou descontinuado" (obsoleto). Devem ser expurgados da classificação ABC, e nestes casos podem ser classificados como classe E.

Previsão de dias de estoque dos itens de acordo com a sua classificação ABC.

Tabela 5.6 Cobertura média de estoque

Classificação ABC	Dias de cobertura média
A	7 dias
B	14 dias
C e D	35 dias
E	Eliminar o quanto antes o estoque

Fonte: Gasnier (2002).

2.5 Prática de gerenciamento de estoques

Realizar o gerenciamento do estoque é fator primordial e de importância. Método de controle de estoques apropriado para demanda probabilística, em que é preestabelecido um ponto de pedido, que determina o momento de executar uma compra, na quantidade definida na política de suprimento.

Consumo médio (CM)

Consumo médio calculado com base no histórico dos consumos do item.

a) Média aritmética

Medida de tendência central representativa de um conjunto de dados, obtida com a aplicação da seguinte fórmula:

$$CM = \frac{\sum_{i=1}^{N} C_i}{N}$$

onde:

CM = consumo médio previsto para o próximo período;
N = número de dados observados (meses de observação);
Ci = dados individuais observados.

b) Média móvel

Média aritmética calculada período a período substituindo-se, a cada período, o dado mais antigo da série pelo mais recente e mantendo-se constante o número de dados da série, obtida com a aplicação da seguinte fórmula:

$$CM = \frac{C_t + C_{t-1} + C_{t-2} + ... + C_{t-n+1}}{N}$$

onde:

C_t = consumo mais recente;

C_{t-1} = consumo imediatamente anterior;

C_{t-n+1}= consumo mais antigo para o N estabelecido;

N = número de dados da série, previamente estabelecido.

c) Média móvel ponderada

Método baseado no ajustamento de período a período, da última média prevista para a primeira de referência, multiplicando-se cada valor do mês referente a cada período. Cada um desses valores deverá ser somado e depois dividido pelo valor da somatória de P, onde será encontrado como resultado o consumo médio previsto para o próximo período, obtido com a aplicação da seguinte fórmula:

$$CM = \frac{P_t \times C_t + P_{t-1} + P_{t-2} \times C_{t-2} + ... + P_{t-n+1} \times C_{t-n+1}}{\sum P_t}$$

onde:

C_t = consumo mais recente;

C_{t-1} = consumo imediatamente anterior;

C_{t-n+1} = consumo mais antigo para o N estabelecido;

P_t = período mais recente;

P_{t-1} = período imediatamente anterior;

P_{t-n+1} = período mais antigo para o N estabelecido;

$\sum P_1$ = somatória dos valores dos períodos.

Estoque de segurança (ES)

Diretriz para Estoque de Segurança (DS)

Parâmetro para dimensionamento do tamanho do estoque de segurança, expresso pelo percentual do nível de serviço desejado para um item ou, em cálculos simplificados, por número multiplicador de outras variáveis.

Exemplo: DS representada por um número multiplicador do consumo médio, variando em função do nível de criticidade.

Nível 1 – DS = 1,5 (apenas exemplo)

Nível 2 – DS = 1 (apenas exemplo)

Nível 3 – DS = 0,5 (apenas exemplo)

Quantidade de material destinada a evitar ou minimizar os efeitos resultantes de ressuprimentos processados em tempos superiores aos previstos e/ou consumos superiores à média calculada durante o tempo de compra.

Desvio-padrão

Chamamos de desvio-padrão a medida de dispersão que informa sobre a concentração ou dispersão dos dados em torno da média de uma série histórica, indicando o grau de distribuição.

$$\sigma = \sqrt{\dfrac{\displaystyle\sum_{i=1}^{N}(x_i - \overline{x})^2}{N-1}}$$

a) Processo simplificado

$$ES - DS \times CM$$

onde:

ES = estoque de segurança;
DS = diretriz de estoque de segurança;
CM = consumo médio previsto para o próximo período.

b) Processo estatístico

$$ES = K\sigma\sqrt{TC}$$

onde:

K = número de desvios-padrão para determinado nível de serviço;
s = desvio-padrão da demanda durante o tempo de compra;
TC = tempo de consumo.

Determinação de K

A obtenção de K é feita com base na tabela de áreas sob a curva normal, a partir do nível de serviço desejado.

NS (%)	K
80	0,84
85	1,04
86	1,08
87	1,13
88	1,18
89	1,23
90	1,29
91	1,35

NS (%)	K
92	1,41
93	1,48
94	1,56
95	1,65
96	1,76
97	1,88
98	2,06
99	2,33

Ponto de pedido (PP)

Quantidade de material que, ao ser atingida pelo estoque potencial em declínio, determina o desencadeamento do processo de ressuprimento a fim de preservar o estoque de segurança.

$$PP = CM \times ES$$

onde:

CM = consumo médio previsto para o próximo período;

TC = tempo de consumo;

ES = estoque de segurança.

Lote de compra (LC)

Diretriz para lote de compra (DC)

Parâmetro para dimensionamento do tamanho do lote de compra, expresso em unidades de tempo e normalmente associado à classificação dos estoques pelo valor do consumo (ABC).

Exemplo: DC associada a períodos de tempo dimensionados pela classificação ABC.

Classe A® DC – 0,5 mês (apenas exemplo)
Classe B® DC – 1 mês (apenas exemplo)
Classe C® DC – 3 meses (apenas exemplo)

Quantidade de material a ser adquirida, dimensionada pela diretriz de compra.

a) Processo da DC

$$LC = CM \times DC$$

b) Processo do nível potencial

$$LC = NP - EP$$

c) Lote econômico de compras – LEC

$$LEC = \sqrt{\frac{2.CA.CUC}{TC.PU}}$$

onde:

CUC = custo unitário de compra;

TCE = taxa de custo de manutenção de estoques;

CA = consumo anual;

PU = preço unitário.

Compreendendo melhor

Agora, vamos colocar em prática o aprendizado dos cálculos para a gestão de estoques. A empresa Brasil S. A. trabalhará com um nível de 95%, assim precisa definir a política de estoque do item a seguir. Será considerado como TC = 10 dias. Para que tenhamos este parâmetro utilizaremos os seguintes métodos de revisão contínua. Calcular:

A) consumo médio (CM);

B) estoque de segurança (ES);

C) ponto de pedido (PP);

D) lote econômico (LEC);

E) lote de compra (LC);

F) estoque máximo (EM);

G) estoque médio (ME).

Mês	Jan.	Fev.	Mar.	Abr.	Maio	Jun.
Consumo	250	290	310	320	300	330

A) Consumo Médio (CM)
a) Média aritmética

$$CM = \frac{\sum_{i=1}^{N} C_i}{N}$$

$$CM_{JULHO} = \frac{330 + 300 + 320 + 310 + 290 + 250}{6} = 300$$

B) Estoque de segurança (processo simplificado)

$$ES = K\sigma\sqrt{TC}$$

$$ES = 1,65 + 28,29\sqrt{15} = 181 \quad \text{(arredondado)}$$

C) Ponto de pedido

$$TC = 0,50 \text{ mês} = 15 \text{ dias}$$

$$PP = CM \times TC + ES$$

$$PP = 300 \times 0,50 + 181 = 331$$

D) Lote econômico
Os valores são apenas exemplo. Cada empresa possui a sua particularidade.

CUC = Custo unitário de compra = R$ 200,00
TCE = Taxa de custo de manutenção de estoques = 20% ao ano
CA = Consumo anual (considerando 300 unidades mês)= 3.600 unidades
PU = Preço unitário = R$ 85,00

$$LEC = \sqrt{\frac{2.CA.CUC}{TC.PU}}$$

$$LEC = \sqrt{\frac{2 \times 3.600 \times 200}{0,25 \times 85}} = 291$$

E) Lote de compra

Classe B® DC = 1 mês (apenas exemplo)

$$LC = CM \times DC$$
$$LC = 300 \times 1 = 300$$

F) Estoque máximo

$$EM = LEC + ES$$
$$EM = 291 + 181 = 472$$

G) Estoque médio

$$ME = 0,5 \times LEC + ES$$
$$ME = 0,5 \times 291 + 181 = 327 \text{ (valor arredondado)}$$

Um aspecto importante na formulação de política de estoque é a definição dos objetivos de gerenciamento de estoque, de serviço ao cliente, lucratividade, previsões e controle de necessidades de estoque e integração em termos de custo total. Nesta seção, foram apresentados métodos para determinar necessidades de estoque com base no nível desejado de serviço ao cliente.

2.6 Inventário

Um dos grandes desafios das empresas que trabalham com estoques, sejam eles produtos semiacabados ou acabados, é o de manter as informações precisas sobre saldos de estoques para os gestores de materiais. O desafio se torna ainda maior quando se busca trabalhar com níveis enxutos e com elevadas frequências de acesso, isto é, mais e mais recebimentos e apanhes que, naturalmente, aumentam o risco da imprecisão nos registros das respectivas transações.

Buscamos atender a todas as solicitações de pedidos emitidos pontualmente, na quantidade requisitada, na qualidade correta, no local estipulado e devidamente acompanhados da documentação requerida. Para garantir que essas entregas serão realizadas conforme solicitado, é de grande importância que tenhamos o material em estoque, mas sabemos que nem sempre é assim. Dessa forma, acompanhar os saldos de materiais em estoque é de grande importância para bons resultados do nível de serviço. Assim, temos no inventário uma ferramenta poderosa para acompanhar e manter o bom nível de acuracidade dos itens em estoque.

Tipos de inventário

Existem diversas alternativas e procedimentos para inventários. Devemos utilizar a mais adequada às diferentes necessidades, recursos e exigências existentes em nosso negócio. A seguir, destaco alguns dos principais tipos de inventário, pois conhecê-los é o primeiro passo para saber qual o mais adequado.

Inventário geral

É um processo de contagem física de todos os itens em poder da empresa, a portas fechadas e em uma data prefixada. Pode ser programado periodicamente, porém é realizado usualmente no fechamento contábil do exercício, ou excepcionalmente pode ser requerido em ocasiões extraordinárias.

Inventário permanente

É um processo periódico de inventário, em que todas as SKUs são contadas pelo menos uma vez no ano. Usualmente a empresa utiliza de sua classificação ABC para realizar esse tipo de inventário, realizando contagens conforme exemplo: itens A quatro vezes no ano, itens B duas vez no ano e itens C uma vez no ano.

Inventário rotativo ou contagem cíclica

O procedimento do inventário rotativo ou contagem cíclica é um processo de recontagem física contínua dos itens em estoque (variação permanente), programado de modo que os itens sejam contados a uma frequência predeterminada (semanal ou diária), organizados em ciclos e períodos, que são dimensionados em função da quantidade e das categorias dos itens envolvidos (classificação ABC). Nesse modelo de inventário, os registros das transações dos itens divergentes são reconciliados, visando à identificação e remoção das causas das divergências.

Nesse formato, atua-se proativamente nas causas das divergências identificadas, para não termos que realizar inventário geral.

Inventário gratuito

Nas organizações onde se pratica inventário rotativo, é possível implementar técnicas para incremento da produtividade do processo. Por exemplo, aproveitando procedimentos de apanhe ou acesso aos itens, quando identificamos um saldo zerado ou na troca de número de lotes. Também podem ser classificadas como inventário gratuito aquelas oportunidades de utilizarmos a ociosidade da mão de obra no depósito, recurso que alguns sistemas WMS e coletores de dados conectados por radiofrequência já exploram.

Inventário por grupo de itens

Nesta variação, focaliza-se uma parcela específica dos itens em estoque, algumas vezes em virtude de alguma característica especial, como os barbitúricos, que são rigorosamente controlados, em frequências diárias e até horárias.

Inventário por amostra

Principalmente empregado em procedimentos de auditoria, valendo-se de uma abordagem estatística. Serve para reconhecimento parcial da situação mediante inferência de que aquela parte verificada representa o todo.

Inventário por posição física

Com o advento da tecnologia da informação, viabiliza-se, mais facilmente, a opção da contagem por endereço, abonando as contagens de posições não acessadas. Neste modelo, deve-se otimizar o tempo de realização do inventário, pois possibilita a criação de uma roteirização para realização do mesmo.

Inventário por lote

Também é possível, recorrendo-se a recursos de identificação e rastreamento informatizados, acompanhar o consumo não apenas dos itens, mas também dos respectivos lotes de fabricação, tornando o controle ainda mais robusto.

Requisitos para realização de um processo de inventário de sucesso

Dentre os preparativos para realização de um processo de inventário, é importante destacar que a organização é um fator decisivo para o bom andamento e produtividade do mesmo. Com planejamento e organização, conseguem-se reduzir significativamente o tempo e número de pessoas do processo. Os processos de inventário devem seguir alguns procedimentos técnicos fundamentais:

- **organização** – ter em mente que o processo de inventário envolve custos expressivos e exige muito esforço e comprometimento por parte dos envolvidos. Recomendamos planejar e controlar todo o processo como um projeto;
- **preparação** – a preparação deve preceder o evento das contagens em aproximadamente três meses, não porque exige todo esse tempo dedicado em tempo integral, mas porque o processo envolve pessoas que não se dedicam exclusivamente;
- **comunicação** – comunicação é problema de dez em cada dez empresas, portanto nunca menospreze esse processo. Elabore organogramas, cronogramas, cartilhas, agende eventos para divulgar a importância e os detalhes, defina os relatórios operacionais e gerenciais, inclua *workshops* para promover a participação;
- **pessoas** – fator principal e crítico de todo projeto são as pessoas, sendo assim, grande cuidado temos de ter na preparação de todos que farão parte da equipe de inventário. Sensibilização sobre a importância, treinamento para habilitar as pessoas e instrumentos de motivação são fundamentais;
- **abrangência** – envolver todos os itens simultaneamente em todas as unidades da empresa, independentemente de onde estejam. Neste tópico destacamos empresas que montam ou fabricam produtos; estas empresas têm a particularidade de possuir estoques de matéria-prima ou produtos semiacabados que, independentemente de sua localização, antes de sua

finalização com o encerramento da ordem de produção ou ordem de fabricação, deverão ser considerados na contagem do inventário;

- **qualidade e agilidade** – as boas práticas em inventários de forma clara e objetiva demonstram a necessidade de evitar possíveis questionamentos quanto à qualidade de sua veracidade. Os inventariantes devem ser devidamente capacitados e os processos são usualmente auditados por terceiros. Utilizar TI é desejável e aumenta a produtividade, porém não será um impeditivo não fazer uso de TI;

- **confiabilidade** – o processo de inventário deve ter uma evolução tranquila, sem surpresas e à prova de falhas. Assim, deve ser eficiente, proporcionando bons resultados. A tecnologia da informação auxilia significativamente na produtividade do processo, porém a conscientização dos colaboradores que farão a contagem dos itens é fator fundamental para a veracidade das informações coletadas.

Tabela 5.7 *Checklist* para inventário geral

1	Descrição (preparativos antes)	Sim	Não
1.1	Todos os materiais estão devidamente identificados e unilizados em um ambiente organizado, sinalizado e limpo?		
1.2	Está definido um coordenador do inventário, com capacitação e experiência requerida? Foi elaborada uma listagem das pessoas envolvidas (o que cada um deve fazer), com definição das respectivas funções?		
1.3	Foi elaborado e aprovado um cronograma de todo o processo, dimensionando recursos e duração das atividades?		
1.4	Todas as informações necessárias e relevantes estão disponíveis e organizadas?		
1.5	As pessoas interessadas e afetadas estão devidamente envolvidas, treinadas e informadas? Todos os envolvidos, internos e externos, foram comunicados sobre o período de interrupção do atendimento e medidas contingenciais em casos de urgência?		
1.6	A equipe necessitará de alguma forma de suporte, treinamento, direcionamento ou acompanhamento?		
1.7	Os recursos foram dimensionados? Existirão recursos (pessoas, equipamento de armazenagem, movimentação, controle e suprimentos) suficientes para a condução de todas as atividades operacionais e administrativas relacionadas com o inventário?		
1.8	Os métodos de contagem e critérios de recontagem estão previamente acordados com a administração e auditoria?		
1.9	Estão definidas as tolerâncias admissíveis para cada classe de materiais? Estas tolerâncias foram validadas pela contabilidade e auditores?		

1.10	Existe um desenho do *layout* dos depósitos, definindo as zonas, endereços, terminais, centros de apurações e digitação etc.?		
1.11	As pessoas necessárias para execução, controle e suporte (técnicos, manutenção, refeitório, transporte etc.) do inventário já foram convocadas por escrito?		
1.12	Foram providenciados meios visuais e apoio técnico para identificação dos materiais durante o inventário?		
1.13	Já está definido como serão providos a alimentação e transporte em horários extraordinários?		
1.14	Foi elaborada uma relação identificando as pessoas envolvidas e seus vistos?		
1.15	Os procedimentos operacionais foram definidos e comunicados?		
1.16	Foi realizada uma análise de riscos procurando identificar o que pode ocorrer de errado e as respectivas medidas preventivas e contingenciais?		
1.17	Está claro para todas as funções como será a distribuição das tarefas e os horários?		
1.18	Existe necessidade de um evento ou documento para formalizar o início do inventário e o comprometimento das pessoas e departamentos envolvidos?		
1.19	Os contadores estão devidamente sensibilizados quanto a sua importância e treinados para o correto preenchimento das fichas, caligrafia, o que observar, dicas e truques de produtividade, reconciliações? Houve oportunidade para perguntas e respostas?		
1.20	Na medida do possível, foram antecipadas algumas contagens, utilizando e lacrando esses itens?		
2	**Descrição (durante execução)**	**Sim**	**Não**
2.1	Foi circulada uma lista de presença durante o inventário?		
2.2	Foi requisitada a devolução de todos os materiais que estejam no recebimento, controle da qualidade, expedição e demais setores?		
2.3	Se requerido, os materiais em processo foram recolhidos e estornados ao almoxarifado?		
2.4	Na medida do possível, os materiais de uma mesma referência estão reunidos em um único local ou próximos (evitando a dispersão)?		
2.5	Os itens rejeitados estão segregados e serão contados separadamente?		
2.6	Foram providenciadas as fichas de contagem? Inclusive fichas adicionais? Estas fichas contêm todas as informações necessárias?		
2.7	As fichas já foram distribuídas nos locais junto aos produtos?		
2.8	Os terminais estarão bloqueados para consulta de saldos durante o período do inventário?		
2.9	Dispomos de coordenadores para resolver dúvidas durante todo o processo?		
2.10	Foram preparados os relatórios de variações e a planilha de controle de progresso do inventário?		

3	Descrição (após encerramento)	Sim	Não
3.1	Foram preparados relatórios das diferenças apuradas (quantidade e valores), causas apuradas e dos ajustes realizados, incluindo indicadores e gráficos das apurações?		
3.2	Foram criadas medidas preventivas, procedimentos ou dispositivos que eliminem ou minimizem as causas ou consequências das divergências?		
3.3	Foi realizado um levantamento das lições aprendidas com o processo?		
3.4	Foi realizado um evento de encerramento agradecendo o empenho de todos?		

Fonte: Adaptada de Gasnier (2002).

Acuracidade e sua importância no processo

Acuracidade é um adjetivo, sinônimo de qualidade e confiabilidade da informação. "Acurado" significa feito ou tratado com muito cuidado. Manter corretas as informações sobre saldos em estoque é um dos grandes desafios, mais ainda quando buscamos trabalhar com níveis enxutos e com elevadas frequências de acesso, isto é, mais e mais recebimentos e apanhes. Isso aumenta o risco da imprecisão nos registros das respectivas transações.

É em um processo de inventário que conseguimos evidenciar essa prática, pois é neste momento que identificamos as divergências dos materiais inventariados ao confrontar os dados anotados na ficha de inventário com a quantidade física visualizada no local da contagem. Na administração de estoques, a acuracidade de saldo é um indicador gerencial, expresso em percentagem, da proporção de informações corretas, isto é, da quantidade física disponível no estoque comparada com a informação do saldo conforme consta no sistema de informações, em determinado momento.

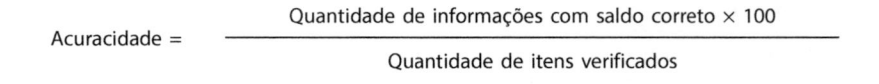

$$\text{Acuracidade} = \frac{\text{Quantidade de informações com saldo correto} \times 100}{\text{Quantidade de itens verificados}}$$

Tabela 5.8 Percentual de acuracidade das informações

Acuracidade dos itens inventariados				
Descrição da atividade	Ago.	Set.	Out.	Nov.
Quantidade de informações com saldo corretas	3.000	3.050	3.100	3.000
Quantidade de itens verificados	3.200	3.150	3.250	3.010
(Percentual calculado) %	93,75	96,83	95,38	99,65

Obsolescência e sazonalidade

Obsolescência

Quando não temos o controle dos itens que estão em nosso estoque, problemas sérios, como o excesso de itens obsoletos, podem ocorrer. Um dos principais fatores deste acontecimento é que os produtos estão, a cada dia, com o ciclo de vida cada vez menor.

Com o decorrer dos anos, itens obsoletos podem aumentar o valor de estoque, tornando-se um problema na gestão de estoque. Para evitar o elevado número de itens obsoletos, os departamentos da empresa precisam conversar periodicamente entre si.

Grande cuidado temos que ter quando um item é substituído por outro. Este é um procedimento normal tendo em vista a necessidade de melhorias constantes. Nesta fase, o departamento de novos produtos (engenharia) e suprimentos deve alinhar uma estratégia para que o novo item seja disponibilizado somente quando estiver acabando o item antigo do estoque.

Políticas de estoque utilizando a classificação e implementação de ferramentas logísticas ajudam na redução de estoque, ficando a responsabilidade do mesmo com o fornecedor. No processo de substituição de produtos, o fornecedor precisa ser avisado rapidamente para que não fabrique material a mais do que o necessário, fazendo com que o cliente tenha de receber esse material que ficará no estoque como item obsoleto.

Sazonalidade

O termo "sazonalidade" determina uma ocorrência caracterizada pela instabilidade entre oferta e demanda em determinados períodos do ano. Esta ocorrência é indesejada, pois pode ocasionar falta de material em determinado período do ano. É importante se atentar ao período de sazonalidade quanto a sua ocorrência em determinado período do ano.

Para conhecer os efeitos de uma sazonalidade, é preciso entender como se comporta a oferta e demanda de um produto e apurar, historicamente, como esse comportamento se apresentou nós últimos 12 meses. Os efeitos de períodos de instabilidade nas relações de oferta e demanda de determinados itens podem ser percebidos até mesmo na vida pessoal. Alguns exemplos são aumentos ou baixas nos preços, facilidades ou dificuldades de crédito, promoções mais intensas ou menos evidentes, dificuldades de compra de certos produtos, excesso de temporais, calor, frio etc.

Assim, é importante mapear sua curva de sazonalidade, pensar em estratégias de como inovar para tirar proveito da baixa e se programar para atender sua alta. Faça esse estudo, considere as particularidades e surpreenda-se com o resultado.

2.7 Ferramentas logísticas

Quando falamos de ferramentas logísticas, estamos falando de uma maneira eficiente de administrar nosso estoque. Caberá a cada um de nós, profissionais de logística, analisar e saber qual delas se aplica melhor à realidade do negócio de nossa empresa.

Não adianta termos os melhores *softwares* se não tivermos uma boa ferramenta logística para auxiliar nossa logística. A tecnologia está sempre presente, e nossos computadores trabalham para nos dar as informações que precisamos, desde que saibamos direcionar os nossos objetivos.

Destaco aqui algumas das ferramentas mais utilizadas nas empresas, para que possamos conhecer melhor e analisar qual delas devemos aplicar.

Cross-docking

Por causa de um ambiente altamente competitivo e da exigência de soluções mais rápidas para reabastecimento, otimização do espaço físico do armazém (CD) e redução dos custos de estoque, as empresas encontram no *cross-docking* uma excelente opção para trabalhar com esses quesitos de importância no gerenciamento de estoque.

Com o surgimento do JIT (*just-in-time*), EDI (*electronic data interchange* – intercâmbio eletrônico de Dados) e ECR (*efficient consumer response* – resposta eficiente ao consumidor), os fabricantes estão mais atentos a esta prática, mais econômica e rápida, de fornecimento. O *cross-docking* é um conceito de operação logística interessante como resposta a essas necessidades. Ele acelera o fluxo de mercadorias, reduz os custos por condensar cargas e, idealmente, dispensa armazenagem.

Assim, podemos definir *cross-docking* como um processo em que produtos são recebidos em uma dependência, ocasionalmente junto com outros produtos, que são separados conforme *mix* para o mesmo destino, onde são enviados na primeira oportunidade, sem uma armazenagem longa.

Isso requer alto conhecimento dos produtos de entrada, seus destinos, e um sistema para roteá-los apropriadamente aos veículos de saída.

No *cross-docking* ou distribuição "*flow-through*" (através do fluxo), a mercadoria é recebida do fabricante através de um centro de distribuição e não é armazenada, sendo assim obtemos um ganho no espaço físico antes utilizado para armazenagem e redução do valor de estoque. No centro de distribuição dos produtos provenientes de fornecedores, é selecionada e preparada conforme *mix* de composição do pedido a ser atendido. O *cross-docking* usa mais o caminhão do que o depósito convencional. Dessa forma, *cross-docking* é um programa projetado para fornecer suporte à entrega de produtos aos clientes. *Cross-docking* é altamente eficiente, no sentido de que permite ao estoque viajar através de um canal de distribuição num fluxo veloz.

Existe um grande número de áreas que precisam ser cuidadosamente analisadas antes de começar uma implementação da estratégia *cross-docking*, pois o conceito não deve ser aplicado para qualquer operação.

O *cross-docking* envolve o transporte dos produtos, assim que estes estejam prontos para o uso (uma vez manufaturados ou recebidos), sem armazená-los. Em termos práticos, o *cross-docking* essencialmente significa que o armazém (CD) torna-se o maior interessado no fluxo dos produtos, opondo-se ao seu armazenamento. De acordo com Ching (2001), existem três níveis de *cross-docking*:

1. **nível 1** é o do *cross-docking* paletizado, em que os produtos chegam de várias fábricas ou fornecedores e vão em outro veículo diretamente para clientes, sem nenhuma outra seleção ou preparação;
2. **nível 2** é o do *cross-docking* com separação, em que os produtos são recebidos e separados por caixas para uma região específica;
3. **nível 3** é o do *cross-docking* com separação e reembalagem. Esse é o nível em que o conceito de depósito expande para atividades que são tradicionalmente realizadas nas fábricas e, assim, posiciona a função de distribuição como uma peça vital ao sucesso de uma empresa.

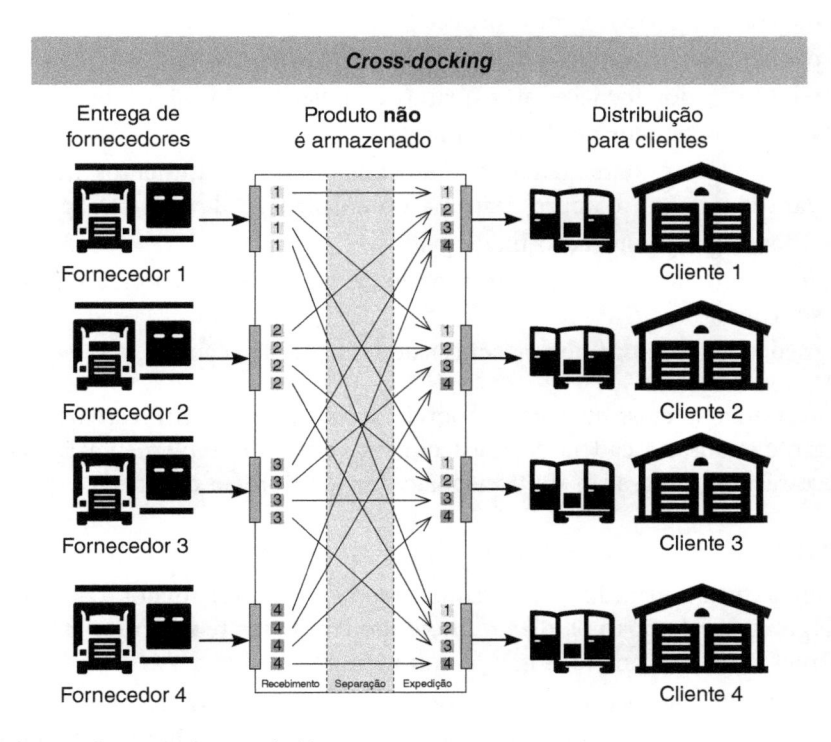

Figura 5.6 Operação de *cross-docking*.

Benefícios do *cross-docking:*

- aumenta velocidade do fluxo de produtos e circulação do estoque;
- reduz valor de estoque;
- permite consolidação eficiente de produtos;
- dá suporte às estratégias de *just in time*;
- promove melhor utilização dos recursos;
- reduz necessidade de espaço;
- reduz danos aos produtos por causa do menor manuseio;
- reduz furtos e compressão dos produtos;
- reduz obsolescência (e problemas com prazo de validade) dos produtos;
- acelera pagamento ao fornecedor, logo, melhora parcerias;
- diminui o uso de papéis associados ao processamento de estoque.

Desvantagens do *cross-docking:*

- dificuldade de determinação dos produtos candidatos;
- requer sincronização dos fornecedores e demanda;
- relações imperfeitas com fornecedores;
- pequena ou nenhuma credibilidade nos fornecedores;
- relutância dos fornecedores quanto à eficiência do processo;
- sindicatos temem perda de empregos;
- dependências inadequadas ou retornos sobre investimentos insuficientes para justificar a compra, reforma ou construção de um CD apropriado;
- sistemas de informação inadequados;
- gerência nem sempre possui uma visão holística e orientada da cadeia de suprimentos;
- medo de *stock-out* pela ausência de estoque de segurança.

A ferramenta *cross-docking* proporciona resultados significativos, porém é importante analisar a cadeia de abastecimento antes de implementá-la. Assim se faz necessária a integração de transporte, fornecedores e clientes.

VMI (*Vendor Managed Inventory*)

Com a modernização e o aprimoramento cada vez maior das condições tecnológicas que temos nos dias de hoje, podemos ter redução do estoque sem que o mesmo comprometa nosso atendimento.

O *VMI* (estoque gerenciado pelo fornecedor) é uma ferramenta que possibilita ter em estoque uma quantidade menor de produtos, que serão reabastecidos conforme a política de estocagem da organização, sem comprometer o atendimento.

Conforme Pires (2004) o termo *VMI* foi cunhado no começo dos anos 1990 nos EUA em projetos implementados por grandes varejistas, como Wal-Mart. Apesar dessa sua origem, a prática logo se popularizou e passou a ser vista por muitas empresas de manufatura como forma de diminuir ou frear o crescente poder dos varejistas. A principal característica desta ferramenta destaca que o VMI é um sistema de parceria, em que o fornecedor é o responsável por abastecer o estoque de seu cliente sempre que existir a necessidade de reposição de determinado produto, cabendo ao fornecedor abastecer seu cliente no momento certo.

Esta forma de reposição pode ser informatizada utilizando o EDI (*eletronic data interchange* – intercâmbio eletrônico de dados), por *e-mail* enviando planilhas, ou de forma visual, onde o fornecedor passa em dias predeterminados para verificar se precisa abastecer. Esse abastecimento, independentemente da forma de solicitação ou visualização do mesmo, deve ter como base o histórico de CMM (consumo médio mensal) para que o fornecedor possa se programar para atender a necessidade do cliente. Essa ferramenta possibilita a reposição automática de estoques por parte do fornecedor ao seu respectivo cliente, com base na demanda real diariamente atualizada e em parâmetros de cobertura previamente definidos.

Com isso, processos de produção, logística e planejamento podem ser sincronizados, obtendo-se a racionalização de estoques e consequente redução de custos na cadeia produtiva. Como resultado, temos maior competitividade, além do aumento da disponibilidade de produto no cliente.

No VMI, é importante que fornecedor e cliente tenham uma aliança estratégica, trabalhando em parceria, para que o processo seja realizado da melhor forma possível. O fornecedor tem a responsabilidade de abastecer o estoque de seu cliente, mas para que isso ocorra sem muitos problemas é necessário que existam parâmetros acordados entre ambas as partes.

Pires (2004) sugere quatro elementos necessários para que se possa implementar um VMI em uma cadeia de suprimentos, especialmente em um país com dimensões continentais como o Brasil:

- conhecer a demanda do cliente final (no ponto de venda), porque ela será a base para o processo de gestão;
- receber as informações com frequência e a capilaridade necessária, via uma estrutura TIC ágil e confiável instalada ao longo da cadeia de suprimentos;
- existir uma biblioteca de modelos gerenciais de gestão de estoque, de previsões de vendas e de processos logísticos, tal que possam utilizar modelos adequados para gerenciar as diferentes situações, clientes, produtos, demandas etc.;
- existir uma "inteligência gerencial" suficiente para que cada alocação e a parametrização dos diversos modelos gerenciais disponíveis para as

diversas situações sejam feitas de forma adequada e continuada, sempre respondendo às eventuais alterações nas condições de contorno impostas ao sistema.

Tabela 5.9 Algumas vantagens e desvantagens comuns no VMI

Itens de análise	Fornecedor	Cliente
Vantagens	Melhor atendimento e maior "fidelização" do cliente; Melhor gestão da demanda; Melhor conhecimento do mercado.	Menor custo dos estoques e de capital de giro; Melhor atendimento por parte do fornecedor; Simplificação da gestão dos estoques e das compras.
Desvantagens	Assume custo do estoque que era mantido pelo cliente; Custo da gestão do sistema.	Maior dependência do fornecedor; Redução do controle sobre seu abastecimento.

Fonte: Adaptada de Pires (2004).

É importante ressaltar que o VMI deve ser implementado quando conhecemos a realidade dos nossos produtos e os fornecedores que são responsáveis pelo seu reabastecimento contínuo. Se não existir uma integração entre cliente e fornecedor, esta ferramenta não deverá ser aplicada.

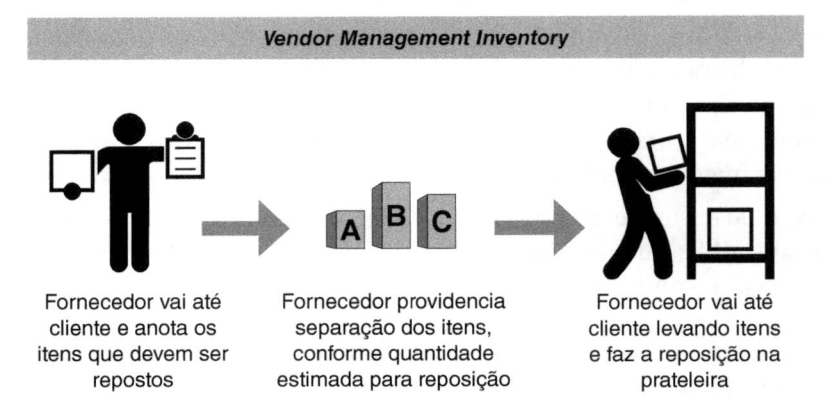

Figura 5.7 Operação de abastecimento do estoque por VMI.

Condomínio ou *just in sequence*

Nos projetos das novas plantas apresentados por algumas empresas, nota-se a presença não somente das instalações das empresas, mas também de instalações de alguns de seus fornecedores, conhecidos neste processo como sistemistas. Assim, temos o projeto da GM em Gravataí (RS) e da Ford em Camaçari (BA), que reforçam a tendência das novas configurações junto às empresas, entregando subconjuntos ou módulos completos em *just in time* na linha de montagem final de seus produtos. Esquemas semelhantes aparecem em outras empresas de outros ramos de atividade.

Esses fornecedores, sistemistas, estão instalados fisicamente próximos às empresas clientes, sendo responsáveis pelo abastecimento de suas linhas de produção. Esses fornecedores abastecem seus clientes, geralmente com sistemas em uma base de *just in sequence*, diretamente ao lado da linha de montagem, mas eles não participam da linha de montagem final do produto. A montagem final fica a cargo da empresa cliente.

A existência de *just in time* externo faz com que estejam presentes, nos condomínios, empresas fabricantes de vários produtos, que possuem no condomínio basicamente estoques de produtos acabados e prontos para serem entregues à empresa cliente. Não é viável, para essas empresas, inaugurar plantas completas para fabricação desses componentes. Por outro lado, esses produtos apresentam custos logísticos e riscos de danos elevados, que continuam a existir, se no condomínio estão presentes somente os estoques. Nesses casos, a vantagem do condomínio, para a empresa, é passar esses estoques ao fornecedor e continuar tendo a garantia de fornecimento *just in time* com menores riscos de interrupção. A entrega sequenciada, ou seja, a entrega de um subsistema ou componente na ordem correta em que deve entrar na linha de montagem final, o chamado *just in sequence* (JIS), é uma radicalização do *just in time* e uma tendência forte nas empresas, uma vez que traz vantagens consideráveis do ponto de vista da economia de custos associados à armazenagem, tanto de estoques iniciais quanto intermediários e de produto final, e à embalagem dos componentes.

Após algumas análises, para melhor compreensão, definimos condomínio ou *just in sequence* como um sistema de fornecimento em que os fornecedores estão instalados nas imediações da empresa e a abastecem diretamente na linha de produção e em sequência pré-estipulada em tempos determinados.

Para adotar o sistema de condomínio ou *just in sequence*, é necessário que a empresa esteja preparada tecnologicamente, pois a dinâmica dos estoques, quanto à entrega programada, é muito intensa. O *just in sequence* é viabilizado, na prática, por dois fatores: primeiro, a troca de informações eletrônicas *on-line* (via sistemas de *electronic data interchange*, ou EDI, onde os protocolos dos pedidos são enviados por computador, ou segundo, via correio eletrônico pela Internet).

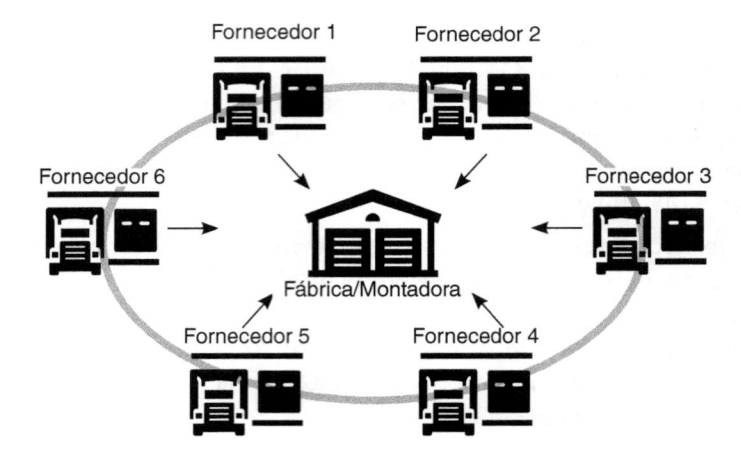

Figura 5.8 Operação de abastecimento por condomínio ou *just in sequence*.

Benefícios do condomínio ou *just in sequence:*

- entrega do material na hora e sequência certas;
- reduz valor de estoque do cliente;
- permite programação da demanda conforme quantidade estimada pelo cliente;
- dá suporte às estratégias de *just in time*;
- promove melhor utilização dos recursos;
- reduz necessidade de espaço;
- reduz danos aos produtos por causa do menor manuseio;
- reduz furtos e compressão dos produtos;
- reduz obsolescência (e problemas com prazo de validade) dos produtos.

Desvantagens do condomínio ou *just in sequence:*

- dificuldade de determinação dos produtos candidatos;
- requer sincronização dos fornecedores e demanda;
- relações imperfeitas com fornecedores;
- perda de credibilidade nos fornecedores;
- relutância dos fornecedores quanto à eficiência do processo;
- sindicatos temem perda de empregos;
- sistemas de informação precários e ineficientes;
- gestão sem uma visão orientada da cadeia de suprimentos;
- medo de *stock-out* pela ausência de estoque de segurança.

Os condomínios industriais passaram a ser uma alternativa em termos de inovação na SCM, reduzindo custos logísticos e melhorando o gerenciamento dos estoques.

Consórcio modular

Conforme Pires (2004), o conceito do consórcio modular foi escolhido para estruturar o processo de fabricação na recém-inaugurada fábrica de caminhões da Volkswagen em Resende, em 1996. É considerado um dos experimentos mais inovadores e, sob vários aspectos, revolucionários da SCM, conduzido no Brasil pela VW em sua fábrica de caminhões localizada em Resende. Ele reúne numa mesma fábrica grandes empresas de autopeças, especialistas em cada etapa do processo produtivo. Operando sob o mesmo teto, com políticas integradas e decisões por consenso, objetiva alcançar maior valor agregado ao produto fornecido, sendo a Volkswagen a aglutinadora e líder do consórcio.

Neste conceito inovador, a posição de fornecedor (modulista) é substituída pela do parceiro, e o faturamento imediato substituído pelo lucro pós-venda. O consórcio objetiva formar equipes flexíveis, otimizando os recursos disponíveis, para maximizar resultados, num modelo de alta competitividade.

Podemos dizer que o consórcio modular é um caso radical de *outsourcing* entre uma montadora em um pequeno número de fornecedores diretos, onde os fornecedores assumem a responsabilidade de efetuar a montagem de uma parte do conjunto de determinado produto. Fica o modulista responsável por:

- efetuar a montagem prévia do módulo e sua posterior montagem diretamente na linha de montagem final da montadora;
- os investimentos e ferramentas e a SCM do módulo.

Podemos definir consórcio modular como um sistema de parceria entre modulistas e empresa, em que os fornecedores estão instalados na planta da empresa e participam diretamente da produção da empresa.

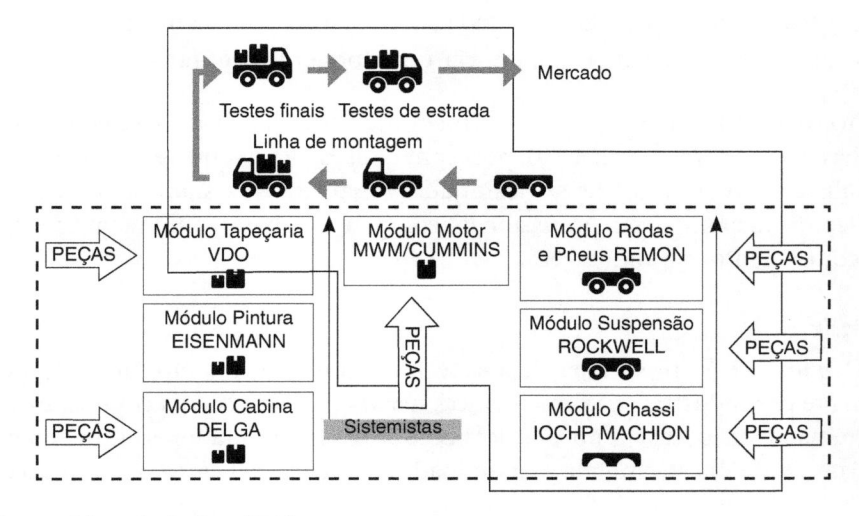

Fonte: Adaptada de Pires (2004).
Figura 5.9 Operação de abastecimento por consórcio modular.

Benefícios do consórcio modular:

- fornecedor (modulista) responsável pela montagem de parte do equipamento;
- fornecedor (modulista) responsável pelo estoque de materiais para montagem do equipamento;
- redução do custo de mão de obra;
- dá suporte às estratégias de *just in time*;
- promove melhor utilização dos recursos;
- reduz necessidade de espaço;
- pagamento realizado somente para veículos montados em sua forma completa e sem problemas de qualidade;
- reduz danos aos produtos por causa do menor manuseio;
- reduz furtos e compressão dos produtos;
- reduz obsolescência (e problemas com prazo de validade) dos produtos.

Desvantagens do consórcio modular:

- estoque e montagem nas mãos dos fornecedores (modulistas);
- requer sincronização dos fornecedores e demanda;
- relações imperfeitas com fornecedores;
- perda de credibilidade nos fornecedores;
- sindicatos temem perda de empregos;
- dependência entre os modulistas quanto à qualidade dos veículos montados em sua forma completa e sem problemas de qualidade;
- gestão sem uma visão orientada da cadeia de suprimentos;
- medo de *stock-out* pela ausência de estoque de segurança.

Ao modulista cabe o comprometimento de não deixar a linha de montagem desabastecida, com penalização por conta disso. Para que isso não ocorra, o modulista deve administrar seu estoque de maneira que supra a sua demanda, bem como disponibilizar profissionais competentes para as montagens e gestão dos componentes na montagem.

Milk run

O *milk run* é um sistema de abastecimento de suprimentos adotado principalmente por indústrias automobilísticas nacionais. Este sistema consiste na coleta programada de peças junto aos fornecedores das montadoras, diferentemente do sistema de abastecimento denominado convencional, no qual o fornecedor entrega suas peças na planta da montadora. O *milk run* é uma forma de redução de estoque na cadeia de suprimentos.

O *milk run* adota uma concepção de trabalho com enorme ênfase na filosofia *just in time* e procura seguir alguns de seus princípios, como: redução do estoque de materiais, maior frequência de abastecimento de suprimentos e maior integração entre as partes que compõem o sistema, montadora e fornecedor.

Dizemos que *milk run* é um sistema de coletas programadas de materiais, que utiliza um único equipamento de transporte, normalmente de algum operador logístico, para realizar as coletas em um ou mais fornecedores e entregar os *materiais no destino final, sempre em horários preestabelecidos.*

O sistema de coleta programada de peças utilizando o *milk run* vem sendo adotado por um número crescente de empresas. Permite maior controle sobre as peças realmente necessárias e utiliza maior frequência de abastecimento (lotes menores) com consequente redução de estoques.

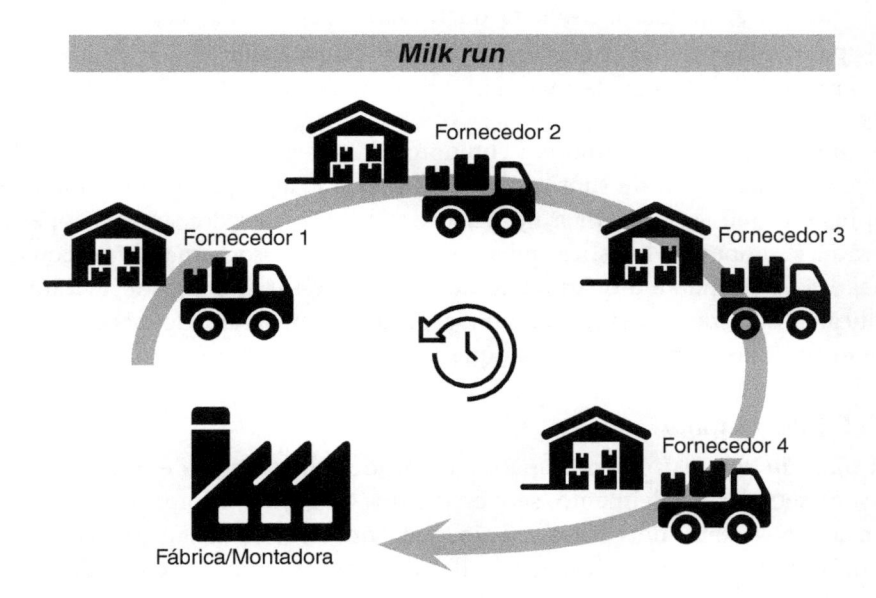

Figura 5.10 Ciclo da operação de *milk run*.

Benefícios do *milk run*:

- embarques programados segundo a necessidade do cliente (janelas de coleta, data, hora e quantidades);
- reduz necessidade de espaço;
- reduz furtos e compressão dos produtos;

- reduz obsolescência (e problemas com prazo de validade) dos produtos;
- estoques reduzidos devido ao fracionamento de embarques;
- melhora nos serviços de manuseio de materiais;
- embalagens padronizadas e reutilizáveis, com isso, redução de custo;
- agilidade no carregamento e descarregamento;
- redução dos custos de manutenção de inventário;
- ferramenta para o JIT e o *kanban*.

Desvantagens do *milk run*:

- requer sincronização dos fornecedores e demanda;
- relações imperfeitas com fornecedores;
- perda de credibilidade nos fornecedores;
- maior custo para a montadora, devido a frete extra cobrado que ocorre quando a montadora solicita quantidades não planejadas;
- parada da produção por conta da falta de material;
- atrasos na retirada de materiais nos fornecedores.

O *milk run* é um trabalho em conjunto, cliente e fornecedor, com atividades coordenadas pela área de suprimentos. Na fase inicial, a parceria com a área de compras é o que vai garantir a negociação com o fornecedor. Na fase operacional, são as equipes de logística que vão determinar a programação do consumo, ou seja, a frequência e a quantidade de peças necessárias para suprir a linha de produção e realizar o planejamento de produção programado para um determinado período com o menor estoque possível e maior precisão das entregas.

JIT (*just in time*)

O *just in time* surgiu no Japão, em meados da década de 1970. Sua ideia básica e seu desenvolvimento são creditados à Toyota Motor Company, que buscava um sistema de administração que pudesse coordenar, precisamente, a produção com a demanda específica de diferentes modelos e cores de veículos com o mínimo tempo ou atraso. O sistema consiste em puxar a produção a partir da demanda, produzindo em cada estágio somente os itens necessários, nas quantidades necessárias e no momento necessário. O JIT é muito mais que uma técnica ou um conjunto de técnicas de administração da produção, é considerado como uma ferramenta que inclui aspectos de administração de materiais, gestão da qualidade, arranjo físico, organização do trabalho e gestão de recursos humanos, entre outros.

No entanto, alguns dizem que o sucesso do sistema JIT é por conta das características culturais do povo japonês. No Brasil, muitas empresas, principalmente as automobilísticas, trabalham com essa ferramenta. Essa filosofia é composta de práticas gerenciais que podem ser aplicadas em qualquer parte do mundo. Algumas expressões são geralmente utilizadas para traduzir aspectos da filosofia *just in time*:

- produção sem estoque;
- eliminação de desperdício;
- manufatura de fluxo contínuo;
- esforço contínuo na resolução de problemas.

O JIT tem como objetivos a qualidade e a flexibilidade. A perseguição desses objetivos dá-se, principalmente, por um mecanismo de redução de estoques, os quais tendem a camuflar os problemas do processo produtivo.

Assim dizemos que *just in time* é um sistema de programação para puxar o fluxo de produção assegurando a pontualidade, disponibilizando o material certo, na hora certa, no local certo e no exato momento de sua utilização.

É importante ressaltar que algumas das ferramentas mencionadas anteriormente tiveram sua origem baseada na filosofia JIT. A crescente necessidade de atender os clientes cada vez melhor, ou seja, com qualidade, rapidez, baixo custo, fez com que se desenvolvessem novas ferramentas que otimizassem e se personalizassem de acordo com a necessidade do cliente. Com a crescente demanda, e por não termos mais barreiras, temos que estar preparados para disponibilizar nossos produtos a qualquer momento e em qualquer lugar.

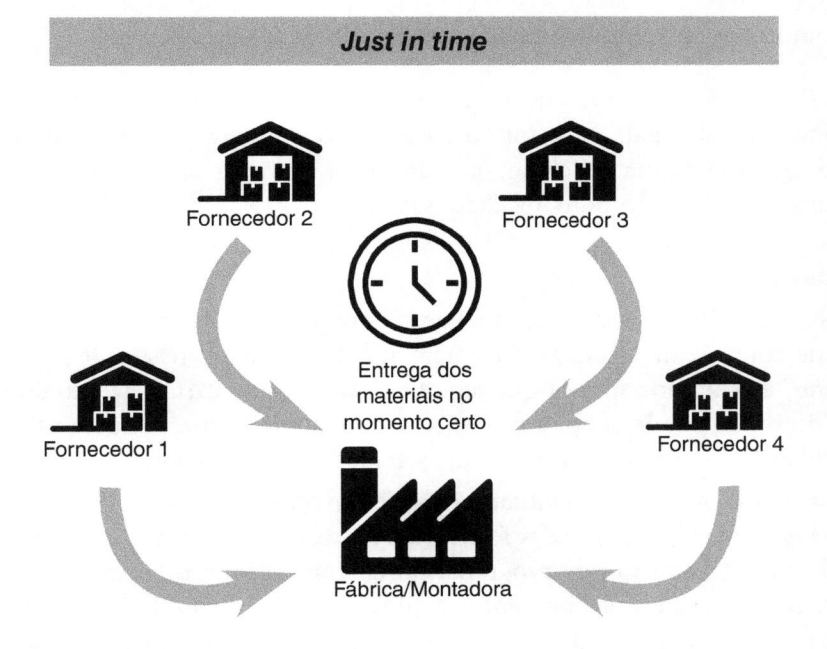

Figura 5.11 Operação de *just in time*.

Vantagens do *just in time*:

- diminuição dos custos com estoque;
- melhoria na eficiência da produção;
- melhoria na qualidade;
- é um eficiente sistema de puxar;
- necessário para a implementação dos objetivos do JIT;
- permite um nível predeterminado de estoque intermediário através do número de *kanbans* existentes no processo;
- rápida resolução de problemas;
- redução no estoque;
- melhoria na coordenação de diferentes sistemas;
- melhoria no relacionamento com os fornecedores.

Desvantagens do *just in time*:

- pode resultar em ociosidade do empregado;
- pode diminuir a produtividade;
- reação lenta às mudanças na demanda;
- ignora as informações sobre as previsões de demanda;
- necessidade de mudanças rápidas por parte dos fornecedores;
- aumento na responsabilidade dos fornecedores.

O JIT necessita de uma avaliação para adaptar suas ideias e conceitos, não se esquecendo de analisar a cultura da empresa e pesquisar o mercado que ela atende. Quando da sua aplicação, quando todos estiverem sincronizados, clientes e fornecedores obterão bons resultados.

Kanban

Sistema *kanban* é uma metodologia de programação de compras, de produção e de controle de estoques extremamente precisa e ao mesmo tempo barata. "*Kanban*" é o termo japonês que significa cartão. Este cartão age como disparador da produção de centros produtivos ou materiais em estoque, indicando a necessidade a serem produzidos, reabastecidos ou comprados.

O sistema *kanban* de manufatura foi desenvolvido na Toyota Motors, no Japão, e logo divulgado para seus fornecedores e a indústria em geral. Ele é acima de tudo uma ferramenta de programação de compras e produção e de controle de estoques, que permite implantar a filosofia *just in time* (JIT) de produção "apenas a tempo", sem estoques. A filosofia JIT prevê uma drástica redução dos prazos de produção e de entrega pela eliminação dos tempos em que os materiais e produtos ficam parados nos estoques, aliada a uma substancial melhoria da qualidade e da produtividade pela detecção mais fácil e precoce dos problemas.

Assim, definimos *kanban* como uma técnica japonesa para administração de estoque que se utiliza de um sistema de cartões para controlar o fluxo de material, proporcionando redução de estoque, otimização do fluxo de produção, redução das perdas e aumento da flexibilidade.

O *kanban* operacionaliza o JIT e com isso a empresa obtém:

- sincronização e alinhamento da produção e abastecimento entre os diversos departamentos;
- flexibilidade de programação;
- aumento da capacidade produtiva;
- controle visual, em "tempo real", da situação de demanda e estoques de cada área e cada material ou produto;
- redução de inutilizados e outras perdas;
- detecção imediata de gargalos de produção ou abastecimento;
- detecção precoce de problemas de qualidade.

A ferramenta *kanban* opera através do sistema de "puxar" a produção: ao invés de uma programação de produção que "empurra" as matérias-primas e produtos pela fábrica até a expedição, através do *kanban* é a expedição (ou o cliente) quem "puxa" os produtos do setor de embalagem, e este da montagem etc., de trás para a frente.

Imagine a sua empresa como uma corrente, cujos elos são os departamentos por onde os materiais passam durante o processo: almoxarifado, beneficiamento, submontagem, montagem, embalagem, expedição. Num sistema tradicional de programação de produção, você "empurra" os materiais pela corrente: visualize uma corrente sendo empurrada: muitos elos se movem e nada acontece na outra ponta, certo? E a corrente se desvia para um lado ou para outro, fora do rumo, certo?

Agora imagine que a outra ponta da corrente é quem "puxa" os demais elos: o que acontece? O movimento se transfere suave e rapidamente até o outro extremo, como numa engrenagem onde todos os dentes rodam sincronizadamente! Sem desvios! Isto é o que o *kanban* lhe proporciona: sincronização e alinhamento entre todos os seus departamentos, comandados pela expedição de produtos – ou, mais à frente, pelo próprio cliente!

Nas organizações que não sejam de manufatura, da mesma forma, o *kanban* "enxuga" os estoques de materiais e regulariza o seu fluxo, facilitando o controle e reduzindo as faltas de materiais. De forma muito simples, o *kanban* operacionaliza isso com cartões que funcionam como "ordens de produção" ou como "ordens de compra" permanentes.

Cada cartão vale um lote mínimo do produto, um contentor ou mesmo uma só unidade, que circula entre o setor consumidor e o fornecedor. O cartão é enviado ao setor fornecedor como uma requisição, ao se consumir o pequeno lote de produto a que estava vinculado. E volta para o consumidor acompanhando o novo lote do produto quando este é fornecido. Mecanismos simples de gestão à vista dos cartões permitem ao setor fornecedor priorizar as suas atividades em função das necessidades do setor cliente, garantindo a sincronização e o alinhamento que visualizamos na alegoria da corrente, acima. Tal gestão à vista expõe então a visualização da carga de trabalho de cada setor e consequentemente a presença de atrasos ou gargalos na produção, favorecendo a tomada antecipada de providências corretivas.

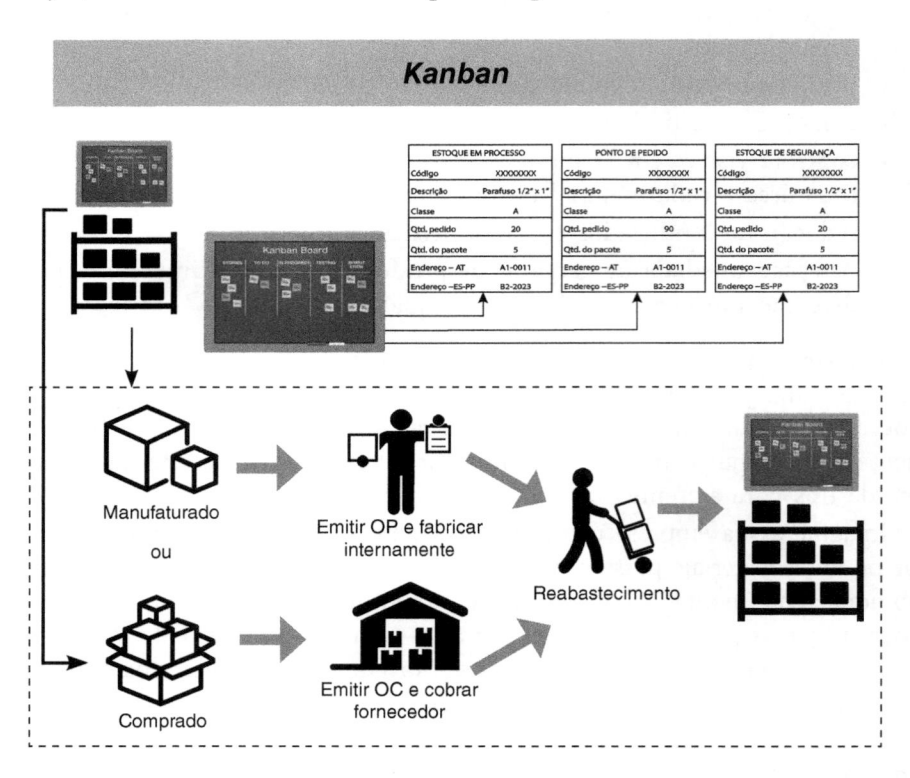

Figura 5.12 Operação do sistema *kanban*.

Benefícios do sistema *Kanban*:

- sincronização e alinhamento da produção e abastecimento entre os diversos departamentos;
- flexibilidade de programação;
- controle visual, em tempo real, da situação de demanda e estoques de cada área e cada material ou produto;
- aumento da capacidade produtiva;

- redução de inutilizados e outras perdas;
- detecção imediata de gargalos de produção ou abastecimento;
- detecção precoce de problemas de qualidade.

Desvantagens do sistema *Kanban*:

- requer mudança no *layout* da fábrica para propiciar um fluxo de produção em pequenos lotes e uniforme;
- requer mudança de equipamentos para diminuir os tempos de preparação de ferramentas;
- requer que a qualidade dos produtos seja próxima a 100%, pois um contenedor com peças defeituosas paralisa toda a linha à frente;
- requer mudanças de procedimentos de trabalho para uniformizar o fluxo de informação;
- dificuldade quanto ao comprometimento dos funcionários no início do processo.

Transit point

Uma característica básica do sistema *transit point* é que os produtos recebidos já têm os destinos definidos, ou seja, já estão pré-alocados aos clientes e podem ser imediatamente expedidos para entrega local. Não há espera pela colocação dos pedidos. Esta é uma diferença fundamental em relação às instalações de armazenagem tradicionais, em que os pedidos são atendidos a partir do seu estoque.

Lacerda (2000) define *transit point* como instalações similares aos centros de distribuição, cuja diferença é a inexistência de estoque. Os produtos já têm seu destino estabelecido ao serem enviados. Portanto, não há perda de tempo. Mas esta opção só se torna viável com a existência de grandes volumes de carga a serem transportados.

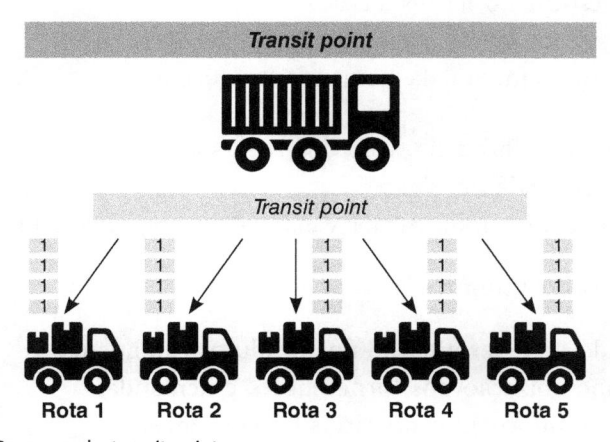

Figura 5.13 Processo de *transit point*.

Esta ferramenta é implementada para atender uma determinada área geográfica distante dos armazéns centrais ou de difícil acesso, operando como local de passagem. Sua operação consiste em receber carregamentos consolidados, separá-los e carregá-los em veículos menores para entregas locais a clientes individuais (PIRES, 2004).

Assim, definimos *transit point* como uma forma de aumentar efetivamente um sistema de distribuição sem a necessidade de estocagem do produto, proporcionando redução nos custos de armazenagem.

As instalações do tipo *transit point* são estruturalmente simples, necessitando de baixo investimento na sua instalação. Seu gerenciamento é facilitado, pois não são executadas atividades de estocagem e *picking,* que exigem grande nível de controle gerencial. Seu custo de manutenção, portanto, é relativamente baixo.

Os *transit points* guardam as mesmas relações de custo de transporte que os centros de distribuição avançados, pois permitem que as movimentações em grandes distâncias sejam feitas com cargas consolidadas, resultando em baixos custos de transporte.

A operação do *transit point,* no entanto, é dependente da existência de volume suficiente para viabilizar o transporte de cargas consolidadas com uma frequência regular. Quando não há escala para realizar entregas diárias, por exemplo, podem ser necessários procedimentos como a entrega programada, em que os pedidos de uma área geográfica são atendidos em determinados dias da semana.

Benefícios do *transit point*:

- não há necessidade de estoque;
- produtos já possuem destino definido;
- estrutura simples;
- baixo investimento na instalação;
- melhor gerenciamento da demanda;
- permite programação da demanda conforme quantidade estimada pelo cliente;
- proporciona melhor utilização dos recursos;
- reduz necessidade de espaço;
- reduz danos aos produtos por causa do menor manuseio.

Desvantagens do *transit point*:

- dificuldade de determinação dos produtos candidatos;
- requer sincronização dos fornecedores e demanda;
- sistemas de informação precários e ineficientes;
- gestão sem uma visão orientada da cadeia de suprimentos;

- medo de *stock-out* pela ausência de estoque de segurança;
- veículos menores para transporte;
- depende de volume de produtos suficiente para montar as cargas.

3. ESTUDO DE CASO

A falta de conhecimento de soluções logísticas vem ocasionando à empresa Brasil SA um aumento do valor de estoque significativo. A empresa possui uma fábrica e há 6 meses teve de montar um CD para distribuir peças para suas 15 filiais que realizam manutenção em seus equipamentos, em todo o Brasil.

Pela falta de conhecimento de logística, bem como das soluções que esta pode proporcionar, todos os meses, até então, tem sido correria muito grande para atender aos pedidos emitidos para suprir suas filiais. Isso ocorre por dois motivos:

1. A fábrica, muitas vezes, concorre com o estoque do centro de distribuição, pois em alguns momentos os produtos que deveriam ser encaminhados para as filiais são utilizados para fabricação, quando a fábrica não o possui em seu estoque. Com isso, sempre gera falta de atendimento do pedido da filial em sua totalidade.
2. Os pedidos são consolidados para atendimento no último dia do mês. Este formato de atendimento ocasiona grande correria por parte dos funcionários e tem comprometido a acuracidade do estoque e atendimento do pedido corretamente.

Com esse formato de atendimento outro problema está sendo gerado. No fim do mês, as quantidades de produtos que chegam são muito grandes, o que cria filas de caminhões que aguardam para descarregar, gerando problemas nas ruas próximas. Até o departamento de trânsito da cidade já pediu várias vezes uma solução para que a empresa não seja multada. Depois de descarregados esses produtos, uma grande quantidade fica amontoada no recebimento por não haver espaço para estocar. Assim, a empresa teve de locar uma tenda para não deixar os produtos expostos a situações climáticas, gerando mais um custo. A insegurança quanto à chegada dos produtos no momento certo faz com que se compre uma grande quantidade para evitar esta falta de material.

Questões

Aqueles que conhecem a logística sabem que a administração dos estoques e espaços físicos nos CDs evitam transtornos para empresas. Sendo você conhecedor das boas práticas logísticas, como resolveria as questões de:

- Eliminar o atendimento mensal e realizar atendimento de pedidos diariamente.
- Eliminar a chegada de recebimento de uma única vez.
- Implementar ferramenta(s) logística(s) para resolver a questão de espaço e quantidade necessária de estoque (não comprar mais do que seja necessário).

4. RESUMO

- A decisão de estocar ou não um determinado produto dependerá muito de sua particularidade quanto a sua complexidade ou facilidade de aquisição. O controle de estoque exerce grande influência nos custos de rentabilidade da empresa.
- Os estoques podem ser classificados em diversos tipos. Porém, neste capítulo foram apresentados os mais relevantes e de maior utilização nas empresas.
- A classificação quanto à natureza dos estoques permite identificar o tipo de ação gerencial a ser adotada: ressuprir, programar, disponibilizar, transferir, reaproveitar ou alienar materiais.
- A classificação do nosso estoque é muito importante para sabermos qual política de estoque se irá adotar. É através da classificação da curva ABC que conseguimos determinar o grau de importância dos itens, permitindo assim diferentes níveis de controle com base na importância relativa do item.
- Um dos grandes desafios das empresas que trabalham com estoques, sejam eles produtos semiacabados ou acabados, é o de manter as informações precisas sobre saldos de estoques para os gestores de materiais.
- Ferramenta logística é uma maneira eficiente de administrar o estoque. Caberá a cada um de nós, profissionais de logística, analisar e saber qual delas se aplica melhor à realidade do negócio de nossa empresa.

5. EXERCÍCIOS

1. Quais são os tipos de classificação de estoques destacados neste capítulo?

2. O que é classificação ABC? Qual sua finalidade?

3. Na política de controle de estoque, quais são os tipos de inventários existentes?

4. O que vem a ser acuracidade?

5. Qual é a definição de *cross docking*?

6. Qual é a definição de *kanban*?

A IMPORTÂNCIA DA TI NOS PROCESSOS LOGÍSTICOS

Assista à **videoaula**

OBJETIVOS DE APRENDIZAGEM

Ao final deste capítulo, o aluno será capaz de:

- Explicar a importância da TI para a logística.
- Citar as características para que uma informação seja útil.
- Listar os passos de importância para implementação de uma tecnologia da informação.
- Diferenciar as tecnologias, WMS, ERP, TMS, RFID e outras utilizadas na logística.

1. INTRODUÇÃO

Antes da introdução da tecnologia da informação no gerenciamento da cadeia de suprimentos, as técnicas de gerenciamento da produção, logística e distribuição utilizadas eram manuais, penosas e muito lentas. Para se gerar informações, que hoje ocorre em questão de segundos, antigamente demorava até semanas.

O avanço da tecnologia de informação permitiu a utilização de sistemas computacionais por parte das empresas para suportar suas atividades. Vários sistemas foram desenvolvidos para atender aos requisitos específicos de unidades de negócio, plantas, departamentos e escritórios.

A informação com rapidez e precisão é crucial para o bom desempenho dos processos logísticos e deve ser a base sólida na qual os gestores analisam e estruturam suas decisões. A tecnologia da informação consiste em ferramentas utilizadas para obtenção e acesso às informações, de tal forma que possamos tomar as melhores decisões.

2. CONCEITOS

A cada dia que passa, o fluxo de informações se torna fator de grande preocupação e importância nos processos que envolvem as operações logísticas. Os conjuntos básicos de informações logísticas incluem pedidos de clientes e de ressuprimento, necessidades de estoque, programação de atividades dos depósitos, documentação de transporte e faturas. Antigamente, me lembro como se fosse hoje, o fluxo de informações era documentado principalmente em papel, resultando em lenta transferência de informações, sendo a mesma pouco confiável e propensa a erros. O fluxo de informação documentado em papel aumenta o custo e diminui a velocidade operacional, reduzindo a satisfação do cliente pela dificuldade em disponibilizar uma informação quando solicitada, proporcionando perda no mercado em que atua. Na Figura 6.1 observamos os diversos processos de negócios e organizações, desde o cliente final até os fornecedores originais, que proporcionam os produtos, serviços e informações que agregam valor para o cliente.

Hoje, obtêm maior sucesso em seus negócios as empresas que possuem credibilidade. Por exemplo, você contrataria algum tipo de serviço de empresas que trabalham com o ditado "Devagar se vai ao longe" ou "A pressa é inimiga da perfeição"? É claro que não! O fator agilidade é de grande importância, principalmente quando o assunto é logística. Conforme Figura 6.2, demonstrada a seguir, foi preciso percorrer um caminho para que obtivéssemos um processo mais organizado e preciso quanto à confiabilidade das informações nos processos logísticos.

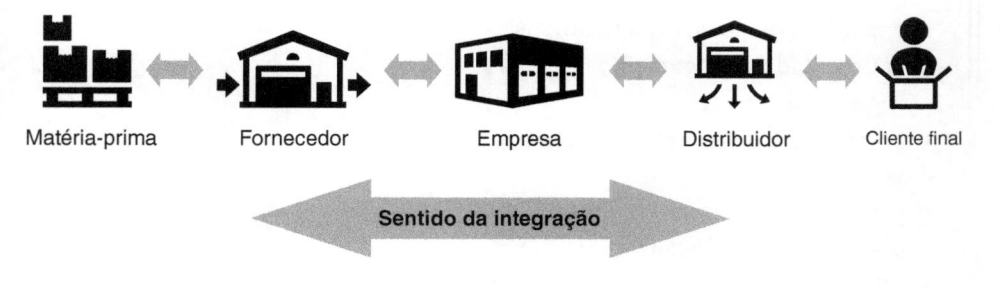

Matéria-prima   Fornecedor   Empresa   Distribuidor   Cliente final

Sentido da integração

Figura 6.1 Processos de negócios.

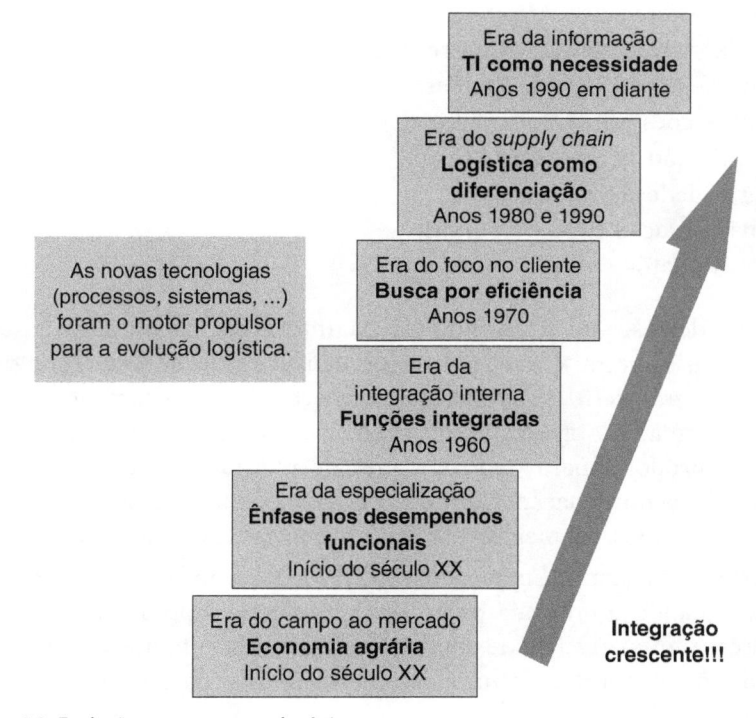

Figura 6.2 Evolução nos processos logísticos.

2.1 Importância da TI no fluxo de informações nos processos logísticos

Para implementação da tecnologia da informação (TI), devemos considerar alguns fatores de grande importância. Dentre eles, destacamos:

- conhecimento do processo para escolha do sistema adequado ao negócio da empresa;

- redução dos custos operacionais;
- acuracidade da operação;
- segurança operacional;
- administração de retornos do estoque em vazio;
- velocidade operacional;
- garantia da imagem da empresa;
- acuracidade de localização;
- intensidade de fluxo;
- administração de horas extras;
- áreas de estocagem;
- administração de fluxos de retorno em vazio;
- movimentação livre de perdas;
- informações em tempo real;
- qualificação de pessoal;
- acuracidade de estoque;
- movimentação livre de perdas;
- investimentos em TI.

O custo decrescente da tecnologia da informação, associado à sua maior facilidade de uso, permite aos gestores de logística utilizar essa tecnologia, com o objetivo de transferir e gerenciar informações eletronicamente, com maior eficiência, qualidade e rapidez. A transferência e o gerenciamento eletrônico de informações proporcionam oportunidades de redução de custos logísticos por meio de melhor coordenação, além do aperfeiçoamento dos serviços que podem ser consubstanciados na melhor oferta de informações a clientes.

Conforme afirmam Chopra e Meindl (2003), a informação torna-se mais importante quando é utilizada para criar um escopo amplo, como todos os estágios e áreas de uma cadeia de suprimentos. Isso permite que as decisões sejam tomadas de maneira a maximizar a lucratividade total da cadeia de suprimentos.

Vale destacar que, para se fazer uso adequado da tecnologia da informação na logística, é importante que se tenha o conhecimento dos processos logísticos, sabendo quais são as melhores práticas a serem utilizadas para cada momento de seu processo. Na grande maioria das vezes, ainda, muitas empresas mal conhecem o conceito de logística e menos ainda as ferramentas que podem dar a sustentação para o bom desempenho de suas atividades.

É importante ressaltar também que as informações devem ser úteis, por este motivo devem possuir as seguintes características:

- *as informações devem ser precisas* – sem informações que ofereçam o verdadeiro quadro do estado dos processos logísticos, fica difícil tomar decisões certas. Isso significa que todas as informações devem estar totalmente corretas, e que os dados disponíveis devem possibilitar a criação de uma imagem da realidade que esteja no mínimo voltada à precisão;

* *informações acessíveis em tempo real* – muitas vezes, existem informações precisas, mas no momento em que se tornam acessíveis já estão defasadas ou, quando são atualizadas, não se encontram acessíveis. Para tomar boas decisões, o gerente precisa de informações atualizadas, de fácil acessibilidade;
* *informações úteis* – os responsáveis pelas decisões precisam de informações que possam utilizar. Muitas vezes, as empresas possuem enormes quantidades de dados que não colaboram para a tomada de decisões. As empresas devem analisar quais informações devem ser registradas para que fontes valiosas não sejam desperdiçadas com dados que não agreguem valor e para que os dados realmente importantes não passem despercebidos.

A tecnologia da informação está evoluindo em ritmo acelerado, em velocidade e capacidade de armazenamento das informações, gerando simultaneamente reduções significantes de custos e espaço. À medida que a tecnologia da informação prossegue sua trajetória de contínua evolução, vão surgindo várias inovações que influenciam as operações logísticas e as aprimoram cada vez mais.

A tecnologia da informação bem estruturada trará benefícios para os processos logísticos, como:

* redução do valor de estoque;
* redução na falta de material;
* melhoria no nível de serviço;
* melhoria no atendimento aos clientes;
* aumento da eficiência operacional;
* níveis de estoque mais focados na realidade da demanda;
* redução no tempo de inventário;
* rastreabilidade de frotas e produtos;
* planejamento de rotas, cargas e modais;
* cumprimento dos prazos de entrega, por se obter maior velocidade.

Além destes, podemos obter outros mais; isso dependerá do ramo de atividade em que a empresa atua. Cada uma deve analisar a sua cadeia de suprimentos para implementar as melhores práticas.

2.2 Sistemas de TI importantes para o processo

O conceito tecnologia da informação engloba as várias tecnologias que coletam, processam, armazenam e transmitem informações. "Assim envolve além de computadores, equipamentos de reconhecimento de dados, tecnologias de comunicação, automação de fábricas e outras modalidades de *hardware* e de serviços" (PORTER, 1999).

Tecnologia da informação refere-se aos diversos componentes como *hardware, software*, banco de dados e outros que, organizados, formam sistemas de informação que são conjuntos de TI organizados com um propósito específico. No decorrer, a necessidade de obter as informações de forma mais rápida e precisa propiciou grandes avanços quanto à revolução tecnológica, conforme demonstrado na Figura 6.3.

Os sistemas de informação que automatizam as áreas funcionais de uma empresa – vendas, marketing, produção, finanças, contabilidade e recursos humanos – são cada vez mais procurados. É importante ressaltar que devemos ter muito cuidado na hora da aquisição. Esses sistemas são os primeiros a serem implantados na maioria das empresas. Os principais sistemas de informações gerenciais dão suporte aos processos globais da empresa, abrangendo todas as unidades organizacionais e conectando a empresa a seus clientes e fornecedores. Assim, destacamos dentro dos processos logísticos os sistemas ERP (para toda a empresa), WMS (sistemas para centros de distribuição) e TMS (sistemas para empresas de transporte).

Tabela 6.1 Revolução tecnológica

Variáveis	Passado	Presente
Base de dados	Bases múltiplas e inconsistentes	Base única e consistente de informações
Capacidade de processamento	*Batch*	*On-line*
Redes corporativas	Linhas privadas	*Frame relay* e *VPNs* (internet)
Custo de telecomunicações	Alto	Baixo
Sistemas	Isolados	Integrados
Tecnologia da informação	Gargalo	Motor propulsor
Arquitetura	Proprietária	Cliente – Servidor aberto

ERP (*Enterprise Resource Planning*)

Os sistemas ERP foram desenvolvidos nos anos 1990. Estes sistemas integram e coordenam os principais processos da empresa através de um *software*, organizando e disseminando a informação de forma integrada entre as diferentes áreas da empresa. Essa integração faz uso de uma base de dados comum a toda empresa, consolidando assim toda a operação do negócio em um único ambiente computacional. Dessa forma, procura-se evitar redundâncias e inconsistências de dados, assegurando-se a integridade do fluxo de informações.

A grande vantagem da implementação do ERP advém da sua própria concepção integrada, permitindo assim maior eficiência, eficácia e rapidez nos processos de coleta, armazenagem, transferência e processamento das informações corporativas. Essa concepção pode ser representada pelos seguintes benefícios:

- unicidade de dados – utilização da mesma informação por todos os setores da empresa, conforme perfil do usuário;
- integração das informações através da automação e padronização dos processos;
- redução dos inconvenientes proporcionados pela transferência de dados entre os diferentes setores de uma mesma empresa, eliminando interfaces complexas e caras entre sistemas não projetados para compartilhar dados;
- produção e acesso a informações em tempo real por toda a empresa;
- adoção de melhores práticas de negócio – obtenção de ganhos de produtividade e de velocidade de resposta da empresa suportados pelas funcionalidades do ERP;
- redução de custos – otimização do fluxo de materiais através de maior controle da informação e dos processos, permitindo uma redução dos estoques e uma redução das atividades que não agregam valor;
- melhoria no nível de serviço – auxílio na tomada de decisões suportadas por uma base de dados que reflete a realidade da empresa e do mercado, permitindo identificar qual, quanto, como, quando e onde os recursos podem ser utilizados, gerando melhorias de qualidade, produtividade e de serviço prestado ao cliente interno e externo à empresa;
- coleta dos dados de rotina da empresa e disponibilização das informações necessárias de acordo com o perfil do usuário.

O sistema ERP hoje não é um diferencial competitivo, mas uma necessidade para as empresas continuarem competitivas no mercado.

WMS (*Warehouse Management System*)

O sistema WMS (sistema de gerenciamento de armazém) trabalha com a integração de *hardware, software* e equipamentos periféricos para gerenciar espaço físico, estocagem, armazenagem, equipamentos e mão de obra em centro de distribuição (armazéns). Os fornecedores de soluções WMS oferecem sistemas que integram *hardware, software* e serviços relacionados aos processos logísticos. Os principais benefícios do WMS são:

- funcionalidade de administração da mão de obra em tempo real;

- planejamento, acompanhamento e funcionalidade de administração de mão de obra;
- comunicação integrada com o sistema central;
- desenvolvimento de *software* com parâmetros conforme necessidade do armazém;
- controle do dispositivo de movimentação de material;
- controle do equipamento de estocagem automatizado;
- disponibilização de informações em tempo real;
- total adequação da funcionalidade do armazém;
- programação e entrada de pedidos;
- planejamento e alocação de recursos;
- pré-recebimento e recebimento;
- acompanhamento de inspeção e controle de qualidade;
- agilização na separação de pedidos;
- expedição;
- inventários;
- relatórios operacionais e gerenciais;
- acuracidade de informações e banco de dados para o WMS;
- melhoria na ocupação do espaço;
- redução de erros de operações;
- aumento de produtividade.

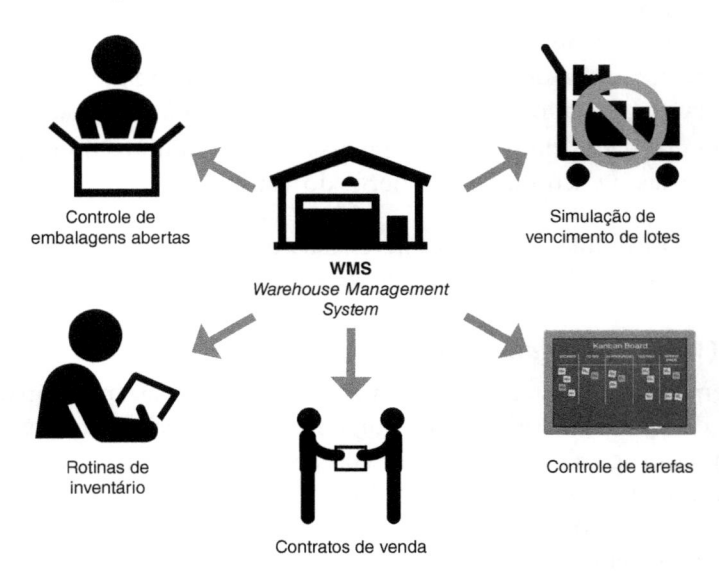

Figura 6.3 Estratégia de armazenagem com WMS.

Os benefícios mencionados são traduzidos em fatores quantitativos e fazem com que determinadas empresas viabilizem a implementação de um sistema WMS. Assim, se sua empresa está avaliando tal possibilidade, esteja preparado para essa moderna integração das soluções de operações e processos.

TMS (*Transportation Management System*)

O sistema TMS (sistema de gestão de transporte) é utilizado pelas empresas de transporte. O mesmo auxilia no planejamento, execução, monitoramento e controle das atividades relativas a consolidação de carga, expedição, emissão de documentos, entregas e coletas de produtos, rastreabilidade da frota e de produtos, auditoria de fretes, apoio à negociação, planejamento de rotas e modais, monitoramento de custos e nível de serviço e planejamento e execução de manutenção da frota.

As principais funcionalidades dos TMS são:

- monitoramento e controle de frotas e cargas;
- apoio à negociação e auditoria de frete;
- planejamento e execução.

Seus principais benefícios são:

- redução nos custos de transporte e melhoria do nível de serviço;
- melhor utilização dos recursos de transporte;
- melhoria na composição de cargas (consolidação) e rotas;
- menor tempo necessário para planejar a distribuição e a montagem de cargas;
- disponibilidade de dados acurados dos custos de frete mostrados de várias formas, como, por exemplo, por cliente ou por produto;
- acompanhamento da evolução dos custos com transportes;
- disponibilidade de informações *on-line*;
- suporte de indicadores de desempenho para aferir a gestão de transportes.

Os sistemas TMS dão o suporte necessário para que as empresas de transporte utilizem melhor seus recursos, otimizem seus processos e obtenham melhor resultado financeiro.

CRM (*Customer Relationship Management*)

Através de um banco de dados de clientes, o CRM (gerenciamento do relacionamento com o consumidor) manipula as informações buscando a otimização do processo. Esta solução tem como estratégia de negócio a identificação do cliente e suas principais características para estabelecer um relacionamento de fidelização de longo prazo com seus clientes.

Você sabia?

Essa estratégia permite, de forma lucrativa, identificar e estabelecer as formas de relacionamento com os clientes que apresentem maiores benefícios ou maior potencial para a empresa e permitam fornecer a esses mesmos clientes um nível de serviço que exceda as expectativas.

Para manipulação dessas informações, utiliza componentes tecnológicos, de planejamento estratégico e de marketing pessoal, sempre numa perspectiva de orientação total para o cliente. O CRM permite, assim, alcançar objetivos, como:

- identificar entregas qualificadas de forma a ganhar novos clientes;
- fechar vendas de modo mais eficiente e eficaz;
- permitir aos clientes efetuar transações de forma mais fácil e rápida;
- fornecer serviços de suporte, pré, durante e pós-venda;
- ter um maior enfoque nos clientes com vista em uma maximização do ARPU (*average revenue per user* – cálculo da renda por usuário);
- disponibilizar a mesma informação ao cliente, independentemente do canal de contato com a empresa (Internet, *call center*, loja, ...).

A boa aplicação de CRM pode influenciar o montante que os clientes gastam na empresa e o seu grau de fidelização. Algumas empresas, através da implementação de programas de CRM, conseguiram ganhos significativos em termos de proveitos, satisfação dos clientes, produtividade dos funcionários, bem como reduções de custos em termos de aquisição de clientes.

Código de barras

Criada em 1983 através de um decreto-lei, a EAN Brasil é uma associação multissetorial e sem fins lucrativos que administra a numeração de código de barras e incentiva a utilização do EDI. Através do sistema EAN/ UCC, promove e incentiva o processo de automação no Brasil, interagindo na cadeia de suprimento com as operações comerciais, aumentando a qualidade e produtividade, na busca da excelência empresarial (CORONADO, 2007, p. 25).

O código de barras é de grande importância para a agilidade e bom andamento de um processo informatizado, para gestão de estoques. Você o encontrará em supermercados, hospitais, lojas de departamentos, fazendas e até mesmo em sua própria casa. Tornou-se uma parte integrante de nossas vidas. Mas o que é exatamente e o que representa?

O código de barras tem a finalidade de identificar um produto. Ele contém informações como o número referente ao país, a empresa e o código do produto. Você já deve ter se deparado com essa situação em um supermercado, quando o caixa tenta fazer a leitura do código de barras de um produto e não consegue. O que ele faz? Isso mesmo, ele digita os números contidos na parte inferior do código de barras.

A EAN padroniza os códigos de barras para que a leitura possa ser realizada em qualquer país do mundo. É importante ressaltar que possuímos *softwares* que geram códigos de barras, sem a necessidade de ser padrão EAN, para que as empresas possam fazer seus controles internos e até mesmo externos. Os impressos de código de barras se encontram em vários lugares, por exemplo: rótulos de alimentos, caixas para transporte, cartas, braceletes de pacientes etc. Todos parecem iguais, mas não são. Cada indústria tem uma simbologia única como seu padrão, o que exploraremos mais tarde. Se você está pensando em instalar um sistema de gerenciamento de dados por código de barras, há muitos aspectos a considerar para fazer a opção correta para os seus desafios nos negócios.

Os códigos de barras são lidos pela varredura de um pequeno ponto de luz através do símbolo do código de barras impresso. Seus olhos veem apenas uma fina linha vermelha emitida pelo leitor *laser* (*scanner*). Todavia, o que está acontecendo é que a fonte de luz do leitor está sendo absorvida pelas barras escuras e refletida pelos espaços claros. Um dispositivo no leitor pega a luz refletida e a converte em um sinal elétrico.

O *laser* do leitor (fonte de luz) começa a varredura do código de barras em um espaço em branco (a zona de silêncio) antes da primeira barra e continua passando até a última barra, encerrando em um espaço em branco que a segue. Uma vez que o código de barras não pode ser lido se a varredura sair da área do símbolo, as alturas das barras são escolhidas de modo a facilitar a varredura dentro da área do código de barras. Quanto maior a informação a ser codificada, maior será o código de barras.

Temos a seguir alguns modelos de códigos de barras utilizados na identificação de produtos. Esses códigos de barras são utilizados conforme a necessidade do cliente.

UPC/EAN

UCC/EAN: este é o símbolo usado para a identificação de bens de consumo para o segmento de varejo. Os símbolos UPC são de tamanho fixo, sendo compulsórios em varejo e na indústria de alimentos, não sendo usados em nenhum outro lugar. Foram desenvolvidos para atender as necessidades do varejo em geral, uma vez que adaptam 12 dígitos a um espaço razoavelmente compacto.

Código 39	CÓDIGO 39: desenvolvido porque algumas indústrias necessitavam codificar o alfabeto, assim como números, em um código de barras, sendo o Código 39 de longe a simbologia mais popular do código de barras nesta opção. É tipicamente o código de barras mais usado para identificação em estoques e de processos em diversos segmentos industriais. Todavia, o Código 39 produz códigos de barras relativamente longos e pode não ser adequado quando a largura da etiqueta for considerada.
Código 128	CÓDIGO 128: este código de barras provém da necessidade de uma seleção mais ampla de caracteres do que o Código 39 poderia fornecer. Quando a largura da etiqueta é considerada, o Código 128 é uma boa alternativa porque é muito compacto e resulta em um símbolo denso. Esta simbologia é frequentemente utilizada na indústria de transportes, onde o tamanho de etiqueta é um problema.
Código intercalado 2 de 5	INTERCALADO 2 DE 5: outra simbologia popular na indústria de transportes. "Intercalado 2 de 5" é muito utilizado também em operadores logísticos. É uma simbologia muito compacta e você a verá em caixas de papelão para volumes, onde os objetos são embarcados para serem enviados aos depósitos e supermercados.
POSTNET	POSTNET: adotado pelo serviço postal dos Estados Unidos da América do Norte, esta simbologia codifica o código de endereçamento postal para que o processo de separação de cartas seja mais rápido.
PDF417	PDF417: conhecido como código de barras 2D (bidimensional), esta é uma simbologia não linear de alta densidade que lembra a você um quebra-cabeças. Entretanto, a diferença entre este e os demais códigos de barras relacionados acima é que o PDF417 é realmente um arquivo de dados portátil (PDF) em oposição a ser simplesmente o número de referência. Alguns governos ou Estados estão se automatizando para que seja impresso um código de barras bidimensional (2D) em sua carteira de motorista. Se o seu Estado estiver estudando esta exigência, é interessante saber que há espaço suficiente neste código de barras para codificar o seu nome, foto e o resumo de seus registros de motorista e outras informações pertinentes. Toda essa informação pode ser armazenada em uma área equivalente ao tamanho de um selo postal.

Um fato importante a se lembrar é que, quanto maior a largura das barras e espaços, mais espaço ela ocupa para a impressão do código de barras; portanto, menor a densidade do código de barras. Quanto mais finas as barras e espaços, menor espaço é necessário e maior a densidade do código de barras.

A necessidade das empresas em obter um melhor gerenciamento das informações buscou no código de barras uma melhoria na produtividade para agilizar os processos e otimizar mão de obra, para assim aumentar sua margem de lucro.

Os benefícios de se implementar tecnologia de código de barras são significativos:

- redução dos ciclos de processamento;

- aumento das taxas de *output*;
- aumento na precisão das informações;
- redução das perdas com materiais;
- baixo custo e menor tempo de implantação;
- fácil utilização;
- uso de equipamentos compactos;
- alta velocidade de captura dos dados;
- informações: validade, data de fabricação, local onde foi produzido, dentre outras.

Não importa qual o seu negócio, a tecnologia de captura de dados por código de barras poderá auxiliá-lo a atender os mais difíceis desafios com que você se defronta.

RFID (*Radio Frequency Identification*)

As novas tendências tecnológicas nos levam cada vez mais a implementações que buscam a melhoria contínua. Com o RFDI (identificação via radiofrequência), temos como forma de tecnologia a transmissão de dados através das etiquetas – TAG. Esta etiqueta utiliza-se de ondas eletromagnéticas para transmitir informações através de ondas de rádio.

Uma das vantagens das etiquetas inteligentes é que podem armazenar informações e mais de um item pode ser lido ao mesmo tempo. O sistema de identificação por radiofrequência consiste de um *transponder* com rádio e um leitor para conectá-lo a um sistema de informação corporativo.

O *transponder* é composto de um *chip* e antena, que é ativado por um sinal de rádio na sua frequência de trabalho. Quando isso ocorre, ele envia um sinal contendo sua informação ao leitor para identificação das informações contidas nas etiquetas.

Esta tecnologia apresenta dois formatos de etiquetas, ativa e passiva, que apresentam as seguintes características:

- **Tecnologia ativa**
  - necessita de bateria;
  - opera com maior distância de leitura (metros);
  - alto custo;
  - tempo de vida limitado;
  - leitores grandes;
  - sensível a alta/baixa temperaturas.

- **Tecnologia passiva**
  - não necessita de baterias;
  - necessita de menor distância para realização de leitura (centímetros);
  - custo baixo;
  - tempo de vida ilimitado;
  - leitores pequenos;
  - trabalha em condições severas, adversas;
  - facilidade de fixação.

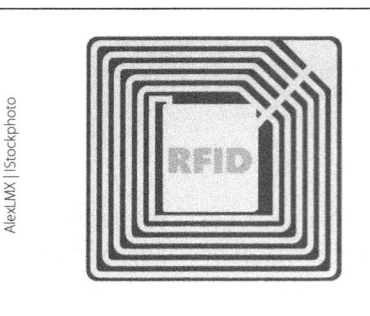

AlexLMX | IStockphoto

Etiquetas – Tag
Tipos de tag: ativo e passivo
Ativo
- Possui bateria
- Emite pequenos pulsos eletromagnéticos
- Possibilita a identificação remota
- Baixa vida útil

Etiquetas – Tag
Tipos de tag: ativo e passivo
Passivo
- Localiza apenas indução
- Grande vida útil

Quando em comparação com o código de barras, o RFID apresenta os seguintes benefícios:

- não requer uma linha de visão direta entre *transponder* e leitor, como ocorre no código de barras, em que o *laser* tem que varrer toda a extensão do código;
- é capaz de ler/gravar;
- possibilita a leitura de vários itens ao mesmo tempo;
- é fácil de ser fixado em objetos;
- trabalha de maneira eficaz em ambiente hostil, sujeito a diversas intempéries, proporcionando melhor distância de leitura.

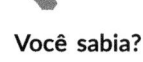

Você sabia?

As etiquetas inteligentes permitem armazenar informações e mais de um item pode ser lido ao mesmo tempo.

Tabela 6.2 Comparando RFDI ao código de barras

Características/sistema	RFID	Código de barras
Eficiência na leitura	Entre 99,5% e 100%	Entre 95% e 98%
Leitura – contato visual	Não requer	Requer
Informação contida	Alta	Baixa
Taxa de erro humano	Baixa	Alta
Custo	Alto	Baixo

Para que as etiquetas inteligentes sejam implantadas é uma questão de tempo. O mundo pede cada vez mais empenho logístico, e com elas conseguiremos melhorar de forma significativa o desempenho do SCM.

EDI (*Electronic Data Interchange*)

A ideia por trás do EDI (intercâmbio eletrônico de dados) é relativamente simples. Muitas empresas utilizam computadores para organizar os processos comerciais e administrativos ou ainda para editar textos e documentos. A maioria das informações é introduzida no computador manualmente, através de digitação. Quando as empresas se comunicam, por exemplo, para encomendar mercadorias ou cobrar os clientes, ao invés de imprimir relatórios em papel e enviá-los por fax para seu parceiro, elas obtêm uma forma de transferir eletronicamente essas informações diretamente do computador da empresa para os computadores de seus clientes, fornecedores, bancos e outros. Assim, define-se EDI como uma troca automatizada, de um computador para outro, de informação de negócios estruturada, entre uma empresa e seus parceiros comerciais, de acordo com um padrão reconhecido internacionalmente (ECR-BRASIL, 1998, p. 23).

O intercâmbio EDI padroniza a forma como os computadores enviam e recebem dados. O EDI acelera o ritmo com que clientes e transportadores trocam informações operacionais como programações de embarque, roteiros de entrega e rastreamento da carga, além de permitir a emissão de faturas e romaneios livre de erros, por eliminar a necessidade de interferência humana no processo.

Dentre as várias facilidades, destacamos os principais benefícios:

- redução de custos administrativos e operacionais, frente à brusca redução dos trâmites que originam montes de papéis, os quais operam em fluxos viciosos de vaivém de vias de documentos, protocolos e assinaturas;
- agilidade no processo, porque grandes volumes de dados comerciais podem ser comunicados de um computador a outro em questão de minutos, permitindo, por exemplo, reduzir prazos de entrega e garantindo maior satisfação por parte do cliente;

- eliminação de erros – o EDI elimina os inevitáveis erros resultantes da entrada manual de dados;
- aumento da produtividade, pois o EDI permite que as empresas controlem e manejem melhor as necessidades de produção, compras e entregas. O EDI é um componente-chave nos elos entre cliente, fornecedor e transportador na fabricação *just in time* e na *quick response*, apoio ao ECR, resultando em significativas reduções nos níveis de estoque.

Como já era de se esperar, vários esforços foram feitos com relação à redução de papéis por conta de documentos a serem encaminhados entre as empresas. Em algumas empresas ainda existe uma pessoa responsável por passar por fax a carteira de pedidos aos seus fornecedores, apesar de ser coisa do passado. O EDI surgiu principalmente para agilizar esse processo e garantir a precisão e segurança da informação.

ECR (*Efficient Consumer Response*)

Buscando inovar os resultados de produtividade do setor, foi implantado no Brasil, a exemplo de outros países, o conceito ECR (resposta eficiente ao consumidor). Trata-se uma estratégia da indústria supermercadista na qual distribuidores e fornecedores trabalham em conjunto para proporcionar melhores resultados ao consumidor, enfocando a eficiência da cadeia de suprimento como um todo, em vez da eficiência individual das partes, derrubando os custos totais do sistema, dos estoques e bens físicos. A ECR Brasil define ECR como uma estratégia na qual o varejista, o distribuidor e o fornecedor trabalham muito próximos para eliminar custos excedentes da cadeia de suprimentos e melhor servir ao consumidor.

O objetivo final do ECR é a geração de um sistema eficaz, direcionado ao consumidor, no qual distribuidores e fornecedores trabalhem juntos como aliados comerciais a fim de minimizar custos. Informações precisas e produtos de qualidade fluem por um sistema sem papéis entre a linha de produção e o *check-out*, com mínimo de perda ou interrupção entre as partes que o compõem. Assim, são esperados a redução das perdas e o aumento do giro de estoque, obtendo recursos para manter o negócio em andamento, oferecendo melhores produtos a preços acessíveis ao consumidor.

Benefícios de sua utilização:

- sortimento eficiente de loja – otimizar a manutenção dos estoques e o espaço da loja, melhorando a interface com o consumidor;
- reposição eficiente – otimizar o tempo e o custo no sistema de reposição de produtos no estoque;
- promoção eficiente – aplicar sistema adequado ao tratamento de promoção, atingindo cliente e consumidor;

- introdução eficiente de produto – aplicar medidas de desenvolvimento e introdução de novos produtos.

A implementação do ECR comprova bons níveis de serviços com baixos níveis de inventários, com redução das perdas principalmente de produtos perecíveis, otimizando transporte de carga, armazenagem e estocagem.

Internet e *e-commerce*

Podemos definir comércio eletrônico (*e-commerce*) como a capacidade de realizar transações envolvendo a troca de bens ou serviços entre duas ou mais partes utilizando meios eletrônicos. As empresas e pessoas nunca tiveram acesso a tantas aplicações de *e-commerce* como têm hoje. Essas aplicações vão desde compras *on-line*, com a utilização da *web*, até processos automatizados tendo a *Internet* como meio de transporte dos dados.

O comércio eletrônico baseado na *world wide web* (www) tem chamado a atenção da comunidade de negócios no mundo inteiro. A face mais conhecida do grande público é o B2B (*business to business*) e o B2C (*business to consumer*), onde investimentos maciços em publicidade têm sido feitos por *sites* como submarino.com, amelia.com, arremate.com. O B2B está se mostrando o modelo de negócios com maior taxa de crescimento para os próximos anos.

Principais vantagens para a empresa:

- reduz a intermediação;
- alcance global (amplia o mercado);
- reduz custos administrativos e outros correlatos;
- maior segurança e agilidade e na comunicação entre os parceiros;
- reduz o ciclo de processos mercantis.

Principais vantagens para o comércio:

- melhora o nível de abastecimento da loja;
- reduz o nível de estoques;
- reduz custos operacionais;
- agiliza o processo de vendas;
- nivela as oportunidades no mercado.

Principais vantagens para o consumidor:

- comodidade e conveniência (comprar sem sair de casa);
- facilidade (acesso à Internet);

- variedade (produtos do mundo inteiro);
- preços (tendências de custos baixos e cotações mais ágeis).

Benefícios:

- redução da taxa de erros no atendimento de pedidos;
- melhoria do serviço ao cliente;
- aumento da acuracidade do recebimento e das informações;
- melhor aproveitamento dos recursos, do espaço de armazenamento e da mão de obra.

A logística dependerá cada vez mais das ferramentas que a tecnologia da informação disponibiliza para acompanhamento dos diversos processos que envolvem os processos logísticos. A tecnologia da informação está evoluindo em ritmo acelerado, em velocidade e capacidade de armazenamento das informações, gerando simultaneamente reduções significativas de custos e otimizando processos. Hoje temos várias opções de tecnologia da informação para auxiliar a logística, porém é importante saber quais destas se adéquam à realidade do negócio da empresa que adquire a mesma. À medida que a tecnologia da informação prossegue sua trajetória de contínua evolução, vão surgindo várias inovações que influenciam nas operações logísticas e que as aprimoram cada vez mais.

3.   ESTUDO DE CASO

As atividades de transporte é uma das mais importantes no processo logístico. A grande maioria das empresas necessita de transporte para receber e encaminhar produtos, sejam em matéria-prima ou acabados.

Durante 15 anos, a empresa TRANS1000 vem crescendo e conquistando novos mercados. Quando iniciou suas atividades, havia apenas dois caminhões e três clientes, quantidade fácil fazer o acompanhamento logístico e financeiro da empresa.

Por conta da pontualidade e qualidade de seus serviços, tanto na retirada quanto na entrega, a empresa cresceu e hoje possui 60 clientes de grande, médio e pequeno porte e 40 caminhões em sua frota, atuando em todo Brasil com maior abrangência na região sul.

No decorrer dos anos, com seu crescimento, a empresa viu a necessidade de obter um gerenciamento melhor de seu negócio, desenvolvendo um *software* DI (desenvolvimento interno) que até então estava atendendo muito bem às necessidades de seus clientes e da empresa.

Nos últimos anos, com a concorrência mais equipada com tecnologias de ponta e apresentando melhores opções para que seus clientes tenham todas as informações necessárias, como data de saída da carga, frota que transporta a carga, localização do veículo, entre outros, a empresa TRANS1000 vem perdendo oportunidades de fechar novos negócios.

Com esses acontecimentos, a empresa TRANS1000 compreendeu que não adianta somente ter qualidade no serviço operacional, mas que é fundamental ter também qualidade quanto às informações disponibilizadas para seus clientes, gerando maior credibilidade e informações precisas a qualquer momento.

Após várias pesquisas e reuniões realizadas pelo gerente operacional e o gerente de TI com várias empresas de soluções para transporte, optaram por um *software* TMS que proporcionará obter as informações necessárias para realizar planejamentos e montar estratégias para manter seus clientes sempre bem informados quanto aos serviços que estão sendo realizados pela empresa TRANS1000.

No entanto, ainda existe um último passo para que seja efetuada a compra, o parecer do Diretor de Logística e SCM da empresa.

Questão

Sendo você o gerente operacional da empresa, quais argumentos utilizaria para convencer o diretor a assinar o contrato de compra do TMS?

4. RESUMO

Neste capítulo, estão contemplados os principais assuntos:

- A informação com rapidez e precisão é crucial para o bom desempenho dos processos logísticos. Ela deve ser a base sólida, de modo que os gestores analisem e estruturem suas decisões.
- O custo decrescente da tecnologia da informação, associado à sua maior facilidade de uso, permite aos gestores de logística utilizar essa tecnologia com o objetivo de transferir e gerenciar informações eletronicamente com maior eficiência, qualidade e rapidez.
- A tecnologia da informação está evoluindo em ritmo acelerado, em velocidade e capacidade de armazenamento das informações, gerando simultaneamente reduções significantes de custos e espaço.
- O conceito de tecnologia da informação engloba as várias tecnologias que coletam, processam, armazenam e transmitem informações. "Assim envolve além de computadores, equipamentos de reconhecimento de dados, tecnologias de comunicação, automação de fábricas e outras modalidades de *hardware* e de serviços" (PORTER, 1999).
- Dentre os sistemas de TI importantes, foram destacados a importância do ERP, WMS, TMS, CRM, Código de barras, RFID, ECR e e-commerce.

5. EXERCÍCIOS

1. Quais são as características da boa informação?

2. Quais são os benefícios que uma tecnologia bem estruturada proporciona aos processos logísticos?

3. Qual a função de um sistema ERP?

4. Qual a função do sistema WMS?

5. Qual a definição de EDI (intercâmbio eletrônico de dados)?

6. Qual a definição de comércio eletrônico (*e-commerce*)?

PLANEJAMENTO LOGÍSTICO

Assista à **videoaula**

OBJETIVOS DE APRENDIZAGEM

Ao final deste capítulo, o aluno deverá ser capaz de:

- Descrever a importância do planejamento para a logística.
- Conceituar controle.
- Demonstrar como a medição é fundamental para a criação de indicadores.
- Definir o que é KPI e qual sua importância.
- Fazer a implementação de um *benchmarking*.

1. INTRODUÇÃO

A competitividade tem exigido das organizações decisões rápidas e precisas em relação a seus negócios. Nesse ambiente, estas procuram se reestruturar visando tornar-se mais dinâmicas e menos complexas, no que se refere aos processos administrativos e operacionais, aprimorando, inclusive, o relacionamento com os fornecedores e clientes.

O planejamento é uma prática que vem sendo adotada nos níveis operacional, tático e principalmente estratégico da empresa, com a finalidade de estabelecer objetivos realistas, alocar os recursos para alcançar seus objetivos, monitorar o desempenho contra as expectativas estabelecidas, como também adquirir conhecimento sobre as previsões futuras, características, coleta e preparação de dados, obtendo uma visão macro e crítica desse importante assunto.

Dessa forma, a implementação de sistemas gerenciais que permitam eliminar as atividades que não agregam valor tornou-se um elemento-chave para garantir a continuidade das empresas no mercado em que estão inseridas. Uma das ferramentas que pode ser utilizada para o desenvolvimento de vantagem competitiva é o planejamento e gerenciamento logístico, uma vez que integra as atividades que compõem a cadeia de valor, isto é, estuda as variáveis envolvidas desde a aquisição da matéria-prima ao fornecimento do produto ao cliente final.

2. CONCEITOS

O ato de planejar significa a formulação sistemática e contínua dos objetivos e ações alternativas, que, ao término, a escolha se dará sobre a melhor ação, que diz respeito às implicações futuras de decisões tomadas no presente, pois é um processo de decisões recíprocas e independentes que buscam alcançar os objetivos anteriormente definidos. O planejamento é também um princípio administrativo que dá ênfase para a organização gerenciar e estabelecer metas e objetivos organizacionais, tendo influência direta no futuro da instituição de curto, médio e longo prazo, sendo necessárias pequenas correções de rotas e políticas organizacionais.

Dessa forma, o planejamento aliado à logística deu origem ao que chamamos de planejamento logístico, que nada mais é do que colocar em prática a forma sistemática do planejamento para tratar as atividades logísticas das organizações. Este planejamento logístico tem como função analisar a cadeia de abastecimento e identificar as fases e atividades correlatas com o negócio da empresa. Assim, medidas de ajustes ou novas implementações poderão ser tomadas antes de qualquer situação que possa proporcionar problemas para a empresa.

2.1 Planejamento para o sucesso da organização

Em toda execução de uma atividade, seja ela qual for, utilizamos um planejamento, seja ele através de um simples pensamento ou elaborado em detalhes, descrevendo cada passo utilizando um cronograma. Algumas pessoas, pelo fato de conhecerem todo o processo, acreditam que não é mais necessário planejar. Estas pessoas estão muito enganadas pensando dessa forma.

Uma das tarefas mais importantes de uma organização é seu planejamento. Existem muitas espécies de planejamento e podem ser definidas de diferentes maneiras.

Ao pensarmos em fazer um churrasco para os amigos, buscamos algumas informações relevantes, como número de convidados, quantos quilos de carne comprar, quantos refrigerantes comprar, e outras informações importantes para que o churrasco transcorra conforme o planejado.

Em atividades gerenciais, o que entendemos por planejamento pode ser dividido em termos muito específicos; assim, definimos planejamento como "a determinação da direção a ser seguida para se alcançar um resultado desejado ou como a determinação consciente de cursos de ação, isto é, dos rumos. Ele engloba decisões, com base em objetivos, em fatos e na estimativa do que ocorreria em cada alternativa" (LACOMBE, 2003, p. 162).

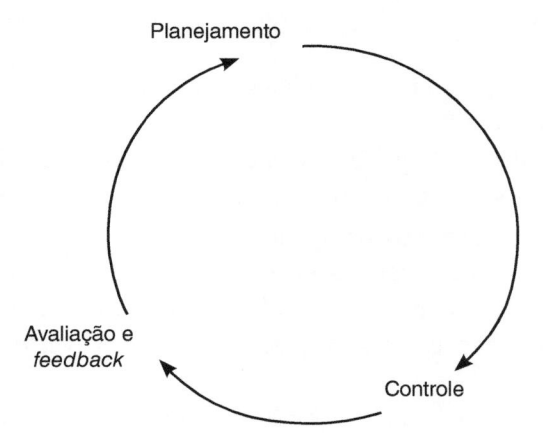

Figura 7.1 Natureza cíclica do processo de administração.

O planejamento é uma ferramenta administrativa, que possibilita perceber a realidade, avaliar os caminhos, construir um referencial futuro, estruturando o trâmite adequado, e reavaliar todo o processo a que o planejamento se destina. É, portanto, o lado racional da ação. Trata-se de um processo de deliberação abstrato e explícito que escolhe e organiza ações, antecipando os resultados esperados. Esta deliberação busca alcançar, da melhor forma possível, alguns objetivos predefinidos.

As atividades ou passos dados por uma organização devem ter continuidade, normalmente perfazendo um ciclo durante determinado período.

Para a realização de um bom planejamento, é necessário seguir alguns passos que são de grande importância. Para isso, devemos:

- definir metas;
- estruturar a organização da melhor maneira para alcançar as metas e os objetivos;
- atribuir responsabilidades a todos os responsáveis pelo cumprimento das metas;
- alocar recursos necessários;
- conceber controles organizacionais (cronogramas e parâmetros do desempenho da organização como um todo).

Após conclusão do planejamento, devemos colocar em prática o que foi planejado – a partir deste momento é que vamos nos concentrar na atividade de controlar, assegurando que a meta será alcançada. O controle gerencial tem como finalidade assegurar o uso eficiente e eficaz dos recursos estabelecidos para acompanhamento das metas estabelecidas. Para isso, devemos:

- desenvolver indicadores individuais, para cada processo, para que as metas sejam cumpridas;
- elaborar controles de projeto (tais como plano de trabalho e datas-marco);
- instituir fatores que motivem os colaboradores ao cumprimento das metas;
- monitorar os processos para que as metas sejam cumpridas, importante para que não haja surpresas no final do período planejado;
- analisar o progresso do desempenho da situação planejada, assim podemos tomar algumas medidas se por acaso ela não estiver ocorrendo conforme planejado;
- solucionar os problemas, evitando o comprometimento do que foi planejado;
- treinar a equipe para que se faça bom trabalho daquilo que foi planejado;
- avaliar o desempenho dos processos.

Depois da implantação do planejamento realizado, uma importante atividade é o *feedback*, que tem a função de avaliar como a organização está se saindo na conquista de suas metas através dos indicadores definidos e se preparar para reiniciar todo o processo.

Dentre as muitas espécies de planejamento destacamos o planejamento estratégico e o planejamento operacional. No planejamento estratégico, é importante recolher todas as informações necessárias, para estabelecer as metas a serem cumpridas pela organização e garantir o sucesso das atividades.

Enquanto o planejamento estratégico ocorre nos escalões mais elevados, os outros gerentes estão envolvidos no planejamento operacional. Dentro do planejamento estratégico definido para a organização, cada setor da empresa precisa definir as metas que conduzirão para o cumprimento do que foi planejado.

Mas o que vem a ser uma meta?

A meta é o resultado esperado até o final de um determinado ciclo (período), instituído pela organização. No começo do ciclo (período), indicamos um resultado específico que queremos obter no seu final.

Porém, para que as metas sejam alcançadas, será preciso definir quais são os indicadores importantes que devemos monitorar em um determinado ciclo (período), para que nossa meta seja realmente alcançada. Assim, definimos indicadores como um índice estatístico que reflete sistematicamente as variações de resultados em um dado momento.

Os resultados analisados a partir de indicadores das atividades realizadas para o cumprimento das metas nos darão uma visão geral da situação. Através do controle periódico dos indicadores, saberemos se precisamos mudar o que foi planejado para cumprimento da meta ou se basta apenas continuar monitorando.

Nosso mundo está em constantes mudanças e essas mudanças exigem dos profissionais e organizações uma postura mais arrojada. Muito se tem falado que estamos na era do conhecimento, isto significa que as pessoas, cada vez mais, estão em busca de novos aprendizados. Assim, fica cada vez mais claro o quanto precisamos estar por dentro das novas tendências do nosso mercado de atuação, e o que devemos fazer para nos tornarmos mais competitivos e não cair na obsolescência nesse mercado tão dinâmico.

Se acreditarmos que não precisamos planejar porque sabemos "tudo" o que temos de fazer, deixaremos para trás uma grande oportunidade de crescimento. Precisamos ser competitivos para sermos capazes de superar a concorrência naqueles aspectos de desempenho que os nichos de mercado visados valorizam. Por isso se dá a necessidade de planejar o que queremos e devemos fazer nos tornando cada vez mais competitivos em nosso mercado de atuação.

2.2 Planejamento logístico: prática necessária

Quando falamos em planejamento, logo pensamos em uma empresa, porém o planejamento faz parte de nossas vidas. Algumas pessoas possuem maior habilidade para lidar com o planejamento, mas outras nem tanto. Tudo isso por conta de não aprendermos a estabelecer metas, quando pequenos, para alcançar os nossos objetivos. O planejamento é uma ferramenta importante para se alcançar uma meta, e se tivermos esse princípio obteremos o sucesso esperado.

Dentro das organizações, destacamos três perspectivas diferentes quanto ao planejamento: estratégico, tático e operacional. Mas quando falamos em planejamento logístico, estas três perspectivas, cada uma com o seu grau de participação, são de grande importância para o sucesso na realização e concretização do que foi planejado.

Quando a organização não acredita na importância de saber qual o melhor caminho a seguir ou o que deve fazer, estará à mercê de um mercado cada vez mais consciente e competitivo, e em um curto espaço de tempo pode ser massacrada pela concorrência, pois novas ideias podem substituir o seu produto e/ou serviço.

Planejamento envolve escolher um destino, avaliar alternativas caso aconteça uma situação inesperada e determinar o caminho que se deseja trilhar.

Encontramos na literatura algumas definições sobre os processos que envolvem a logística. Dentre elas, destacamos Bowersox e Closs (2001), que fazem referência à importância de conhecer as principais atividades para controlar e planejar de forma adequada. É de competência da logística a coordenação de áreas funcionais da empresa, desde a avaliação de um projeto de rede, englobando localização das instalações (inclusive estrutura interna, quantidade), sistema de informação, transporte, suprimentos, armazenagem, até se atingir um processo de criação de valor para o cliente, que é de grande importância no planejamento logístico.

O planejamento logístico deve ser realizado depois da elaboração dos fluxos de processos envolvidos na gestão da cadeia de abastecimento, desde o fornecedor de sua matéria-prima até a entrega do produto no seu cliente. Assim a empresa poderá focar os principais processos que necessitam de um melhor planejamento para obter melhores resultados. Em detalhes, os principais processos comentados, para início do nosso planejamento.

Localização das instalações

Influencia o recebimento e distribuição dos produtos. A empresa deve definir o (s) modal(is) de transporte, armazenagem e distribuição que pretende utilizar. Uma boa localização possibilita a implantação de ferramentas logísticas que reduzem material em estoque e espaço físico, proporcionando redução significativa de custo nesses processos.

Sistema de informação

O mercado oferta cada vez um número maior de "soluções informatizadas" para os processos logísticos, por este motivo é de grande importância conhecer os processos que envolvem as operações de sua empresa antes de comprar um *software*. A falta de colocar todos os processos de forma detalhada compromete o sucesso da implementação, gerando muitas vezes transtornos e situações desagradáveis como as conhecidas customizações no sistema.

Suprimentos

Definir o que estocar e quanto estocar caracteriza o início de um ciclo da cadeia logística e tem como elementos: reduzir os tempos de fornecimento de materiais, receber produtos de melhor qualidade, reduzir os estoques, ter produtos sempre que necessário, saber a previsão de demanda, efetuar o planejamento das necessidades (materiais e recursos), desenvolvimento de novas fontes de fornecimento, compras e seus respectivos controles.

Armazenagem

Serve para lidar com as incerteza e flutuações que por ventura podem acontecer. Porém, algumas atividades são de suma importância para os processos de uma armazenagem consciente, como: compreensão das operações e do tempo, recebimento de produtos, estocagem dos produtos, manutenção da acuracidade dos produtos estocados, embalagem, processamento de pedidos, treinamento e conhecimento dos processos por parte dos colaboradores da organização.

Transporte

A escolha do modal de transporte está diretamente ligada às necessidades da empresa, onde devemos analisar o custo, velocidade e confiabilidade. A definição entre transporte próprio ou contração de um terceiro é fundamental, pois aí pode estar o seu diferencial competitivo.

Saber onde desejamos chegar trará uma visão mais ampla e clara do que e como devemos planejar os nossos processos, para poder chegar ao destino certo conforme estabelecido pela nossa meta.

2.3   Medição dos processos logísticos: chave do sucesso

Para refletir

Ainda hoje, poucas empresas adotam a medição dos indicadores de desempenho, que são essenciais para gerenciar e administrar os processos. Alguns até acreditam que o controle da cadeia de abastecimento de suas empresas pode ser feito sem medições. Mas, nesse caso, as chances de obterem sucesso em atingir seus objetivos são pequenas, e aí será mais uma questão de sorte do que conquista.

Ter um sistema de medição definido, bem estruturado, pode ser uma diretriz para a sua organização. As medidas de desempenho são métricas empregadas para identificar, monitorar e controlar as ações de indivíduos e das unidades organizacionais. Essas medidas são um grande instrumento de comunicação, que traz os seguintes benefícios:

- promover e compartilhar a cultura corporativa;
- direcionar o comportamento gerencial;
- fornecer *feedback*;
- direcionar os esforços de melhorias;
- aperfeiçoar o processo de tomada de decisão.

Para obter melhor desempenho, mude o modo de enxergar a sua empresa, visualizando-a como um processo, ou seja, como cada atividade é realizada, e não apenas as funções. Desse modo, você pode medir o desempenho dos processos do fluxo do produto com indicadores definidos para cada fase do trabalho.

Esses processos incluem as fases da cadeia de abastecimento da sua empresa, desde o recebimento até a expedição, passando pela inspeção, estocagem, separação e devolução. A administração também deve ser incluída no processo. O planejamento e a programação da produção, gerenciamento de estoques, processamento de pedidos e gerenciamento das instalações e equipamentos são funções que suportam o fluxo do produto.

Identifique os processos principais e dentro desses processos identifique as atividades que deverão ser acompanhadas. Existe uma dificuldade, e é aí que a maioria das organizações falha.

2.4   KPI (*key performance indicators*)

Também conhecidos como "indicadores chaves de desempenho", os KPIs são métricas que fornecem visibilidade sobre o desempenho de determinado negócio e seu impacto na organização. Geralmente, os KPIs são controlados e exibidos em *dashboards* ou *scorecards,* garantindo que todos os níveis hierárquicos e departamentos de uma empresa compreendam a forma como seus trabalhos influem e contribuem para o sucesso ou fracasso do cumprimento dos objetivos da empresa.

Indicadores de desempenho logístico

Para escolha dos indicadores, é importante que a cultura organizacional se encarregue de "conscientizar" os colaboradores sobre sua importância, garantindo que todos entendam o que são e qual a importância dos KPIs. Assim, definimos indicadores como formas de representação quantificável de características de produtos e processos, utilizados para acompanhar e melhorar os resultados ao longo do tempo.

Dentre os principais destacamos os seguintes tipos:

- indicadores estratégicos – informam o "quanto" a organização se encontra na direção da concretização de sua visão. Refletem o desempenho em relação aos fatores críticos de sucesso;
- indicadores de produtividade (eficiência) – focam as medidas de satisfação dos clientes e as características do produto/serviço;
- indicadores de qualidade (eficácia) – focam as medidas de satisfação dos clientes e as características do produto/serviço;
- indicadores de efetividade (impacto) – focam as consequências dos produtos/serviços (fazer a coisa certa da maneira certa);
- indicadores de capacidade – medem a capacidade de resposta de um processo através da relação entre saídas produzidas por unidade de tempo.

Tabela 7.1 Indicadores de desempenho no atendimento do pedido do cliente

Indicador	Descrição	Cálculo	Melhores práticas
Taxa de atendimento do pedido ou *order fill rate*	Mede % de pedidos atendidos na quantidade e especificações solicitadas pelo cliente.	Pedidos integralmente atendidos/total de pedidos expedidos	**99,5%**
% de pedidos completos e no prazo ou % OTIF – *on time in full*	Corresponde às entregas realizadas dentro do prazo e atendendo as quantidades e especificações do pedido.	Entregas perfeitas/total de entregas realizadas	Clientes A, o índice varia de **90% a 95%**; Geral = valores próximos de **75%**.
OTD – *on time delivery* ou % de entregas no prazo	Mede % de entregas realizadas no prazo acordado com o cliente.	Entregas no prazo/total	Variam de **95% a 98%**.
Pedido perfeito ou *perfect order measurement*	Calcula a taxa de pedidos sem erros em cada estágio do pedido do cliente. Deve considerar cada etapa na "vida" de um pedido.	% Acuracidade no registro do pedido × % acuracidade na separação × % entregas no prazo × % entregas sem danos × % pedidos faturados corretamente	Em torno de **70%**.
Taxa de atendimento do pedido ou *order fill rate*	Mede % de pedidos atendidos na quantidade e especificações solicitadas pelo cliente.	Pedidos integralmente atendidos/total de pedidos expedidos	**99,5%**

Fonte: Adaptada de Grupo de Estudos Logísticos – GELOG-UFSC.

Tabela 7.2 Indicadores de desempenho na gestão dos estoques

Indicador	Descrição	Cálculo	Melhores práticas
Tempo da doca ao estoque ou *dock to stock time*	Tempo da mercadoria da doca de recebimento até sua armazenagem física. Outros consideram da doca até a sua armazenagem física e o seu registro nos sistemas de controle de estoques e disponibilização para venda.	Tempo da doca ao estoque ou disponibilização do item para venda	**2 horas ou 99,9% no mesmo dia.**
Acuracidade do inventário ou *inventory accuracy*	Corresponde à diferença entre o estoque físico e a informação contábil de estoques.	Estoque Físico Atual por SKU/Estoque Contábil ou Estoque Reportado no Sistema	No Brasil, **95%. No Japão** atingem 99,95% e nos **EUA** entre 99,75% e 99,95%.
***Stock outs* ou ruptura no estoque**	Quantificação das vendas perdidas em função da indisponibilidade do item solicitado.	Receita não realizada devido à indisponibilidade do item em estoque (R$)	Variável.
% Estoque indisponível para venda	Corresponde ao estoque indisponível para venda em função de danos decorrentes da movimentação, armazenagem, vencimento da data de validade ou obsolescência.	Estoque indisponível (R$)/Estoque total (R$)	Variável.
Utilização da capacidade de estocagem ou *storage utilization*	Mede a utilização volumétrica ou do número de posições para estocagem disponíveis em um armazém.	Ocupação Média em m3 ou posições de armazenagem ocupadas/capacidade total de armazenagem em m³ ou número de posições	Estar **acima de 100% é um péssimo indicador,** pois provavelmente indica que corredores ou outras áreas inadequadas para estocagem estão sendo utilizadas.
Visibilidade dos estoques ou *inventory visibility*	Mede o tempo para disponibilização dos estoques dos materiais recém-recebidos nos sistemas da empresa.	Data ou hora do registro da informação de recebimento do material nos sistemas da empresa – data ou hora do Recebimento físico.	Máximo de **2 horas.**

Fonte: Adaptada de Grupo de Estudos Logísticos – GELOG-UFSC.

Tabela 7.3 Indicadores de produtividade no armazém

Indicador	Descrição	Cálculo	Melhores práticas
Pedidos por horas ou *orders per hour*	Mede a quantidade de pedidos separados e embalados/acondicionados por hora. Também pode ser medido em linhas ou itens.	Pedidos separados/embalados/total de horas trabalhadas no armazém	Variam conforme o tipo de negócio.
Custo por pedido ou *cost per order*	Rateio dos custos operacionais do armazém pela quantidade de pedidos expedidos.	Custo total do armazém/total de pedidos expedidos	Variam conforme o tipo de negócio.
Custos de movimentações e armazenagem com um % das vendas ou *warehousing cost as % of sales*	Revela a participação dos custos operacionais de um armazém nas vendas de uma empresa.	Custo total do armazém/venda total	Variam conforme o tipo de negócio.
Tempo médio de carga/descarga	Mede o tempo de permanência dos veículos de transporte nas docas de recebimento e expedição.	Hora de saída da doca – hora de entrada na doca	Variam conforme tipo de veículo, carga e condições operacionais.
Tempo médio de permanência do veículo de transporte ou *truck turnaround time*	Além do tempo em doca, mede tempos de manobra, trânsito interno, autorização da portaria, vistorias etc.	Hora de saída da portaria – hora de entrada na portaria	Variam conforme procedimentos da empresa.
Utilização dos equipamentos de movimentação	Mede a utilização dos equipamentos de movimentação disponíveis em uma operação de movimentação e armazenagem.	Horas em operação/horas disponíveis para uso	Em uso intensivo, com operador dedicado, mínimo de 95%.

Fonte: Adaptada de Grupo de Estudos Logísticos – GELOG-UFSC.

Tabela 7.4 Indicadores de desempenho em transportes

Indicador	Descrição	Cálculo	Melhores práticas
Custos de transporte comum um % das vendas ou *freight costs as % of sales*	Mostra a participação dos custos de transportes nas vendas totais da empresa.	Custo total de transportes (R$)/vendas totais (R$)	Variam conforme o tipo de negócio.

Indicador	Descrição	Cálculo	Melhores práticas
Custo do frete por unidade expedida ou *freight cost per unit shipped*	Revela o custo do frete por unidade expedida. Pode também ser calculado por modal de transporte.	Custo total de transporte (R$)/total de unidades expedidas	Variam conforme o tipo de negócio.
Coletas no prazo ou *on time pickups*	Calcula o % de coletas realizadas dentro do prazo acordado.	Coletas no prazo/Total de coletas	Variam de 95% a 98%.
Utilização da capacidade de carga de caminhões ou *truckload capacity utilized*	Avalia a utilização da capacidade de carga dos veículos de transporte utilizados.	Carga total expedida/ Capacidade teórica total dos veículos utilizados	Depende de diversas variáveis, mas as melhores práticas estão ao redor de 85%.
Avarias no transporte ou *damages*	Mede a participação das avarias em transporte no total expedido.	Avarias no transporte (R$)/total expedido (R$)	Variável.
Não conformidades em transportes	Mede a participação do custo extra de frete decorrente de reentregas, devoluções, atrasos etc. por motivos diversos no custo total do transporte.	Custo adicional de frete com não conformidades (R$)/custo total de transporte (R$)	Variável.
Acuracidade no conhecimento de frete ou *freight bill accuracy*	Mede a participação dos erros verificados no conhecimento de frete em relação aos custos totais de transportes.	Erros na cobrança (R$)/ custo total de transporte (R$)	Mínimo de **98,5%**.

Fonte: Adaptada de Grupo de Estudos Logísticos – GELOG-UFSC.

Depois que os indicadores forem definidos é de grande importância o estabelecimento de objetivos de metas, bem como o formato de acompanhamento, ou seja: diário, semana, mensal, trimestral etc. Importante ressaltar que se não houver acompanhamento de nada adiantará definir os indicadores e metas, pois somente com acompanhamento é que podemos corrigir as não conformidades, quando a meta não for alcançada, para assim proporcionar sua concretização e obter bons resultados.

A meta é o caminho que tenho de percorrer para alcançar o indicador determinado. Para ficar mais claro, darei um exemplo. Imagine que é responsável pelo controle de *performance* dos percentuais de avarias e OTD em uma atividade que transporta veículos novos retirados das montadoras e encaminhados para concessionárias. Os números não estão bons e o percentual solicitado pelo cliente é de no mínimo 95%. Seu objetivo é fazer com que esse número seja alcançado, porém sua meta consiste em determinar quais serão as práticas que deverão ser implementadas para que isso realmente aconteça. É neste momento que utilizamos os indicadores para acompanhar (semanal, quinzenal ou mensalmente) a *performance* de uma atividade.

2.5 Benchmarking

Com a crescente competitividade entre as organizações por causa de um mercado cada vez mais exigente, no cenário globalizado em que vivemos, é crescente a disputa mercadológica entre as empresas. Para fazer frente a esse contexto mundial, ferramentas vão surgindo buscando melhorias em seus processos.

Diante de um crescente nível de exigência de um novo consumidor – fruto da revolução tecnológica globalizada –, as empresas deparam com dificuldades em atender rapidamente as necessidades impostas por um mercado em constante transformação. Problemas no processo, formas inadequadas de execução, problemas na implementação de projetos, dentre outros, requerem soluções eficazes para minimizar ou até eliminá-los.

Benchmarking é uma das ferramentas que podemos utilizar como forma de auxílio para implementar as melhores práticas nos processos de nossa organização. Assim, definimos *benchmarking* como o processo ou método de examinar em detalhe algum processo ou serviço da organização e compará-lo com um processo ou serviço similar que esteja sendo executado de maneira mais eficaz, na própria empresa ou em outra organização, visando à implementação de melhorias significativas, tendo como objetivo final mudanças nos resultados da organização.

VOCÊ SABIA?

No Japão, existe a palavra *dantotsu*, que significa lutar para tornar-se o "melhor do melhor", com base num processo de alto aprimoramento que consiste em procurar, encontrar e superar os pontos fortes dos concorrentes.

Ao contrário do que algumas pessoas pensam, *benchmarking* não é espionagem, copiar um processo ou serviço, rápido e fácil de realizar e nem um modismo para se administrar melhor.

Para aplicação do *benchmarking*, como todo processo, é preciso seguir algumas regras e procedimentos para que os objetivos sejam alcançados e exista uma constante melhoria do mesmo. Nesse processo, devemos seguir algumas fases, como um controle constante desde seu planejamento (fase 1) até a melhoria contínua (fase 5), conforme Figura 7.2.

Fases de implementação de *benchmarking*				
Fase 1 PLANEJAR	**Fase 2** COLETAR	**Fase 3** ANALISAR	**Fase 4** ADAPTAR	**Fase 5** MELHORAR
Definir onde aplicar o BM e a equipe	Definir métodos de coleta	Identificar o *gap*	Analisar e propor alternativas	Implementar planos de melhoria
Entender o objeto do estudo de BM	Coletar dados	Identificar as causas do *gap*	Obter validação	Monitorar resultados
Selecionar os parceiros	Registrar as conclusões	Projetar desempenho futuro	Definir planos de melhoria	Reavaliar metas (recalibrar)

Figura 7.2 Descrição das fases para implementação do processo de *benchmarking*.

A empresa interessada em implantar *benchmarking* deve analisar os seguintes fatores: ramo, objetivo, amplitude, diferenças organizacionais e custos, antes da definição ou aplicação do melhor método, pois cada empresa individualmente tem as suas necessidades que devem ser avaliadas antecipadamente à aplicação do processo.

Planejar: entender detalhadamente o objeto do estudo de *benchmarking*. Assim, é preciso:

- objetivos estratégicos;
- fatores críticos de sucesso (FCS);
- diferencial perante a concorrência;
- contribuição para a relação receita/despesa;
- importância para a satisfação dos clientes.

Coletar: definir claramente o que deve ser coletado. É importante entender que NENHUMA fonte de informação é capaz de suprir todas as informações relativas ao parceiro de *benchmarking*. *Quanto mais informações antecipadas são obtidas sobre os parceiros, mais objetiva e direta será a visita à empresa caso seja necessária.*

VOCÊ SABIA?

Apesar do *benchmarking* ser uma oportunidade significativa para coleta de informações e aprendizado importantes, poucas empresam utilizam esta prática. Sendo assim, faça você a diferença e utilize esta prática.

Analisar: a determinação precisa dos diferenciais ou das razões das diferenças de desempenho encontradas é a essência e o principal benefício do estudo de *benchmarking*.

Adaptar: antes de implementar qualquer melhoria visualizada no processo de *benchmarking*, é necessário analisar se realmente vale a pena. É importante se lembrar de que em alguns processos nem sempre o que é bom para uma empresa é bom para outra também, porém existem aspectos significativos que se podem colocar em prática. Assim, é importante questionar:

- As melhores práticas podem ser incorporadas?
- O que pode ser mudado/melhorado?
- Como as mudanças podem ser implementadas?
- Existem barreiras à mudança?
- Qual o impacto da mudança no negócio?
- Quanto vai custar a mudança?
- Quanto tempo vai demorar?

Melhorar: avaliar se os *benchmarks* obtidos continuam sendo referenciais de excelência e ainda representam as melhores práticas de mercado. Além da avaliação é importante acompanhar se o processo está sendo colocado em prática, pois é normal do ser humano, quando não cobrado, se esquecer do que foi implementado.

Benchmarking não é uma maneira mágica de resolver um problema, mas um processo em que temos a oportunidade de facilitar a implementação de um novo projeto. Por isso buscamos, em nossa organização, em outros setores ou em outra organização, um processo parecido com o que temos ou pretendemos implementar, em busca das melhores práticas, para que não tenhamos os mesmos erros e, caso os tenhamos, saibamos como solucioná-los.

Com a prática do *benchmarking* bem elaborada todos ganham, consumidor, organização e colaboradores. Pois as melhores práticas aplicadas trazem melhorias para todos!

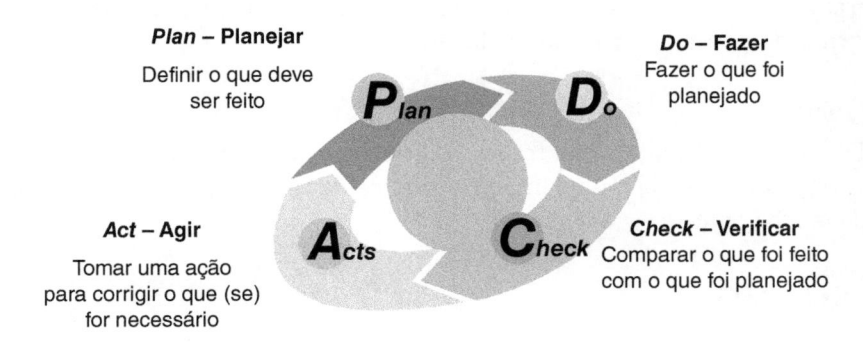

Plan – Planejar
Definir o que deve ser feito

Do – Fazer
Fazer o que foi planejado

Act – Agir
Tomar uma ação para corrigir o que (se) for necessário

Check – Verificar
Comparar o que foi feito com o que foi planejado

Figura 7.3 Prática de PDCA para acompanhamento de um projeto.

3. ESTUDO DE CASO

Quando realizamos uma tarefa, independentemente de seu tamanho, sem planejamento a probabilidade de sucesso reduz significativamente. Nesse contexto, as empresas só aprendem sobre a importância de se planejar quando ocorre algo ruim ou que ocasiona perda de clientes, acidentes ou prejuízos financeiros. O planejamento não é como uma bola de cristal, não proporciona uma visão real do futuro, mas sim uma visão mais detalhada passo a passo do que deve ser feito.

Uma empresa de consultoria em logística sabe bem como isso funciona. Realizando trabalhos em segmentos diferentes, sempre com foco em logística, tem como princípio primordial para seus negócios realizar planejamentos para que obtenham direcionamento e bons resultados em seus projetos.

Um bom exemplo de consultoria que vem tratando este tema com muita responsabilidade e profissionalismo é a Mega Inovação Consultoria e Treinamento, que desde 2006, ao perceber a crescente necessidade das organizações por serviços personalizados e focados em resultados, tem se especializado em estruturar ou reestruturar empresas. No início, eram somente treinamentos em logística para capacitação de líderes e equipes. Hoje, a empresa realiza palestras, consultorias e treinamentos nas áreas de Logística e SCM, Gestão de Pessoas e Gestão Empresarial, atendendo, assim, a todas as áreas que proporcionam suporte à Logística.

Antes do início de um projeto é realizado um diagnóstico para compreender como se encontra a empresa na situação atual, sendo um desses pré-requisitos o planejamento logístico. Após finalizar a tabulação dos resultados, foi evidenciado que o item planejamento logístico ocupa segundo lugar em termos de deficiência, perdendo apenas para o item atuação dos gestores quanto a liderança.

Um dos itens que agravam este diagnóstico é a cultura da empresa. Com a construção do significado social e normativo, possibilita que um grupo se fortaleça ou se desintegre. A cultura expressa os valores e as crenças que os membros desse grupo partilham. Tais valores manifestam-se na não continuidade dos programas e ferramentas que são implementadas, influenciando negativamente na forma de pensar, agir e tomar decisões.

Questão

Diante dessa situação que trabalho deve ser realizado neste cliente para que a empresa compreenda e implemente a prática de realizar planejamento logístico em suas atividades?

4. RESUMO

Neste capítulo, estão contemplados os principais assuntos:

- Em toda execução de uma atividade, seja ela qual for, utilizamos um planejamento, através de um simples pensamento ou elaborado em detalhes, descrevendo cada passo por meio de um cronograma.
- Dentro das organizações, destacamos três perspectivas diferentes quanto ao planejamento: estratégico, tático e operacional.
- Uma boa localização possibilita a implantação de ferramentas logísticas que reduzem material em estoque e espaço físico, proporcionando redução significativa de custo nesses processos.
- Ter um sistema de medição definido, bem estruturado, pode ser uma diretriz para sua organização. As medidas de desempenho são métricas empregadas para identificar, monitorar e controlar as ações de indivíduos e das unidades organizacionais.
- Para escolha dos indicadores, é importante que a cultura organizacional se encarregue de "conscientizar" os colaboradores sobre sua importância.
- Depois que os indicadores forem definidos, é de grande importância o estabelecimento de objetivos de metas, bem como o formato de acompanhamento, ou seja, diário, semanal, mensal, trimestral etc. Se não houver acompanhamento, de nada adiantará definir os indicadores e metas.
- *Benchmarking* é uma das ferramentas que podemos utilizar como forma de auxílio para implementar as melhores práticas nos processos de nossa organização.

5. EXERCÍCIOS

1. Para a realização de um bom planejamento, quais passos são de grande importância seguir?

2. O que são KPIs (*key performance indicators*)?

3. O que são indicadores?

4. Quais são os indicadores de desempenho logístico?

5. O que é *benchmarking* e quais são suas fases implementação?

LOGÍSTICA NO COMÉRCIO EXTERIOR

Assista à **videoaula**

OBJETIVOS DE APRENDIZAGEM

Ao final deste capítulo, o leitor deverá ser capaz de:

- Descrever o que é logística internacional e sua importância.
- Conceituar exportação e importação.
- Listar os passos dos processos de exportação e importação.
- Descrever o que é Incoterm, sua finalidade e como utilizar.
- Definir quais os principais blocos econômicos e órgãos que atuam no comércio exterior.

1. INTRODUÇÃO

Há muitos fatores que impulsionam as empresas a entrar na competitividade internacional, motivando e facilitando esta entrada. As empresas são motivadas a expandir suas operações de forma globalizada a fim de poderem crescer, desenvolver e até sobreviver. Estas operações globalizadas são também facilitadas pelo desenvolvimento de novas tecnologias e capacitações. Os principais fatores que elevam a logística internacional são o crescimento econômico, a abordagem da cadeia de suprimentos, a regionalização, a tecnologia e a desregulamentação. À medida que a economia mundial se torna cada vez mais globalizada e o Brasil incrementa gradativamente seu comércio exterior, a logística passa a ter um papel acentuadamente mais importante, pois comércio e indústria consideram o mercado mundial seus fornecedores e clientes. Tendo em vista que, habitualmente, são utilizadas diferentes modalidades de transporte, moedas, sistemas cambiais, políticas de incentivo ou contenção pelos países, quer na importação ou exportação, a logística internacional requer alguns cuidados dispensáveis quando se opera unicamente com o mercado doméstico. Neste capítulo, abordaremos os itens de maior importância para o desenvolvimento da logística no comércio internacional.

2. CONCEITOS

O aumento da competitividade tem sido caracterizado principalmente pela diminuição dos ciclos de vida dos produtos e pelo aumento na diversificação destes, impulsionados pelo uso, cada vez mais intenso, da tecnologia como facilitador do gerenciamento de informações de qualquer lugar do mundo. O advento da globalização com suas ferramentas tecnológicas nos possibilita visualizar e adquirir qualquer produto que se deseja, em qualquer parte do mundo. De forma geral, a globalização se refere à crescente interdependência entre países, refletida nos crescentes fluxos internacionais de bens, serviços, capital e conhecimentos.

Porém, para que estes produtos sejam exportados para outro país ou importados de um país estrangeiro, necessitamos obedecer algumas normas internacionais e nacionais para garantia do sucesso de toda operação, desde a solicitação de compra por parte do cliente, até a disponibilização deste produto em suas mãos.

Importante também destacar a importância de sabermos utilizar o modal de transporte adequado, bem como os procedimentos e documentação que devem ser utilizados, para assim colocarmos e trazermos produtos variados de onde desejarmos. No nível de cada país, a globalização se refere à extensão das inter-relações entre a economia nacional e a do resto do mundo. Apesar de um mundo crescentemente global, nem todos os países estão igualmente integrados nessa economia global.

2.1 Importância da logística no comércio internacional

O comércio internacional está presente na história da humanidade, desde a rota da seda – uma série de rotas interconectadas através do sul da Ásia usadas no comércio da seda entre o Oriente e a Europa, desde os primeiros séculos da nossa era até ao início da Idade Moderna. Sua importância econômica, social e política se tornou crescente nos últimos anos.

Conforme Keed (2011), é possível destacar que comércio internacional é a atividade em que se faz a compra, venda e troca de bens e serviços, bem como de circulação de capitais e de mão de obra entre os países. Nesta atividade inserem-se todos os países, através de empresas, associações, bancos, governos, indivíduos ou qualquer outra forma em que se possa empregá-la e praticá-la, representando maior ou menor importância no contexto da economia de um país.

O processo de logística no comércio internacional vem crescendo a cada ano em todo o mundo. No Brasil ainda precisamos caminhar de forma mais consolidada com relação a esse aspecto. Ainda existe o pensamento sobre as dificuldades de realizar um processo de exportação, principalmente com relação a quantidade de documentação e burocracia.

2.1.1 Princípios básicos das operações globais

É necessário que as operações logísticas se adaptem ao ambiente competitivo, de forma estratégica. O sistema logístico formado por todos os membros da cadeia global de suprimentos encara desafios para integrar suas atividades. Essa integração assume diferentes configurações, dependendo de como os fatores ambientais afetam as empresas envolvidas.

Para facilitar a compreensão, a integração foi dividida em três partes: geográficas, funcional e setorial. Estes três tipos formam a base das operações em logística internacional. As empresas devem definir o melhor formato de gestão e organização para proporcionar harmonia e integração destas partes, conforme as descritas a seguir.

Integração geográfica

Refere-se ao fato de que as fronteiras geográficas estão perdendo sua importância. As empresas enxergam suas redes de instalações mundiais como uma única entidade. A implementação de compras de forma globalizada, o estabelecimento das mais variadas manufaturas em todos os continentes e a venda em múltiplos mercados, todos implicam a existência de uma visão de operações e logística projetadas tendo em mente mais considerações nacionais.

Integração funcional

As responsabilidades já não mais se limitam a coordenar os fluxos físicos relacionados a produção, distribuição ou serviços pós-vendas. Elas estão se expandindo para incluir funções como pesquisa, desenvolvimento e marketing, projeto e gestão dos fluxos. Essa integração funcional proporciona melhoria significativa na gestão do fluxo.

Integração setorial

Em cadeias de suprimentos tradicionais, fornecedores, fabricantes, distribuidores e clientes trabalham cada um de forma a otimizar sua própria logística e operações. Eles atuam individualmente, preocupados apenas com sua parte no sistema de fluxo. Com essa postura, alguns destes criam problemas e ineficiência para os outros integrantes da cadeia, sendo que todos adicionam custo ao sistema total. As empresas mais preparadas, percebendo esse problema, começaram a estender sua visão além das fronteiras da corporação e a trabalhar cooperativamente com todas as partes da cadeia em um esforço para otimizar todo sistema. Chamamos esta cooperação além das fronteiras de integração setorial.

É preciso que as empresas tenham de forma clara e objetiva que devem pensar e agir estrategicamente para superar os desafios da logística empresarial. Os gestores responsáveis pela cadeia de abastecimento nacional e internacional precisam desenvolver competências e técnicas que estimulam os processos logísticos e tecnológicos, além de criar estratégias que promovam a valorização do capital humano.

2.2   Processo do comércio internacional

O Brasil é um país com grande potencial de crescimento para o comércio exterior. No ano de 2011, tivemos nossa melhor *performance*. Entre os anos de 2006 e 2016, as exportações chegaram ao valor de US$ 256 bilhões, enquanto as importações chegaram ao valor de US$ 226,3 bilhões. O planejamento e conhecimentos de todos os passos que fazem parte do processo de exportação e importação são fundamentais para que a empresa seja assertiva e conquiste resultados financeiramente lucrativos.

Quando pensamos em exportar ou importar, quatro questões básicas deverão ser respondidas com clareza: por que exportar, o que exportar, onde exportar e como exportar.

As motivações que levam um país a importar são as mesmas que o levam a exportar, só que invertida. Uma coisa é certa, essas motivações são provenientes de uma necessidade ou oportunidade. Vamos compreender melhor o significado dos termos exportação e importação, bem como os detalhes de seus processos.

2.2.1 Exportação

Ao optar por vender seus produtos em mercados externos, a empresa diminui o risco dos negócios, visto que a expansão da empresa não fica inteiramente condicionada ao ritmo de crescimento da economia de seu país de origem e de mudanças na política econômica. Além disso, a diluição dos riscos abre a possibilidade de planejamento de longo prazo garante maior segurança na tomada de decisões e assegura receitas em moeda forte.

> **Exportação** consiste na saída, do território aduaneiro, de bens, produtos e serviços nacionais ou nacionalizados que se vende para outros países que deles necessitam, apoiada em documentos oficiais e observadas as normas comerciais, cambiais e fiscais vigentes.

Entre as vantagens do processo de exportação, podemos destacar:

- Aumento de produtividade.
- Melhoria na competitividade no mercado interno.
- Diminuição da carga tributária.
- Aumento das vendas e dos lucros.
- Diminuição da dependência do mercado interno.
- Aperfeiçoamento de recursos humanos.
- Aperfeiçoamento de processos industriais e comerciais.
- Melhoria da imagem da empresa.

A exportação assume grande relevância para a empresa por ser o caminho mais eficaz para garantir seu próprio futuro em um ambiente globalizado cada vez mais competitivo, que exige das empresas brasileiras plena capacitação para enfrentar a concorrência estrangeira, tanto no país como no exterior.

Dentre os itens mais exportados pelo nosso país, destaco três destes que ficaram em evidência entre o ano de 2006 e 2016, representando até 40% de nossas exportações: soja, minério de ferro e seus concentrados e óleos brutos de petróleo. Importante ressaltar que, por ser uma oportunidade de crescimento para o Brasil, é preciso explorar mais este mercado global exportando produtos manufaturados, partes e peças, pois assim proporcionaremos novas oportunidades de mercado e crescimento de nossas indústrias.

FLUXO DE DESPACHO DE EXPORTAÇÃO

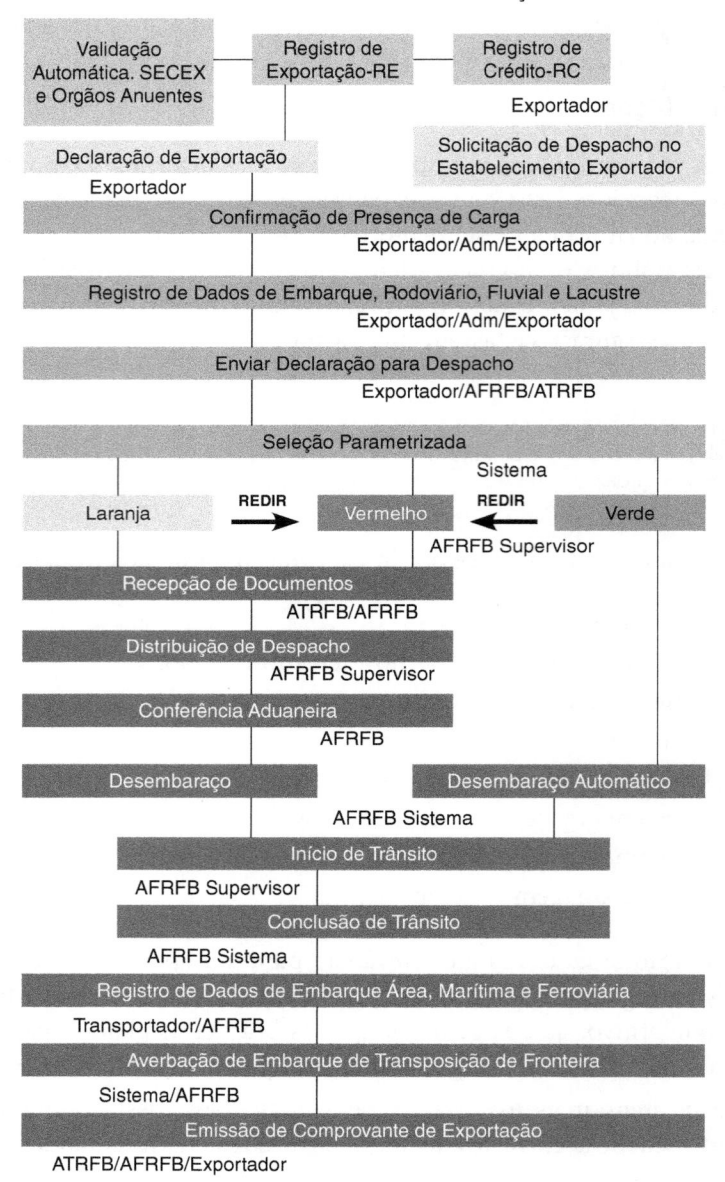

Fonte: Receita Federal – Ministério da Fazenda (adaptado pelo autor).
Figura 8.1 Fluxograma dos passos de despacho do processo de exportação.

Para o Brasil, a atividade exportadora tem também importância estratégica, pois contribui para a geração de renda e emprego, para a entrada das divisas necessárias ao equilíbrio das contas externas e para a promoção do desenvolvimento econômico.

A exportação é uma atividade de extrema importância para o desenvolvimento econômico do país, pois trata da relação direta de comércio entre países e blocos, ou seja, é a venda de produtos do mercado interno para o mercado internacional. Esta é a atividade que traz muitos benefícios para o país exportador, tanto em termos econômicos quanto por meio de troca de informações.

Principais documentos utilizados no processo de exportação

No comércio internacional, a documentação desempenha importante função. Uma negociação internacional formaliza-se por meio de um contrato, que não precisa ter uma forma pré-estabelecida, sendo importante que seja de forma documentada e que definam as condições da operação. Para facilitar o intercâmbio comercial, alguns documentos são padronizados, embora haja diferenciações de modelos conforme o país. O importante é que haja clareza nas condições da negociação.

a) Fatura *pro forma* ou *pro forma invoice*

Documento que dá início ao negócio. Logo após os primeiros contatos e manifestada a intenção de realização de uma operação comercial, o exportador emite para o importador uma fatura *pro forma* para que este providencie a licença de importação, entre outras providências. Este documento é o modelo de contrato mais frequente, que formaliza e confirma a negociação, desde que devolvido ao exportador, contendo o aceite do importador para as especificações contidas.

b) Fatura comercial ou *commercial invoice*

É o documento internacional emitido pelo exportador que, no âmbito externo, equivale à nota fiscal. Sua validade começa a partir da saída da mercadoria do território nacional. A fatura comercial é imprescindível para o importador desembaraçar a mercadoria em seu país. É um dos principais documentos exigidos pela maioria das autoridades alfandegárias de todo o mundo para liberar remessas e/ou embarques. É um documento de caráter legal sujeito à lei internacional, além de ser um instrumento fundamental entre o exportador e importador, já que serve como registro da transação comercial realizada entre ambas as partes. Deve ser emitida no idioma do país importador ou em inglês.

c) Romaneio de embarque (*packing list*) – modelo

Documento emitido pelo exportador para o embarque de mercadorias que se encontram acondicionadas em mais de um volume ou em um único volume que contenha variados tipos de produtos. É necessário para o desembaraço da mercadoria e para a orientação do importador quando da chegada dos produtos no país de destino. O romaneio nada mais é do que uma simples lista relacionando uma descrição detalhada dos produtos a serem embarcados (volumes e conteúdos).

d) Conhecimento de embarque

Documento emitido pela companhia transportadora que atesta o recebimento da carga, as condições de transporte e a obrigação de entrega das mercadorias ao destinatário legal, no ponto de destino preestabelecido, conferindo a posse das mercadorias.

É, ao mesmo tempo, um recibo de mercadorias, um contrato de entrega e um documento de propriedade, constituindo, assim, um título de crédito. Este documento recebe denominações de acordo com o meio de transporte utilizado:

- Conhecimento de Embarque Marítimo (*Bill of Lading* – B/L).
- Conhecimento de Embarque Aéreo (*Airway Bill* – AWB).
- Conhecimento de Transporte Rodoviário (CRT).
- Conhecimento de Transporte Ferroviário (TIF/DTA).

e) Certificado de origem

É o documento providenciado pelo exportador e utilizado pelo importador para comprovação da origem da mercadoria e habilitação à isenção ou redução do imposto de importação, em decorrência de disposições previstas em Acordos Comerciais, ou do cumprimento de exigências impostas pela legislação do país de destino.

No caso das exportações destinadas aos países da ALADI (Associação Latino--Americana de Integração) e do MERCOSUL (Mercado Comum do Sul), e, ainda, daquelas processadas no âmbito do SGPC (Sistema global de Preferências Comerciais), os Certificados de Origem são emitidos pelas federações estaduais de indústria e pelas federações estaduais de comércio.

No caso das exportações realizadas no âmbito do SGP (Sistema Geral de Preferências), os certificados são fornecidos pelas agências credenciadas do Banco do Brasil S.A, que operam com comércio exterior.

A emissão do Certificado de Origem é necessária em cada operação de exportação efetuada. Cada certificado está estritamente vinculado a uma Fatura Comercial. Sendo assim, se um exportador emitir três faturas, deverá providenciar a emissão de três certificados, mesmo que todas as faturas sejam destinadas ao mesmo importador.

Os exportadores devem fornecer previamente às entidades emissoras credenciadas informações que permitam a correta emissão do documento.

f) Certificado ou apólice de seguro de transporte

Documento necessário quando a condição de venda envolve a contratação de seguro da mercadoria, por exemplo, no Incoterm CIF (Carriage and Insurance Paid to; em português, Custo, Seguros e Frete). Deve ser providenciado junto à companhia seguradora antes do embarque da mercadoria.

g) Carta de crédito

Nas operações realizadas sob esta modalidade de pagamento, o original deste documento é imprescindível para que o exportador possa concretizar a negociação da operação junto ao banco. Ela deve ser providenciada pelo importador e emitida por um banco de sua livre escolha, em favor do exportador, estabelecendo todas as condições negociadas entre importador e exportador.

Ao receber a carta de crédito, o exportador deve buscar obter mais informações sobre o banco emissor da carta de crédito, podendo também solicitar sua confirmação através de um banco brasileiro. Se o banco escolhido pelo importador não tiver credibilidade no mercado, o exportador pode recusar a carta de crédito, mas isso deve ser feito antes do embarque.

h) Registro de Exportação – RE

Documento eletrônico emitido e preenchido no Siscomex (Sistema Integrado de Comércio Exterior), diretamente pelo próprio exportador ou por seu representante legal. Tem a finalidade de registrar a operação para fins dos controles governamentais nas áreas comercial, fiscal, cambial e aduaneira.

i) Nota fiscal

A nota fiscal deve acompanhar a mercadoria desde a saída do estabelecimento até a efetiva liberação junto à Receita Federal do Brasil – RFB. Ela precisa acompanhar o produto somente no trânsito interno.

j) Comprovante de Exportação (CE)

É o documento oficial emitido pela RFB que comprova o efetivo embarque da mercadoria. O CE consubstancia a operação de exportação e tem força legal para fins administrativos, cambiais e fiscais. No caso especial de envio para o exterior de bagagens, encomendas, donativos e amostra sem valor comercial até o limite de US$ 5 mil, o RE é dispensado e substituído pelo Despacho Sumário, registrado pelo servidor da RFB.

k) Contrato de câmbio

Documento informatizado para coleta de informações, emitido pelo banco negociador de câmbio e que formaliza a troca de divisa estrangeira por moeda nacional. No âmbito externo, equivale à nota fiscal e tem validade a partir da data de saída da mercadoria do território nacional. Este documento é imprescindível para o importador liberar a mercadoria no país de destino.

l) Canais de conferência aduaneiros – exportação

Assim como a mercadoria importada, a mercadoria a ser exportada também passa por procedimento de conferência aduaneira. O regulamento aduaneiro, em seu artigo 580, define que o despacho de exportação "é o procedimento mediante o qual é verificada a exatidão dos dados declarados pelo exportador em relação à mercadoria, aos documentos apresentados e à legislação específica, com vistas a seu desembaraço aduaneiro e a sua saída para o exterior".

Após realizado registro da declaração de exportação no Siscomex e confirmada a presença da carga em recinto de conferência, é determinado qual será o procedimento aplicável à carga.

Os três canais de conferência aduaneira de exportação são:

- Canal verde: são dispensados o exame documental e a verificação da mercadoria. O desembaraço é feito automaticamente pelo Siscomex.
- Canal laranja: é realizado apenas o exame documental, dispensando-se a verificação da mercadoria;
- Canal vermelho: o despacho é submetido tanto ao exame documental quanto à verificação da mercadoria.

A DE selecionada para o canal verde ou laranja poderá ser redirecionada, pela autoridade aduaneira, para o canal vermelho. O exportador pode verificar o resultado da parametrização ou o canal de conferência de seu despacho de exportação, no sistema Siscomex por meio da consulta.

2.2.2 Importação

Em um processo de importação os países, na maioria das vezes, recorrem ao exterior para obter produtos não produzidos internamente ou que oferecem bom preço em comparação com o mercado interno. Esses produtos, no caso do Brasil, destinam-se, principalmente, ao abastecimento do setor industrial de matérias-primas, máquinas e equipamentos.

> **Importação** compreende à entrada temporária ou definitiva em território nacional de bens, produtos ou serviços originários ou procedentes de outros países, a título oneroso ou gratuito, apoiada em documentos oficiais e observadas as normas comerciais, cambiais e fiscais vigentes.

Entre as vantagens do processo de importação, podemos destacar:

- Diversificação de fornecedores.
- Comprar produtos que muitas vezes possuem qualidade superior aos encontrados no mercado interno.
- Incrementar sua linha de produção (máquinas e peças de reposição), gozando de alguns benefícios fiscais.
- Comprar matéria-prima (de qualidade) que não são encontrados no mercado local.

- Importar insumos para fabricar produtos que serão depois exportados (*drawback*).
- Baixo custo de aquisição da moeda em relação ao país comprador.
- Incentivo do governo federal para a importação.
- Variação cambial favorável à importação.
- Baixa agregação de mão de obra.
- Quando o tempo de importação passa a ser menor que o tempo de fabricação nacional.

Importar e exportar são fatores importantes para a economia de qualquer país, principalmente para os desenvolvidos e subdesenvolvidos.

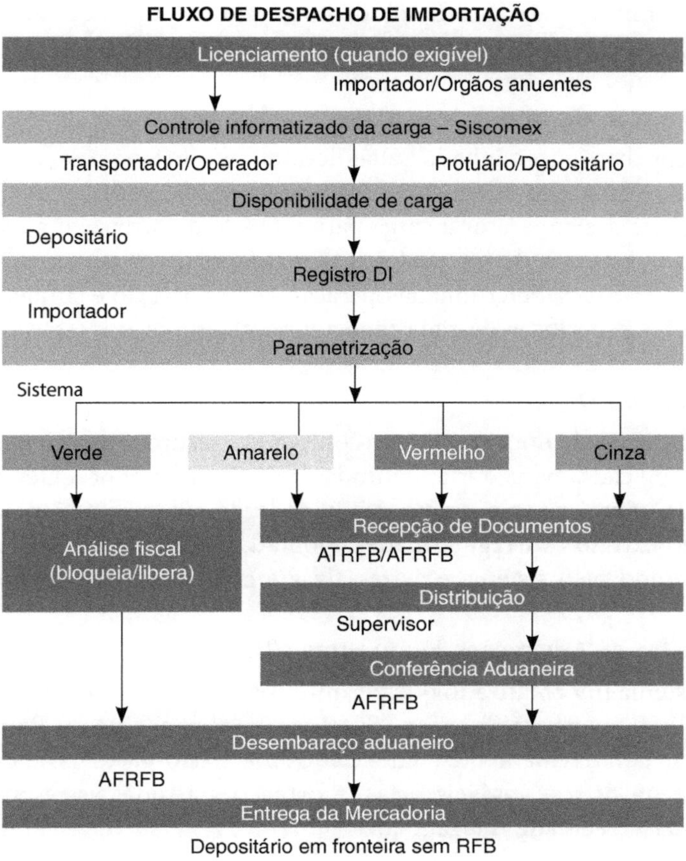

FLUXO DE DESPACHO DE IMPORTAÇÃO

Fonte: Receita Federal – Ministério da Fazenda (adaptado pelo autor).
Figura 8.2 Fluxograma dos passos de despacho do processo de importação.

Principais documentos utilizados no processo de importação

Na importação, os documentos são utilizados para comprovar a origem, identificação e liberação do bem ao entrar no país. São muito importantes, pois auxiliam na elaboração do licenciamento, do enquadramento tarifário, mostrando a condição de venda do bem, a negociação em acordo comercial, a via de transporte, a mercadoria importada e o seguro internacional, entre outras importantes informações.

a) Licença de Importação (LI)

É um documento que consiste num conjunto de informações de natureza comercial, financeira, cambial e fiscal a serem prestadas para fins de licenciamento, que caracterizam a operação de importação e definem seu enquadramento. Documento emitido pela autoridade de comércio exterior que libera e concede limites ou condições para o direito de importar.

b) Declaração de Importação (DI)

Documento base encaminhado à alfândega, através do Siscomex, com a finalidade de processar o despacho aduaneiro e comprovação do pagamento dos impostos de importação e desembaraçar a carga para retirá-la do armazém aduaneiro. A DI compreende o conjunto de informações de natureza fiscal, comercial e financeira correspondentes a uma determinada operação de importação e também o conjunto de informações específicas de cada mercadoria objeto da importação.

c) Extrato da DI

É o documento de importação que contém um resumo das informações gerais da operação de cada mercadoria, definidas pela Coordenadoria Geral do Sistema Aduaneiro (Coana) como subsídio à atividade de controle aduaneiro. Também constarão do extrato as irregularidades apontadas pelo diagnóstico, os alertas ao despacho gerado pelo sistema e as ressalvas e condicionantes apontadas na LI.

d) Registro de Operações Financeiras (ROF)

É um sistema informatizado que permite aos interessados efetuar o registro de operações diretamente no Sisbacen (Sistema de Informações do Banco Central), desde que estejam devidamente credenciados por este órgão. Possui caráter declaratório e sujeita os responsáveis pelas informações a todas as responsabilidades legais por sua veracidade e legalidade.

O ROF é requerido com anterioridade à emissão da DI para as operações com prazos de pagamentos superiores a 360 dias nas modalidades de empréstimo, financiamento à importação, linhas de crédito, *leasing*, arrendamento simples/aluguel/afretamento de embarcações e importação de bens sem cobertura cambial.

e) Comprovante de Importação (CI)

O comprovante de importação é um resumo das informações registradas na LI ou DI, emitido pelo importador através do Sistema Integrado de Comércio Exterior (Siscomex). Esse documento serve como forma de comprovar a nacionalização da mercadoria.

f) Certificado de Origem (CO)

Trata-se de um documento que comprova a origem da mercadoria para fins de obtenção de tratamento preferencial (Acordos), ou apenas para o cumprimento de exigência estabelecida através de legislação do país importador.

g) Nota fiscal de entrada

Nota de venda obrigatória, no Brasil, revestida de todas as formalidades legais. Documento que acompanha a mercadoria no trajeto entre o local de desembaraço até o estabelecimento do importador.

h) DARF/Eletrônico

O Documento de Arrecadação das Receitas Federais é utilizado exclusivamente para pagamento de tributos federais devidos na importação, no registro da DI. O débito, neste caso, é efetuado automaticamente em conta-corrente.

i) Especial de recolhimento do ICMS

É um documento para o recolhimento do imposto no Estado mediante guia preenchida pelo contribuinte.

j) Carta de crédito

É um documento simples e eficaz emitido por um banco de livre escolha, a pedido do exportador. Como se trata de documento entre bancos, ela vincula a mercadoria vendida aos compromissos financeiros. Em síntese, a carta de crédito é um compromisso de pagamento por escrito, emitido por um banco (emissor) a favor do exportador (beneficiário), seguindo ordem e instruções do importador (tomador). No documento, o banco emissor se compromete a pagar (ou negociar) certa soma de dinheiro contra a apresentação de certos documentos ou do cumprimento de determinadas exigências dentro de um prazo limitado.

k) Contrato de câmbio

É um documento firmado entre as partes envolvidas (importador e instituição financeira), padronizado pelo Banco Central pelo qual o comprador/importador se compromete a entregar as divisas correspondentes à importação das mercadorias. Caracteriza-se por três etapas: abertura, que significa o pedido ao banco importador da reserva das moedas estrangeiras; fechamento, que simboliza a efetiva compra das moedas; e liquidação, que corresponde à remessa das divisas ao exportador, sempre através do banco importador.

l) Conhecimento de Embarque

Recibo referente às mercadorias embarcadas num determinado meio de transporte. Manifesto de mercadorias que se constitui em contrato entre o embarcador e o transportador. É o documento emitido pelo transportador, negociável, provando o contrato de fretamento, que evidencia a entrega da mercadoria para transporte e o dia em que foi por ele recebida.

m) Fatura comercial

Similar à elaborada no processo de exportação, já descrita no item exportação.

n) Fatura *pro forma* ou *pro forma invoice*

Similar à elaborada no processo de exportação, já descrita no item exportação.

o) Certificado ou apólice de seguro certificado

Emitido por companhia de seguros, com as características de contrato, especifica as condições, prazo, natureza e extensão dos riscos cobertos e o custo do seguro contratado que denomina de "prêmio".

2.2.3 Canais de conferência aduaneiros – importação

Quando qualquer mercadoria é importada, obrigatoriamente se faz necessário efetuar o desembaraço aduaneiro da mercadoria sujeita ao canal de parametrização. A Receita Federal emitirá, via Siscomex, o Comprovante de Importação (CI), que comprovará que a mercadoria está liberada para consumo ou comercialização. Em alguns casos, a mercadoria não é liberada de imediato; são os casos de parametrização diferentes de canais verdes.

Após o registro, a DI será submetida a uma análise fiscal que é selecionada no Siscomex para um dos canais de conferências aduaneiros. Existem quatro tipos de canais que são diferenciados por cores: amarelo, vermelho, verde e cinza. Cada um desses canais possui a seguinte característica:

- **Canal amarelo:** o fiscal da Receita Federal exige somente a conferência documental.
- **Canal verde:** deixa todos os importadores satisfeitos, pois o fiscal da Receita Federal libera a mercadoria com facilidade, sem nenhuma conferência.

- **Canal vermelho:** é onde o fiscal da Receita Federal barra a mercadoria e exige a conferência física e documental desta.
- **Canal cinza:** é muito raro de ocorrer, pois acontece somente quando o fiscal da Receita Federal suspeita de fraude, quando o preço da mercadoria não condiz com o valor e com a qualidade do bem importado. Nesse caso, é feita uma investigação.

O canal vermelho é o que mais prejudica financeiramente, pois quando a mercadoria importada parametriza nessa condição, significa que levará mais tempo para liberar, podendo variar em torno de 10 a 30 dias.

Como se pode perceber, há certa semelhança entre os canais de importação e de exportação. Contudo, na exportação, não há canal correspondente ao canal cinza encontrado na importação.

2.3 Incoterms

Os Incoterms (International Commercial Terms/Termos Internacionais de Comércio) servem para definir, dentro da estrutura de um contrato de compra e venda internacional, os direitos e obrigações recíprocos do exportador e do importador, estabelecendo um conjunto padronizado de definições e determinando regras e práticas neutras, como, por exemplo, onde o exportador deve entregar a mercadoria, quem paga o frete, quem é o responsável pela contratação do seguro.

Estes termos foram desenvolvidos por especialistas e profissionais reunidos pela Câmara Internacional do Comércio – CCI, com sede em Paris, que interpretaram e consolidaram as diversas formas contratuais que vinham sendo utilizadas no comércio internacional. Os Incoterms se tornaram o padrão na definição de regras de negócios internacionais. A primeira edição foi criada em 1936 e, de tempos em tempos, a CCI publica novas versões, de modo a refletir as mudanças nas práticas de comércio.

Os constantes aperfeiçoamento dos processos negocial e logístico, com este último absorvendo tecnologias mais sofisticadas, fez com que os Incoterms passassem por diversas modificações ao longo dos anos, culminando em um novo conjunto de regras, conhecido atualmente como Incoterms 2010, que determinam: distribuição de custos, local de entrega da mercadoria, quem suporta o risco do transporte e responsabilidade dos direitos aduaneiros. A mais recente publicação, de 2010, entrou em vigor a partir de 1º de janeiro de 2011, contemplando 11 modalidades de Incoterms, que serão apresentadas a seguir.

Os termos EXW, FCA, CPT, CIP, DAT, DAP e DDP são utilizados para qualquer modalidade de transporte (terrestre, marítimo, aéreo e ferroviário), incluindo multimodal.

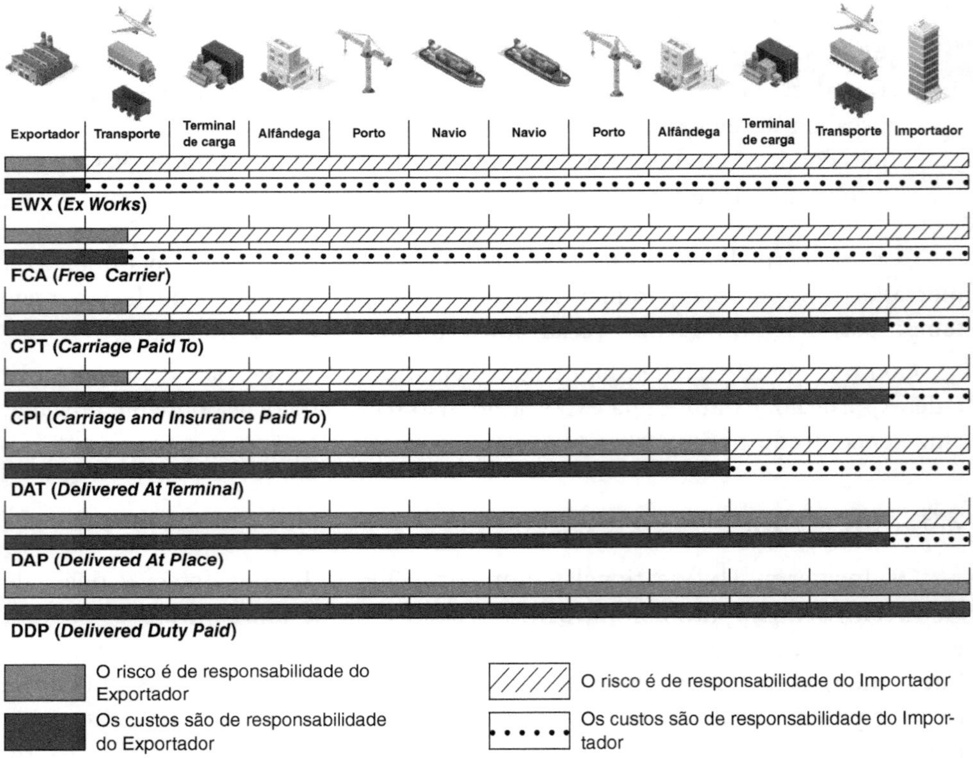

Exportador	Transporte	Terminal de carga	Alfândega	Porto	Navio	Navio	Porto	Alfândega	Terminal de carga	Transporte	Importador

EWX (*Ex Works*)

FCA (*Free Carrier*)

CPT (*Carriage Paid To*)

CPI (*Carriage and Insurance Paid To*)

DAT (*Delivered At Terminal*)

DAP (*Delivered At Place*)

DDP (*Delivered Duty Paid*)

O risco é de responsabilidade do Exportador

Os custos são de responsabilidade do Exportador

O risco é de responsabilidade do Importador

Os custos são de responsabilidade do Importador

Fonte: EWC Expeditec World Cargo (adaptado pelo autor).
Figura 8.3 Incoterms utilizados para qualquer modalidade de transporte.

EX WORKS – *Named Place of Delivery* (local de entrega nomeado)

A mercadoria é colocada à disposição do comprador no estabelecimento do vendedor, ou em outro local nomeado (fábrica, armazém etc.), não desembaraçada para exportação e não carregada em qualquer veículo coletor. Este termo representa obrigação mínima para o vendedor. O comprador arca com todos os custos e riscos envolvidos em retirar a mercadoria do estabelecimento do vendedor.

FCA – *Free Carrier* (Transportador livre – local designado)

O vendedor completa suas obrigações quando entrega a mercadoria, desembaraçada para a exportação, aos cuidados do transportador internacional indicado pelo comprador, no local determinado. A partir daquele momento, cessam todas as responsabilidades do vendedor, ficando o comprador responsável por todas as despesas e por quaisquer perdas ou danos que a mercadoria possa vir a sofrer.

CPT – *Carriage Paid to* (transporte pago até local de destino designado)

O vendedor contrata e paga o frete para levar as mercadorias ao local de destino designado. A partir do momento em que as mercadorias são entregues à custódia do transportador, os riscos por perdas e danos se transferem do vendedor para o comprador, assim como possíveis custos adicionais que possam incorrer. O vendedor é o responsável pelo desembaraço das mercadorias para exportação.

CIP – *Carriage and Insurance Paid* (transporte e seguro pago até local de destino designado)

Responsabilidades do vendedor são as mesmas descritas no CPT, acrescidas da contratação e pagamento do seguro até o destino. Quando as mercadorias são entregues à custódia do transportador, os riscos por perdas e danos se transferem do vendedor para o comprador, assim como possíveis custos adicionais que possam incorrer. O seguro pago pelo vendedor tem cobertura mínima, de modo que compete ao comprador avaliar a necessidade de efetuar seguro complementar; cláusula utilizada em qualquer modalidade de transporte.

DAT – *Delivered at Terminal* (entrega no terminal – porto ou local de destino)

O vendedor completa suas obrigações e encerra sua responsabilidade quando a mercadoria é colocada à disposição do comprador, na data ou dentro do período acordado, num terminal de destino nomeado (cais, terminal de contêineres ou armazém, dentre outros), descarregada do veículo transportador, mas não desembaraçada para importação.

DAP – *Delivered at Place* (entregue no local – local de destino nomeado)

O vendedor completa suas obrigações e encerra sua responsabilidade quando coloca a mercadoria à disposição do comprador, na data ou dentro do período acordado, num local de destino indicado que não seja um terminal, pronta para ser descarregada do veículo transportador e não desembaraçada para importação. Utilizável em qualquer modalidade de transporte.

DDP – *Delivered Duty Paid* (entregue dever pago – local de destino nomeado)

O vendedor completa suas obrigações e encerra sua responsabilidade quando a mercadoria é colocada à disposição do comprador, na data ou dentro do período acordado, no local de destino designado no país importador, não descarregada do meio de transporte. O vendedor, além do desembaraço, assume todos os riscos e custos, inclusive impostos, taxas e outros encargos incidentes na importação. Utilizável em qualquer modalidade de transporte.

Nota: em virtude de o vendedor estrangeiro não dispor de condições legais para providenciar o desembaraço para entrada de bens do país, este termo não pode ser utilizado na importação brasileira, devendo ser escolhido o DAT ou DAP no caso de preferência por condição disciplinada pela ICC.

Os termos FAS, FOB, CFR e CIF são utilizados somente para transporte de mercadorias via marítima ou fluvial.

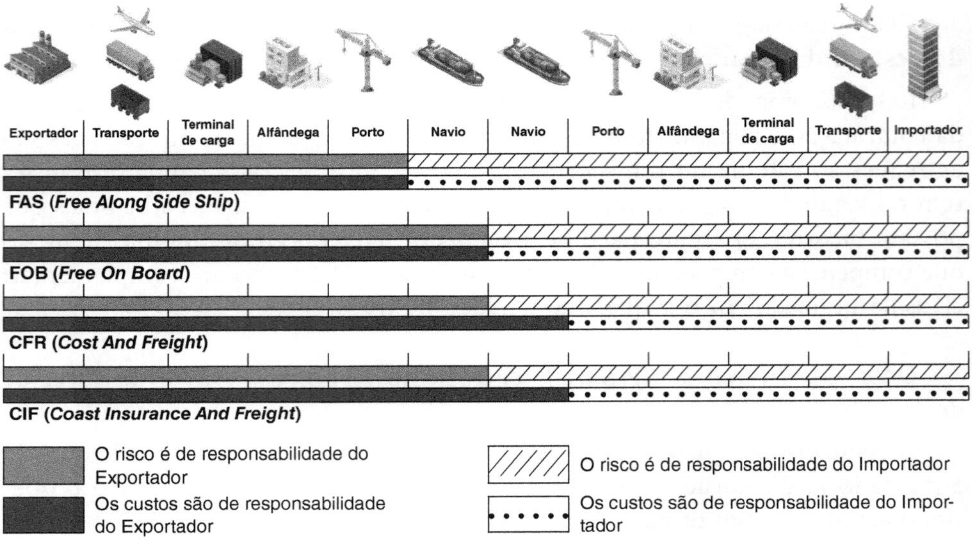

Fonte: EWC – Expeditec World Cargo (adaptado pelo autor).
Figura 8.4 Incoterms utilizados somente para transporte via marítima ou fluvial.

FAS – *Free Alongside Ship* (livre no costado do navio – porto de embarque designado)

O vendedor encerra suas obrigações no momento em que a mercadoria é colocada ao lado do navio transportador, no cais ou em embarcações utilizadas para carregamento, no porto de embarque designado. A partir daquele momento, o comprador assume todos os riscos e custos com carregamento, pagamento de frete e seguro e demais despesas.

FOB – *Free On Board* (livre a bordo – porto de embarque designado)

O vendedor encerra suas obrigações quando a mercadoria transpõe a amurada do navio (*ship's rail*) no porto de embarque indicado e, a partir daquele momento, o comprador assume todas as responsabilidades quanto a perdas e danos. A entrega se consuma a bordo do navio designado pelo comprador, quando todas as despesas passam a correr por conta do comprador;

CFR – *Cost and Freight* (custo e frete – porto de embarque designado)

O vendedor é o responsável pelo pagamento dos custos necessários para colocar a mercadoria a bordo do navio. O vendedor é responsável pelo pagamento do frete até o porto de destino designado. O vendedor é responsável pelo desembaraço da exportação.

CIF – *Cost, Insurance and Freight* (custo, seguros e frete – porto de embarque designado)

A responsabilidade sobre a mercadoria é transferida do vendedor para o comprador no momento da transposição da amurada do navio no porto de embarque. O vendedor é o responsável pelo pagamento dos custos e do frete necessários para levar a mercadoria até o porto de destino indicado. O comprador deverá receber a mercadoria no porto de destino, e daí para a frente se responsabilizar por todas as despesas

Tabela 8.1 Tabela de responsabilidade de pagamento

Grupo	Incoterms 2010	Ponto de tranferência do custo	Ponto de tranferência do risco
E	**EXW** – *Ex-work*	Origem	Armazém na origem
F	**FAS** – *Free alongside ship*	Transporte principal não pago	Ao lado do navio
	FOB – *Free on board*	Transporte principal não pago	Primeira murada do navio
	FCA – *Free carrier*	Transporte principal não pago	Primeiro transporte internacional
C	**CFR** – *Cost and freight*	Transporte principal pago	Primeira murada do navio
	CIF – *Cost, insurance and freight*	Transporte principal pago	Primeira murada do navio
	CPT – *Cost, insurance and freight*	Transporte principal pago	Primeiro transporte internacional
	CIP – *Cost, insurance and freight paid*	Transporte principal pago	Primeiro transporte internacional
D	**DAP** – *Delivery at place*	Despesas até local de entrega	Local determinado do destino
	DAT – *Delivery at terminal*	Despesas até terminal de armazenamento	Local determinado do destino
	DDP – *Delivery duty paid*	Despesas incluindo impostos até local final de entrega	Local determinado do destino

Fonte: Elaborado pelo autor.

Nota: Os do Grupo "F" e o do Grupo o "E" correspondem ao transporte principal não pago. Os do Grupo "D" e os do Grupo "C" correspondem ao transporte principal pago.

Dica

Um bom domínio dos Incoterms é indispensável para que o negociador possa incluir todos os seus gastos nas transações em comércio exterior. Vale ressaltar que as regras definidas pelos Incoterms valem apenas entre os exportadores e importadores, não produzindo efeitos em relação às demais partes envolvidas, tais como despachantes, seguradoras e transportadores.

Na realidade, não impõem, e sim propõem o entendimento entre vendedor e comprador, quanto às tarefas necessárias para deslocamento da mercadoria do local onde é elaborada até o local de destino final (zona de consumo): embalagem, transportes internos, licenças de exportação e de importação, movimentação em terminais, transporte e seguro internacionais etc.

Representados por siglas de três letras, os termos internacionais de comércio simplificam os contratos de compra e venda internacional, ao contemplarem os direitos e obrigações mínimas do vendedor e do comprador quanto às tarefas adicionais ao processo de elaboração do produto. Por isso, são também denominados cláusulas de preço, pelo fato de cada termo determinar os elementos que compõem o preço da mercadoria, adicionais aos custos de produção.

2.3.1 Nomenclatura ou classificação fiscal

É fundamental que muitos contribuintes e usuários de documentos fiscais saibam da importância da correta classificação e informação da NCM (Nomenclatura Comum do Mercosul), bem como de seu significado no mundo fiscal.

Na prática, o NCM começou a ser adotado em janeiro de 1995 entre os países integrantes do Mercosul, tendo como base SH (Sistema Harmonizado de Designação e Codificação de Mercadorias), que resultou na sigla NCM/SH.

O SH representa um método internacional de classificação de mercadorias que contém uma relação de códigos com a descrição de características específicas dos produtos, que foi desenvolvido pela Organização Mundial de Comércio (OMC) e usado pela Organização Mundial das Alfândegas (OMA).

No Brasil, existem dois tipos de nomenclatura: a Nomenclatura Comum do Mercosul (NCM) e a Nomenclatura Aduaneira para a Aladi (Naladi/SH). As duas são semelhantes, já que se baseiam no Sistema Harmonizado de Codificação de Mercadorias (SH), têm a mesma estrutura e número de dígitos. A Naladi/SH é utilizada para transações nos moldes do acordo da Aladi. Já a NCM mais comum foi criada em 1995 com o propósito de substituir as nomenclaturas até então adotadas pelos membros do Mercosul (no caso do Brasil, a NBM/SH).

Os produtos são classificados por códigos numéricos de oito dígitos. Os primeiros referem-se às características mais genéricas, e os últimos se relacionam a detalhes mais específicos. A NCM foi adotada em janeiro de 1995 por Argentina,

Brasil, Paraguai e Uruguai e tem como base o SH (Sistema Harmonizado de Designação e Codificação de Mercadorias). Por esse motivo, existe a sigla NCM/SH.

O SH é um método internacional de classificação de mercadorias que contém uma estrutura de códigos com a descrição de características específicas dos produtos, como, por exemplo, origem do produto, materiais que o compõem e sua aplicação.

Dos oito dígitos que compõem a NCM, os seis primeiros são classificações do SH. Os dois últimos dígitos fazem parte das especificações próprias do Mercosul.

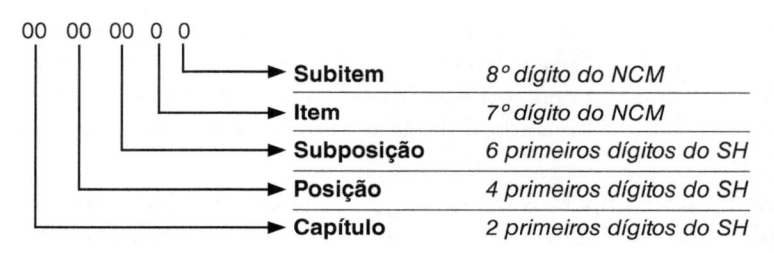

00 00 00 0 0		
	Subitem	*8º dígito do NCM*
	Item	*7º dígito do NCM*
	Subposição	*6 primeiros dígitos do SH*
	Posição	*4 primeiros dígitos do SH*
	Capítulo	*2 primeiros dígitos do SH*

Fonte: Fundação Oswaldo Cruz (adaptado pelo autor).
Figura 8.5 Classificação NCM e SH.

Devemos observar que a classificação fiscal está diretamente relacionada às alíquotas incidentes na comercialização e circulação de mercadorias, como Imposto de Importação (II), Imposto sobre Produtos Industrializados (IPI) e Imposto sobre Circulação de Mercadorias e Serviços (ICMS). Além disso, serve como identificador de mercadorias que são contempladas com benefícios fiscais com alíquotas diferenciadas, reduções ou isenções, regimes aduaneiros especiais etc.

A penalidade devida para um enquadramento errôneo na classificação fiscal representa 1% sobre seu valor e, em casos de recolhimento a menor, representa 75% da diferença do imposto ou contribuição, no caso de declaração inexata. Deve-se lembrar também que é com base na classificação do NCM que o fisco estadual se orienta quando da concessão de benefício fiscal ou aplicação de substituição tributária.

Sem contar que, nos casos de importação e exportação de produtos quando é identificado algum erro de classificação do NCM, haverá a retenção da carga por longo tempo e a possibilidade de a fiscalização proceder ao levantamento dos últimos cinco anos de movimentação do contribuinte.

Nesse sentido, é importante perceber que qualquer deslize ou informação equivocada da NCM, seja no momento de classificação fiscal, preenchimento de documentos fiscais ou desembaraços aduaneiros, pode trazer graves consequências financeiras para o contribuinte, pois esta displicência poderá impactar em recolhimento a menor ou maior, sem contar o risco de responder por erros cometidos por fornecedores quando da emissão da NF-e de venda e, consequentemente, pela não conferência dos documentos por parte do recebedor.

2.4 Logística internacional: um mundo de oportunidades

O contínuo crescimento das trocas comerciais ao redor do globo é o maior e mais visível motivo para aumento das atividades logísticas internacionais. Possuir produtos importados, tanto para pessoas físicas como pessoas jurídicas, é uma realidade.

Quando observa-se a realidade de nosso país com relação às importações e exportações, fica claro que temos de evoluir em infraestrutura e amadurecer em políticas que estimulem principalmente nossas exportações, que conforme destacado neste capítulo, ainda é de grande maioria de grãos, minérios e derivados de petróleo.

As vantagens comparativas que os países possuem favorecem um constante aumento do comércio entre eles que motiva um crescimento contínuo das operações logísticas internacionais.

2.4.1 Principais blocos econômicos

Os blocos econômicos são criados com o intuito de facilitar as transações comerciais entre os países-membros. E foi nesse sentido que as primeiras organizações capazes de notar as vantagens desse processo foram as capitalistas, possibilitando acordos que auxiliavam na garantia de mercados consumidores cada vez mais intensos para a venda de produtos industrializados, como também para a disponibilização de matéria-prima.

União Europeia (UE)

Foi oficializada no ano de 1992, através do Tratado de Maastricht. Esse bloco é formado pelos seguintes países: Alemanha, Áustria, Bélgica, Bulgária, Chipre, Croácia, Dinamarca, Eslováquia, Eslovênia, Espanha, Estônia, Finlândia, França, Grécia, Hungria, Irlanda, Itália, Letônia, Lituânia, Luxemburgo, Malta, Países Baixos, Polónia, Portugal, República Checa, Romênia, Suécia e Reino Unido (que, em um plebiscito popular em 2016, votou a favor de sua saída da UE). Esse bloco possui uma moeda única, o Euro, um sistema financeiro e bancário comum. Os cidadãos dos países-membros são também cidadãos da União Europeia e, portanto, podem circular e estabelecer residência livremente pelos países desse bloco. Possui políticas trabalhistas, de defesa, de combate ao crime e de imigração em comum. Seus órgãos são: Comissão Europeia, Parlamento Europeu e Conselho de Ministros para a gestão unificada a todos os países que fazem parte.

NAFTA (Tratado Norte-americano de Livre Comércio)

A NAFTA abrange os países Estados Unidos, Canadá e México. Ela iniciou suas operações em 1994, e a principal vantagem oferecida aos países-membros era o acesso total aos mercados países. Dessa forma, foram extintas as barreiras alfandegárias, deu-se início à proteção comercial e foram desenvolvidas algumas leis e padrões financeiros entre os países. Porém, a zona estabelecida entre os países nunca foi de livre comércio, mas os valores e as demais taxas foram reduzidas em até 20 mil produtos.

Mercosul

O Mercado Comum do Sul (Mercosul) foi oficialmente estabelecido em março de 1991 através do Tratado de Assunção. É formado pelos seguintes países da América do Sul: Brasil, Paraguai, Uruguai e Argentina. A Venezuela é Estado-parte em processo de adesão e se tornará membro pleno uma vez que esteja em vigor o Protocolo de Adesão da República Bolivariana da Venezuela ao Mercosul. Futuramente, estuda-se a entrada de novos membros, como o Chile e a Bolívia. O objetivo principal do Mercosul é eliminar as barreiras comerciais entre os países, aumentando o comércio entre eles. Outro objetivo é estabelecer tarifa zero entre os países e, num futuro próximo, uma moeda única. Os idiomas oficiais e de trabalho do Mercosul, em conformidade com o artigo 46 do Protocolo de Ouro Preto, são o espanhol e o português.

ALCA (Área de Livre Comércio das Américas)

A ALCA é a área de livre comércio do continente americano, com exceção do território Cubano. e que possivelmente seria controlado pelos Estados Unidos. Porém, devido à natureza do bloco, sofre muitas repressões de uma grande parte da população do continente americano, no qual o Brasil, por enquanto, não tem interesse.

ALADI (Associação Latino-Americana de Integração)

A ALADI foi criada em 12 de agosto de 1980 pelo Tratado de Montevidéu. A ALADI é o maior organismo de integração regional em funcionamento, com 13 países-membros: Argentina, Bolívia, Brasil, Chile, Colômbia, Cuba, Equador, México, Panamá, Paraguai, Peru, Uruguai e Venezuela, todos vinculados por meio de acordos preferenciais e de complementação econômica. Objetivou criar um mercado comum latino-americano, a longo prazo e de maneira gradual, mediante a concessão de preferências tarifárias e acordos regionais e de alcance parcial. A ALADI substituiu a ALALC, a antiga Associação Latino-Americana de Livre Comércio, que foi criada em 1960.

2.4.2 Principais órgãos que atuam no comércio exterior

Para que o processo de exportação e importação ocorra dentro dos padrões nacionais e internacionais, são necessárias regras e normas. Assim, os órgãos mencionados a seguir são responsáveis por gerir e acompanhar esses processos. Dentre eles, destacam-se:

- **CAMEX (Câmara de Comércio Exterior)**: órgão máximo na estrutura de comércio exterior brasileiro. Cabe a ela a formulação, adoção, implementação e coordenação de políticas e atividades relativas ao comércio exterior de bens e serviços, incluindo o turismo. Nenhuma decisão sobre o comércio exterior acontece sem passar pelo crivo da CAMEX e seu colegiado.
- **MRE (Ministério das Relações Exteriores)**: dentro do Comércio Exterior, é o órgão responsável pela promoção comercial e divulgação de informações sobre demandas de importação de produtos brasileiros e de investimento.
- **SECOMS (Setores de Promoção Comercial)**: os Setores de Promoção Comercial (SECOMs) atuam como "antenas" do Departamento de Promoção Comercial e Investimentos em cem postos estratégicos onde se localizam Embaixadas e Consulados brasileiros. Fornecendo apoio institucional às atividades dos exportadores brasileiros, os SECOMs são responsáveis pela coleta e divulgação de informações sobre demandas de importação de produtos e oportunidades de negócio, pela atração de investimentos e pelo apoio à participação de empresários em feiras, missões e eventos no exterior. Os SECOMs elaboram, ademais, estudos econômico-comerciais, pesquisas de mercado para produtos, além de análises de competitividade e de concorrência nos mercados de sua jurisdição.
- **MDIC (Ministério do Desenvolvimento, Indústria e Comércio Exterior)**: É o órgão responsável pelas decisões e execução das diretrizes políticas de comércio e exerce sua função através do órgão gestor SECEX – Secretaria de Comércio Exterior. É possível encontrar informações sobre estatísticas de comércio exterior, barreiras comerciais, auxílio à exportação, entre outros.
- **SECEX (Secretaria do Comércio Exterior)**: sua principal função é assessorar o MDIC na condução das políticas de comércio exterior. É o órgão estratégico do Ministério responsável pela gestão do controle comercial. O SECEX normatiza, supervisiona, orienta, planeja, controla e avalia as atividades de comércio exterior de acordo com as diretrizes da Camex e do MDIC.
- **DECEX (Departamento de Comércio Exterior)**: é a parte operacional da SECEX. É encarregado por elaborar e implementar os dispositivos regulamentares, no aspecto comercial, do comércio exterior brasileiro. Envolve o licenciamento de mercadorias importação e exportação, além da gestão do Sistema Brasileiro de Comércio Exterior (Siscomex).

- **DEINT (Departamento de Negociações Internacionais)**: coordena os trabalhos de negociações internacionais brasileiras das quais o Brasil participa.
- **DECOM (Departamento de Defesa Comercial)**: coordena as atividades de combate ao comércio desleal às empresas e produtos brasileiros. O DECOM acompanha e supervisiona os processos instaurados no exterior contra empresas brasileiras, dando-lhes assistências e assessoria cabível.
- **DEPLA (Departamento de Planejamento e Desenvolvimento do Comércio Exterior)**: coordena políticas e programas aplicáveis ao comércio exterior. É um departamento que coleta, analisa e sistematiza os dados e as informações estatísticas, de onde partem as propostas objetivando o desenvolvimento do comércio externo brasileiro.
- **DENOC (Departamento de Normas e Competitividade)**: o Departamento de Normas e Competitividade (DENOC) é a mais nova área desta Secretaria, criada pelo Decreto nº 7.096, de 04/02/2010, art. 20. Estão sob sua responsabilidade o estabelecimento de normas e procedimentos que tratam da operacionalização do comércio exterior brasileiro, a coordenação de ações referentes aos acordos sobre facilitação ao comércio e sobre procedimentos de licenciamento de importação junto à Organização Mundial do Comércio (OMC), a coordenação dos agentes externos autorizados a processar operações de comércio exterior, bem como a formulação de propostas para o aumento da competitividade internacional do produto brasileiro, entre outras atividades previstas.
- **MF (Ministério da Fazenda)**: é o órgão responsável pela política monetária e fiscal que atua na fiscalização e controle de entrada e saída de mercadoria do comércio exterior.
- **Bacen (Banco Central)**: é uma autarquia federal (entidade autônoma, auxiliar e descentralizada da administração pública) vinculada ao MF e integrante do Sistema Financeiro Nacional. Criado pela Lei nº 4.595/1964, o Bacen é a autoridade monetária e o principal executor das políticas formuladas pelo Conselho Monetário Nacional, colegiado responsável por apontar as diretrizes gerais das políticas monetária, cambial e creditícia.
- **SRFB (Secretaria da Receita Federal do Brasil)**: a Secretaria da Receita Federal do Brasil é um órgão específico, singular, subordinado ao Ministério da Fazenda que exerce funções essenciais para que o Estado possa cumprir seus objetivos. É responsável pela administração dos tributos de competência da União, inclusive os previdenciários, e aqueles incidentes sobre o comércio exterior, abrangendo parte significativa das contribuições sociais do país. Também subsidia o Poder Executivo Federal na formulação da política tributária brasileira, previne e combate à sonegação fiscal, o contrabando, o descaminho, a pirataria, a fraude comercial, o tráfico de drogas e de animais em extinção e outros atos ilícitos relacionados ao comércio internacional.

- **Ministério da Defesa**: criado em 1999 para reforçar a articulação das Forças Armadas e dar mais fluidez à sua relação com outras áreas do Estado, o ministério tem sob sua responsabilidade uma vasta e diversificada gama de assuntos.

  Uma de suas principais atribuições é o estabelecimento de políticas ligadas à defesa e à segurança do país, além da implementação da Estratégia Nacional de Defesa (END), lançada em 2008 e atualizada em 2012.

  Também fazem parte de seu escopo de atuação temas de grande alcance, como o Serviço Militar, o orçamento de defesa, as operações militares e a cooperação internacional em defesa, entre outros.

- **MAPA (Ministério da Agricultura, Pecuária e Abastecimento):** responsável pela gestão das políticas públicas de estímulo à agropecuária, pelo fomento do agronegócio e pela regulação e normatização de serviços vinculados ao setor. No Brasil, o agronegócio contempla o pequeno, o médio e o grande produtor rural e reúne atividades de fornecimento de bens e serviços à agricultura, produção agropecuária, processamento, transformação e distribuição de produtos de origem agropecuária até o consumidor final.

- **ANVISA (Agência Nacional de Vigilância Sanitária):** criada pela Lei nº 9.782, de 26/01/1999, a Anvisa é uma autarquia sob regime especial, que tem sede e foro no Distrito Federal e está presente em todo o território nacional por meio das coordenações de portos, aeroportos, fronteiras e recintos alfandegados.

  Tem por finalidade institucional promover a proteção da saúde da população, por intermédio do controle sanitário da produção e consumo de produtos e serviços submetidos à vigilância sanitária, inclusive dos ambientes, dos processos, dos insumos e das tecnologias a eles relacionados, bem como o controle de portos, aeroportos, fronteiras e recintos alfandegados.

- **Siscomex (Sistema Integrado de Comércio Exterior):** o Siscomex é um instrumento administrativo que integra as atividades de registro, acompanhamento e controle das operações de comércio exterior, através de um fluxo único, computadorizado, de informações, integrando as atividades da SECEX, Bacen e SRF. O Siscomex foi criado pelo Decreto nº 660, de 25/09/1992, passando a operar em 1993 como uma interface eletrônica entre os exportadores e os diversos órgãos governamentais que intervêm no comércio exterior. Por meio da informatização de processos, buscava-se simplificar as operações brasileiras de exportação. Em 1997, o Siscomex foi ampliado com a criação de um novo módulo para as operações de importação.

  O Siscomex foi, portanto, projetado para ser o instrumento pelo qual a legislação de comércio exterior seria executada. Todas as medidas administrativas incidentes sobre as importações e exportações deveriam, assim, ser implementadas mediante o Siscomex.

2.5   Desempenho logístico internacional

Para avaliar o desempenho da logística internacional dos países, o Banco Mundial criou, em 2007, o LPI (Logistic Performance Indicator; em português, Indicador do Desempenho Logístico). Este método utiliza uma escala de 1 a 5 para medir seis indicadores com base em mais de 5. mil avaliações de profissionais de logística, por país. Os seis indicadores e seus respectivos pesos para a análise total, bem como os índices apresentados pelo Brasil nos anos em que foram realizados esta pesquisa, são apresentados na Tabela 8.2.

Tabela 8.2 Histórico do *ranking* de desempenho logístico

		2007		2010		2012		2014		2016	
	Indicadores	*Ranking*	Pontuação	*Ranking*	Pontuação	*Ranking*	Pontuação	*Ranking*	Pontuação	*Ranking*	Pontuação
Geral	Ranking de desempenho logístico	61º	2,75	41º	3,2	45º	3,13	65º	2,94	55º	3,09
Indicadores	Eficiência dos processos alfandegários	74º	2,39	82º	2,37	78º	2,51	94º	2,48	62º	2,76
	Infraestrutura	49º	2,75	37º	3,1	46º	3,07	54º	2,93	47º	3,11
	Transporte internacional	75º	2,61	65º	2,91	41º	3,12	81º	2,8	72º	2,9
	Competência logística	49º	2,94	34º	3,3	41º	3,12	50º	3,05	50º	3,12
	Rastreamento de carga	65º	2,77	36º	3,42	33º	3,42	62º	3,03	45º	3,28
	Pontualidade de prazos	71º	3,1	20º	4,14	49º	3,55	61º	3,39	66º	3,39

Fonte: O autor.

Os seis itens destacados nesta pesquisa (eficiência dos processos alfandegários, infraestrutura, transporte internacional, competência logística, rastreamento de carga e pontualidade de prazos) deverão ser foco de atenção para melhorias não somente do *ranking*, mas principalmente para aumentar nossa competência logística.

A carência em nossa infraestrutura tem um impacto negativo para o Brasil em *rankings* como o de desempenho logístico, divulgado pelo Banco Mundial de dois em dois anos desde 2007. Na edição de 2014, o Brasil ficou na 65ª posição, à frente apenas da Rússia entre os BRICS. Na construção do *ranking*, o Banco Mundial analisa seis itens (eficiência dos processos alfandegários, infraestrutura, transporte internacional, competência logística, rastreamento de carga e pontualidade de prazos).

Tabela 8.3 Análise comparativa do desempenho logístico entre países

	Desempenho logístico					Infraestrutura				
	2007	2010	2012	2014	2016	2007	2010	2012	2014	2016
Alemanha	3º	1º	4º	1º	1º	3º	1º	1º	1º	1º
Luxemburgo	23º	5º	15º	8º	2º	13º	9º	20º	15º	4º
Suécia	4º	3º	13º	6º	3º	5º	10º	5º	9º	3º
Holanda	2º	4º	5º	2º	4º	1º	2º	3º	3º	2º
Cingapura	1º	2º	1º	5º	5º	2º	4º	2º	2º	6º
Bélgica	12º	9º	7º	3º	6º	11º	12º	8º	8º	14º
EUA	14º	15º	9º	9º	10º	7º	7º	4º	5º	8º
China	30º	27º	26º	28º	27º	30º	26º	26º	23º	23º
África do Sul	24º	28º	23º	34º	20º	26º	29º	19º	38º	21º
Índia	39º	47º	46º	54º	35º	42º	47º	55º	58º	36º
Brasil	61º	41º	45º	65º	55º	49º	37º	45º	54º	47º
Rússia	99º	94º	95º	90º	99º	93º	83º	96º	77º	94º

Para nos tornarmos um dos cinco países mais competitivos do mundo, conseguirmos alavancar os índices de competitividade do país e sobressair frente aos demais países, será preciso que haja um maior apoio ao desenvolvimento tecnológico e melhoria da infraestrutura e avanços em outros modais de transporte com caráter de urgência.

3. ESTUDO DE CASO

O caso da empresa Agroindustrial Vida Longa ilustra a situação experimentada pela organização, que percebeu a necessidade de repensar suas atividades produtivas em face das oscilações verificadas no faturamento da organização em anos anteriores. Fatores como a globalização e a liberação do comércio imprimiram mudanças no ambiente político, social e econômico no qual as empresas agropecuárias se inserem.

A empresa Vida Longa está concentrada em analisar alternativas estratégicas que possam levar a empresa ao crescimento. Entre outras escolhas, é necessário definir o que, como e onde comercializar sua produção. Tais decisões trarão impactos no incremento de sua eficiência empresarial, na melhoria da oferta de serviços aos seus associados e na maximização dos benefícios proporcionados.

Para o diretor da empresa, os acionistas estão apreensivos com as alternativas futuras. Os cultivos da empresa estão basicamente concentrados em soja e milho, e os índices de produtividade já alcançam patamares competitivos.

A presença de empresas agropecuárias na arena internacional está se tornando cada vez mais consistente e diversificada, levando a Vida Longa a considerar que o crescimento depende não apenas da manutenção dos mercados tradicionais. As fronteiras de atuação e os produtos comercializados precisam ser reconsiderados.

No entendimento do diretor, a empresa dever estar inserida nesse processo de comércio internacional para atingir o principal objetivo de aumentar e ampliar seus negócios. Nesse sentido, para a empresa Vida Longa, a proximidade com o porto é considerada grande vantagem quanto ao transporte de seus produtos.

Após identificar que o mercado internacional tem demanda para este tipo de negócio, os acionistas aprovaram o projeto apresentado pela presidência da empresa com apoio da diretoria e resolveram exportar, oferecendo produto diferenciado neste mercado internacional que possui grandes oportunidades.

Questões

Com a aprovação da empresa para iniciar o processo de exportação de seus produtos, sendo você o diretor responsável para iniciar este processo, foi solicitado a seguinte análise inicial:

- Quais são os cinco países com potencial para comprar a soja e milho de sua empresa?
- Definir qual é o Incoterm ideal para realização deste processo de exportação.

4. RESUMO

A seguir estão contemplados os principais assuntos discorridos no capitulo:

- O comércio internacional vem crescendo a cada ano em todo o mundo. É necessário que as operações logísticas brasileiras se adaptem ao ambiente competitivo, de forma estratégica. O sistema logístico formado por todos os membros da cadeia global de suprimentos encara desafios para integrar suas atividades.
- Um processo de exportação proporciona a oportunidade de uma empresa vender seus produtos em mercados externos, a empresa diminui o risco dos negócios, visto que a expansão da empresa não fica inteiramente condicionada pelo ritmo de crescimento da economia de seu país de origem e de mudanças na política econômica.

- Apresentação do fluxo de despacho do processo de exportação proporciona a compreensão dos principais passos que deverão ser seguidos para sua realização. Em seguida, foram apresentados os detalhes de cada documento a ser providenciado para a realização de importação.
- Em um processo de importação, os países, na maioria das vezes, recorrem ao exterior para obter produtos não produzidos internamente ou que oferecem bom preço em comparação com o mercado interno. Estes produtos, no caso do Brasil, destinam-se, principalmente, ao abastecimento do setor industrial de matérias-primas, máquinas e equipamentos.
- Os Incoterms servem para definir, dentro da estrutura de um contrato de compra e venda internacional, os direitos e obrigações recíprocos do exportador e do importador.
- Por ser fundamental que muitos contribuintes e usuários de documentos fiscais saibam da importância da correta classificação e informação da NCM (Nomenclatura Comum do Mercosul), bem como de seu significado no mundo fiscal, foram apresentados o significado e a importância de sua utilização correta.
- Os blocos econômicos são criados com o intuito de facilitar as transações comerciais entre os países-membros. Foi nesse sentido que as primeiras organizações notaram vantagens que possibilitassem acordo entre os mercados consumidores.
- Para que o processo de exportação e importação ocorra dentro dos padrões nacionais e internacionais, são necessárias regras e normas. Assim, os órgãos, mencionados no item 2.4.2 são responsáveis por gerir e acompanhar estes processos.
- A carência em nossa infraestrutura tem um impacto negativo para o Brasil em *rankings* como o de desempenho logístico, divulgado pelo Banco Mundial desde de 2007.

5. EXERCÍCIOS

1. Conforme destacado neste capítulo, o que vem a ser logística internacional?

2. O que é um processo de exportação? Destaque três vantagens deste processo.

3. Responda:
   a. O que é conhecimento de embarque? Quais as denominações utilizadas de acordo com o meio de transporte?
   b. O que é certificado de origem?

4. O que é um processo de importação? Destaque três vantagens deste processo.

5. O que são Incoterms e qual é sua finalidade?

CARREIRA NA LOGÍSTICA

Assista à **videoaula**

OBJETIVOS DE APRENDIZAGEM

Ao final deste capítulo, o aluno deverá ser capaz de:

- Explicar a importância de trabalhar: sonhos, objetivos e metas.
- Descrever os passos que deverão ser seguidos para se concretizar uma meta.
- Definir a qualificação desejada para um profissional de logística.
- Argumentar sobre as oportunidades nas áreas de atuação logística.
- Ilustrar a importância de um *coach* para uma vida de realizações.

1. INTRODUÇÃO

Ter uma carreira de sucesso é desejo de grande parte das pessoas no decorrer de suas vidas. É perceptível que as pessoas que têm mais sucesso naquilo que fazem são as que definem claramente suas metas e que trabalham e se empenham para conquistar o espaço merecido que tanto almejam. Para que possamos elaborar a projeção de nossa carreira, é necessário saber o que realmente queremos para nossa vida. O tema gestão de carreira tem sido objeto de grande discussão em veículos de comunicação especializados no assunto, sendo pauta de discussão por parte das organizações e pessoas.

A logística, com sua abrangência, proporciona muitas oportunidades de crescimento profissional. Em nossa caminhada profissional, será importante definir em qual área logística desejamos trabalhar e em qual nível (operacional, tático ou estratégico) desejamos atuar. Neste capítulo, destacaremos algumas práticas e dicas para que o leitor possa ter uma noção clara e objetiva sobre o melhor caminho a seguir quanto à escolha da carreira e como chegar onde se almeja.

2. CONCEITOS

Conforme Dutra (2002), carreira são as sequências de posições ocupadas e de trabalhos realizados durante a vida de uma pessoa. A carreira envolve uma série de estágios e a ocorrência de transições que refletem necessidades, motivos e aspirações individuais, bem como expectativas e imposições da organização e da sociedade. De perspectiva do indivíduo, engloba o entendimento e a avaliação de sua experiência profissional, enquanto da perspectiva da organização engloba políticas, procedimentos e decisões ligadas a espaços ocupacionais, níveis organizacionais, compensação e movimento de pessoas. Essas perspectivas são conciliadas pela carreira dentro de um contexto de constante ajuste, desenvolvimento e mudança.

Apesar de o tema carreira ter ganhado espaço, ainda existem muitos questionamentos e dúvidas com relação a ele. Algumas pessoas acreditam que a responsabilidade primária ou exclusiva pelo crescimento profissional é da empresa, e não delas próprias. Há aqueles que acreditam que a ascensão na carreira é uma questão de sorte, que basta estar no lugar certo e na hora certa. Outras pessoas acreditam que é importante ir de uma empresa a outra para ter uma bagagem maior quanto a novos conhecimentos e experiências. Outras pessoas acreditam que pensar em planejamento da carreira não faz sentido, uma vez que não é possível prever o futuro. Mas há aqueles que sabem da importância do planejamento e colocam em prática determinação, busca pelo aprendizado, foco, paciência, persistência e muito trabalho, conquistando, assim, o espaço profissional almejado.

2.1 Carreira, temos oportunidades para todos?

A qual de nós nunca foi feita esta clássica pergunta quando éramos crianças: "O que você quer ser quando crescer?"

Por não termos, quando criança, uma visão ampla da vida respondíamos de acordo com a nossa percepção e realidade daquele momento, ou seja, aquela profissão que achávamos mais bonita, pois não tínhamos noção das possibilidades para nossa vida. As crianças são fantásticas por possuir algumas características marcantes, como inocência, sinceridade e desprendimento, características estas que perdemos quando nos tornamos adultos, criando bloqueios que nos limitam em nossa caminhada profissional. Quando a pergunta é mais direta sobre que profissão desejamos ter quando crescer, algumas crianças respondem que desejam ser bombeiras, para salvar vidas; ter a mesma profissão do pai ou da mãe; as que gostam de animais desejam ser veterinárias; e assim por diante. Sem falar dos milhares de garotos que desejam ser jogadores de futebol, entre outras tantas profissões. Mas, por falta de conhecimento, nenhuma delas responde que deseja ser profissional de logística, que ironia.

Quando crescemos, percebemos que muitos dos nossos sonhos não fazem parte da nossa realidade atual. Sentimo-nos perdidos, frustrados e, àss vezes, sem direção. Porém, como costumo dizer, tudo isso dependerá das oportunidades que criarmos e obtivermos no decorrer de nossas vidas, bem como da importância dada a cada uma delas.

A situação socioeconômico-financeira da população mundial proporciona desigualdades visíveis, portanto, as oportunidades também são diferentes. As famílias que possuem melhores condições financeiras podem matricular seus filhos nas melhores escolas, universidades, cursos diversos de capacitação, realizar intercâmbio, que se bem aproveitados por esses jovens lhes proporcionarão um futuro brilhante. Há de se lembrar que, apesar de tais jovens terem todas essas vantagens, não são todos que as aproveitam plenamente.

Em contrapartida existe a realidade daqueles que são menos favorecidos financeiramente e que precisam batalhar muito para conquistar a oportunidade profissional tão sonhada neste mercado de trabalho cada vez mais exigente. Felizmente, tenho visto muitas pessoas assim conquistando o sucesso tão almejado por conta de acreditar e trabalhar firme para isso.

A psicologia vocacional desenvolveu em seus estudos os estágios de vida das pessoas e as expectativas de carreiras. Nesse estudo, Dutra (2002) destaca cinco estágios de vida no que tange às opções de carreira – infância, adolescência, idade adulta, maturidade e velhice. Destaco a seguir os detalhes de cada uma destas:

- **Infância (até 14 anos):** é uma fase de fantasia. Nesta idade, ainda não se tem de forma concreta a capacidade de compreensão sobre carreira e suas possibilidades;

- **Adolescência (de 15 a 24 anos):** é caracterizada pela exploração, na qual a triagem de oportunidades de carreira é muito hesitante porque a pessoa não utiliza plenamente suas aptidões e interesses.
- **Idade adulta (de 25 a 44 anos):** a pessoa, devido aos compromissos sociais que assume, tende para a estabilização das capacidades e para a busca de canalização dos interesses num mundo que já é, então, melhor compreendido.
- **Estágio de maturidade (de 45 a 64 anos):** é apontado como fase da permanência, pois várias pessoas viveram processos de mudança significativa em suas carreiras nesta fase. Tais casos são notados principalmente em função da turbulência vivida no ambiente profissional, o que obriga as pessoas a estarem em constante reciclagem de conhecimentos. São notados também em decorrência de mudanças na estrutura familiar, quando os filhos estão deixando o convívio dos pais, o que faz com que a mulher reveja seu papel; e o casal, suas relações.
- **Estágio da velhice (após 64 anos):** é vista como uma fase de declínio das capacidades físicas e mentais, o que estimula os indivíduos a retirarem-se gradativamente de sua atividade predominante durante a fase adulta e de maturidade.

Esses estágios, embora não ocorram de forma linear e uniforme em termos individuais, mostram que a relação das pessoas com a carreira sofre alterações ao longo do tempo.

É de grande importância antes de qualquer ação saber o que você realmente quer para sua vida pessoal e profissional. Pergunte para você mesmo: "por que eu quero conquistar isto?" e "o que isto proporcionará de bom para minha vida?". Ao desejarmos algo, é importante ter em mente o caminho que precisaremos percorrer para conquistar o que estamos almejando.

A maneira como nos sentimos é a que faz toda a diferença. A diferença entre o sucesso e o fracasso está relacionada ao estado mental e físico que vivenciamos num determinado momento. Você pode ser dotado dos recursos internos mais poderosos, mas se insistir em manter um estado negativo, nunca utilizará esses potenciais de excelência.

Nesta caminhada existem algumas ferramentas essências para conquistarmos o que desejamos; uma delas é a metodologia METAS, que desenvolvi para deixar claro como colocar em ação o que desejamos. Para conseguirmos conquistar nossas METAS, precisamos estabelecer alguns passos. Sempre que inicio um processo de *coaching* ou aulas em uma nova turma, procuro motivá-los e mostrar que é possível chegar onde desejamos, desde que façamos isso de forma planejada, seguindo cada passo no momento certo.

O que descreverei para vocês, se bem seguido, fará com que obtenham o início da conquista do sucesso profissional e pessoal que tanto desejam. Chamo isso de metodologia do **SOM** (**S**onho, **O**bjetivo e **M**eta), cujo formato é como visualizamos nossos desejos em nossas vidas. Lembrem-se, nada na vida vem com facilidade, e quanto maior a realização que buscamos, maior será o empenho que devemos ter! Então vamos compreender melhor o significado de cada passo do **SOM**:

O SOM na Gestão de Carreira

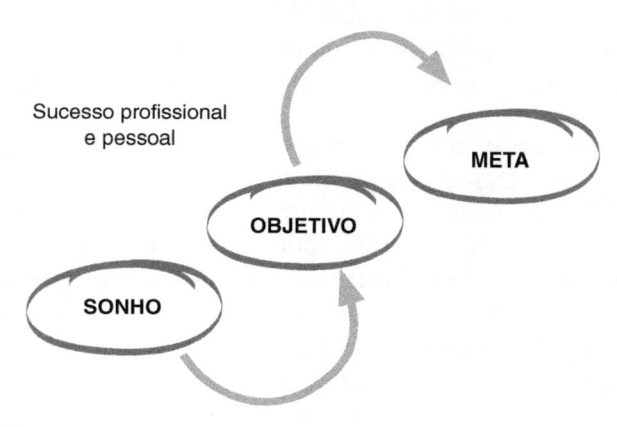

Fonte: O autor.

Figura 9.1 Sonho, Objetivo e Meta.

2.1.1 Sonho

Todos nós temos o direito de sonhar, conforme a frase de Walt Disney, que diz "Se podemos sonhar, também podemos tornar nossos sonhos realidade". Como costumo dizer, o sonho representa a possibilidade de desejar alguma coisa; além do mais, o sonho é livre e abre possibilidades que nos transportam para grandes realizações futuras. Você pode sonhar em ter um carro do ano, ter uma bela casa própria, cursar uma universidade, conquistar o emprego dos sonhos, entre outros, pois para sonhar não é preciso pagar nada!

Sempre reforço que os sonhos não deverão ser comentados com todos ao nosso redor, pois ao comentarmos com pessoas que não estejam na mesma sintonia que a nossa, ouvimos comentários como "você está louco", "isto não é para você", "você nunca vai conseguir isto" etc. Assim, quando tiver um sonho, não comente com qualquer pessoa que esteja ao seu redor e, se for comentar, fale somente com pessoas de sua total confiança.

Quanto mais sonharmos com algo, mais perto chegaremos do estágio que se aproxima do objetivo. Quando acreditamos que um sonho é possível de ser realizado, o transformamos em OBJETIVO. Lembre-se da afirmação de Mao Tse-Tung: "toda grande caminhada começa com o primeiro passo".

Assim, comece a transformar seus sonhos em objetivos.

2.1.2 Objetivo

Ao traçarmos um objetivo em nossas vidas, começamos a materializá-lo, nos aproximando da META e nos distanciando do SONHO, pois nos mobilizamos focando naquilo que tanto queremos realizar. Nesta etapa, começamos a definir melhor o que almejamos, a fim de traçarmos o melhor caminho para que o sonho comece a se materializar. Nesta caminhada, é preciso trabalhar com os seguintes itens:

- **Visão de futuro:** imagine como você gostaria de estar daqui a cinco, dez ou quinze anos. Desenhe ou escreva a primeira coisa que vier à sua mente e não deixe que preconceitos ou outros pensamentos bloqueiem sua visão. Simplesmente coloque no papel tudo aquilo que visualiza para seu futuro. Identifique o fator de importância para realização desse sonho, pois lhe ajudará a refletir para que você possa encontrar aquilo que mais deseja e os motivos pelos quais quer alcançar esse objetivo.

- **Acreditar:** desenvolva princípios simples, porém claros, de sua de vida pessoal e profissional que irão guiá-lo até seu objetivo final. Uma pesquisa proporcionará visualizar as melhores oportunidades dentro do que almejamos e podemos realizar naquele momento.

- **Realização:** lembrar-se do momento em que você se sentiu satisfeito é uma ótima maneira de identificar os maiores desejos e inclinações de seu coração. O propósito que você busca pode estar escondido em experiências muito positivas que você já experimentou, sem saber que estava cumprindo seu principal objetivo ou propósito.

- **Determinação:** em tudo que desejarmos muito para nossa vida, precisaremos de determinação, pois sem ela não chegaremos a lugar algum ou iniciaremos e pararemos no meio do caminho. Então analise seu momento atual e onde deseja chegar, para que você não desista de seu objetivo perdendo o foco, pois é muito mais fácil ficarmos como estamos do que aceitarmos que precisamos mudar para conseguirmos o que desejamos. Nos momentos difíceis, procure um amigo de confiança para conversar. Com certeza, as palavras dele lhe ajudarão, e muito, a continuar em sua caminhada.

- **Ação:** depois de definirmos todas as possibilidades, de forma objetiva é preciso agir, colocando em prática tudo que foi pesquisado, checar se o caminho traçado está sendo concretizado, fazendo os devidos ajustes e correções para irmos de forma assertiva em direção de nossa META.

Além desses itens, diga sim para a mudança. Nessa caminhada, teremos de adotar hábitos que não fazem parte do nosso dia a dia para conquistarmos o que desejamos. Há uma frase que diz "O ser humano só muda quando a dor de permanecer como está for maior do que a dor de mudar! Então sejamos donos de nossas vidas para não deixar que a dor de permanecer como estamos seja um motivo para mudar.

2.1.3 Meta

Em nossos aprendizados durante a vida, na escola ou em casa, dificilmente aprenderemos sobre o significado e a importância do estabelecimento e da concretização de uma meta. Por conta disso, a grande maioria de nossas realizações é proveniente da famosa "tentativa e erro", na qual aprendemos muitas vezes pela dor qual o melhor caminho a seguir.

Após definição e concretização do objetivo, nós o transformamos em meta, que será ponto de honra para trabalharmos e a conquistarmos. Em meus trabalhos como *coach*, defini a meta como a metodologia METAS adaptada do sistema SMART (Specific, Measurable, Attainable, Relevant and Time Based).

Para que vocês possam compreender melhor, elaborei um exemplo de uma pessoa que deseja conquistar o cargo de Gerente de Logística. Neste exemplo destaco, passo a passo, como preencher para acompanhar o que almeja. Então vamos lá.

Mensurável

É preciso definir, da melhor forma possível, o que se deseja com a concretização da meta. Quanto maiores forem os detalhes, mais fácil será de assimilar e traçar o próximo passo, que será o específico. Esses detalhes serão importantes para que, no futuro, não tenhamos o arrependimento de termos conquistado o que não nos proporcione realização profissional e pessoal.

Exemplo: Ser Gerente de Logística na empresa Brasil S.A, na cidade de Santo André, no Estado de São Paulo, com salário de R$xxxx. Este cargo deverá ser desafiador e, ao mesmo tempo, recompensador para que eu possa crescer de forma profissional e pessoal.

Específica

Neste campo, você deve colocar tudo o que será preciso fazer em sua caminhada rumo à concretização da meta que ainda não possui. Este é um dos itens mais importante após o item mensurável. Como sugestão, fazer uma pesquisa para saber quais são os pré-requisitos para que esteja apto a conquistar o que descreveu no item mensurável. Não economize nos detalhes.

Exemplo: Para conseguir a vaga de Gerente de Logística na empresa Brasil S.A, precisarei:

- ter graduação em logística;
- ter cursado Pós-graduação ou MBA em Logística e *Supply Chain*;
- ter realizado cursos de especialização condizentes com o cargo almejado;
- possuir experiência de 5 anos em cargo de gestão;
- ter capacidade de resolução de problemas;
- ter capacidade de gestão de equipes e liderança;
- falar Inglês fluentemente;
- possuir *networking*, contatos de confiança que poderão ser apresentados na empresa.

Temporal

Analisar todo o caminho a ser percorrido, a fim de determinar o tempo necessário para a concretização da meta é de grande importância. Este item temporal tem por objetivo ajudar a estabelecer o tempo para cada item do Alcançável, que determina o que não tenho e precisarei realizar. Dos itens que precisam ser realizados, precisamos determinar o prazo em que o mesmo será concretizado.

Exemplo: Depois de descrever no item Alcançável, tudo que preciso para conseguir a vaga, percebi que terei de cursar uma pós-graduação ou MBA em Logística e *Supply Chain que tem duração de 18 meses, sendo assim* , ainda será necessário esperar no mínimo 18 meses, que é o prazo máximo para conclusão do curso.

Alcançável

Descrever passo a passo o que precisa ser feito, o que ainda não possui, para concretizar a meta estabelecida. Neste item, você destacará no item Específico o que ainda não possui e que terá de concretizar, pois sem eles não conseguirá conquistar sua meta. Após preencher esse item, escolher o item de maior tempo para preencher o item Temporal.

Exemplo: Para conseguir a vaga de Gerente de Logística na empresa Brasil S.A, precisarei concretizar as seguintes habilidades, que ainda não possuo, descritas no item Específica:

- Curso de pós-graduação ou MBA em Logística e *Supply Chain* – 18 meses.
- Experiência de 5 anos em cargo de gestão – 12 meses para completar 5 anos.
- Inglês é um diferencial – 6 meses para completar inglês fluente.

Satisfação

Descrever o quanto representará para você a concretização da meta realizada. Trata-se de uma satisfação pessoal.

Exemplo: Felicidade e sentimento de realização por concretizar meu desejo profissional tão almejado, pois este proporcionará oportunidade de uma vida financeira melhor para mim e minha família.

Com foco e determinação, este conjunto de ações com a utilização do PDCA (*Plan* – planejar; Do – fazer; *Check* – checar; e *Action* – agir, corrigir) proporcionará a obtenção de sucesso profissional e pessoal, seja para conquistar uma nova posição no mercado de trabalho, seja para manter sua posição atual. Essas ações compreendem não só a divulgação de uma imagem melhor de nós mesmos, mas também o aprimoramento de nossas competências e o investimento em nossa qualificação.

Depois que concretizarmos nossa META, nos sentiremos autoconfiantes e capazes de realizarmos qualquer coisa em nossas vidas. Neste momento, já não veremos tantos obstáculos como víamos anteriormente em tudo que íamos fazer, e o sentimento de que querer é poder desde de que se faça por merecer é evidente.

Agora, pare um pouco e pense quantas coisas você já conseguiu realizar à partir do momento que começou a acreditar que seria capaz de fazer. É que os grandes feitos nos assustam. Achamos que não somos merecedores deles. Mas uma coisa é certa, quando você não faz, outra pessoa virá e fará no seu lugar.

Qual a sua META hoje?

Comece a implementá-la a partir de hoje, pois mesmo que as oportunidades não sejam iguais para todos, não faça disso uma desculpa, pois quando acreditamos que somos capazes de realizar o que queremos, cedo ou tarde, através do sonho transformando em objetivo veremos que os obstáculos não serão motivos para concluirmos a nossa META.

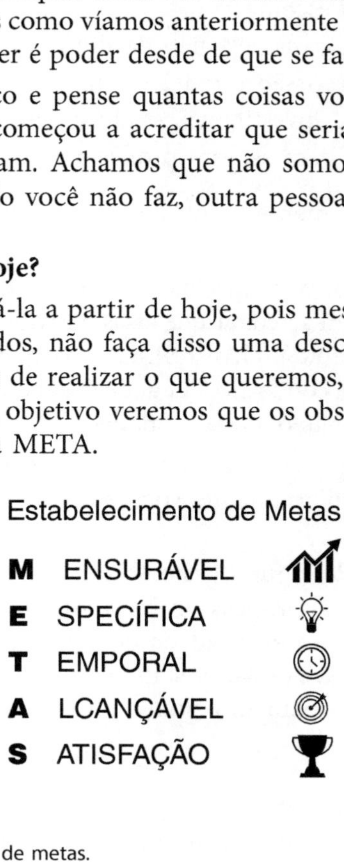

Estabelecimento de Metas

M ENSURÁVEL

E SPECÍFICA

T EMPORAL

A LCANÇÁVEL

S ATISFAÇÃO

Fonte: O autor.
Figura 9.2 Estabelecimento de metas.

Aprendi observando alguns feitos de pessoas nesta vida, que me fizeram compreender que: alguns já nascem sabendo o que desejam para sua vida, outros aprenderão conforme sua caminhada na vida, mas outros passarão a vida inteira sem saber o que desejam para sua vida.

2.2 Qualificação dos profissionais de logística

Quando falamos em conquista do espaço profissional, surge a seguinte pergunta: "qual o melhor caminho a seguir?". Para a maioria das pessoas, é grande a dificuldade da escolha profissional. Muitas vezes, somos induzidos por familiares, que influenciam direta ou indiretamente em nossa escolha, ou, em contrapartida, acabamos "pegando o que vier", alegando ser uma necessidade do momento e que, se não aproveitarmos essa oportunidade, jamais teremos outra.

Muitas vezes nos sentimos perdidos quando nos deparamos com os seguintes questionamentos:

- Qual profissão devo escolher?
- Gosto desta profissão, mas ela não dá dinheiro.
- Acredito que esta profissão é rentável, mas não gosto de suas atividades.
- Será que vale a pena investir em estudo e cursos complementares?
- O que preciso fazer para ser um profissional de sucesso?

Esta seção tratará exatamente do último questionamento, ser um profissional de sucesso.

Como diz aquela máxima conhecida por todos, "querer é poder". Alguns de vocês neste momento podem acreditar que essas palavras demonstram um otimismo muito grande, ou que somente podem realizar a conquista profissional aqueles que possuem situação financeira confortável. Grande engano dos que pensam assim! Mas, como já comentei neste capítulo, querer é poder, desde que se faça por merecer.

Então, preste muita atenção nas dicas que passarei a seguir. Sempre digo que, se bem trabalhadas, diariamente, você obterá o sucesso que tanto deseja e até se surpreenderá.

Com a colaboração de alguns gestores que participaram dos comentários no *blog* Amarildo Nogueira, práticas vivenciadas em conversas com gestores de várias empresas onde tive a oportunidade de atuar como consultor e leituras de livros que abordam este tema, elaborei uma lista que contempla os principais tópicos do perfil desejado para um bom profissional, na qual se destacam as seguintes características:

- Capacidade de administrar o tempo de suas atividades.
- Possuir produtividade que realizar uma atividade no menor tempo possível sem a necessidade de retrabalho.

- Ter dos últimos empregadores ótimas referências técnicas e comportamentais.
- Possuir cursos na área de atuação e manter-se atualizado.
- Ser bom ouvinte e saber se posicionar de forma clara e objetiva.
- Encontrar várias formas de atingir seus objetivos.
- Ter atitude voltada para a solução, e não para o problema.
- Conseguir controlar suas emoções, mantendo a calma nos momentos difíceis.
- Possuir facilidade em trabalhar em equipe.

A conquista de seu espaço profissional depende exclusivamente de você e de seu comportamento na busca por aquele. Acreditar e se preparar para este momento é o que o conduzirá ao sucesso. Compartilhe as alegrias, dúvidas, inseguranças e angústias com as pessoas que realmente AMAM você.

Não deixe que pessoas que nem sequer o conheçam plenamente lhe digam coisas sobre você, que muitas vezes não são reais; por isso é importante acreditar em si mesmo. E, como costumo dizer, "só é duradouro aquilo que se renova todos os dias". Pense nisso e você terá o sucesso pessoal e a conquista profissional que deseja.

Perfil do profissional de logística

Com a globalização, maiores oportunidades surgiram para as empresas. Assim, os processos logísticos passam por mudanças a cada ano para adequação e aumento da competitividade das empresas. A logística vem ganhando notoriedade e conhecimento por parte da população, diferentemente da visão de ser somente relacionada a transporte, conforme ouvíamos muito em 2000, ano em que teve início o primeiro curso de bacharelado em Logística no Brasil, disponibilizado pela UNIVALI (Universidade do Vale do Itajaí), em Santa Catarina, oferecendo 50 vagas e formando em 2002 19 bacharéis em logística. Desde então, a logística vem crescendo e se profissionalizando.

Por causa desse conhecimento adquirido pela grande maioria da população, não basta apenas conhecer os processos logísticos, mas também especializar-se na área de atuação em que se deseja trabalhar, participando de treinamentos e cursos para aumentar o conhecimento, e melhores oportunidades profissionais, ter uma boa *network*, acompanhar o mercado e sua tendência, bem como as inovações decorrentes ou de relevância para a logística.

Atribuições do profissional de logística

As empresas estão sempre em busca da melhoria de seus processos e atividades. Essas mudanças ocasionadas pelas próprias empresas fazem com que o perfil desses profissionais passe por algumas mudanças para se adequar a essas melhorias. Após algumas pesquisas realizadas com gestores da área, foram destacadas as seguintes atribuições para o atual profissional de logística:

- Formação profissional e cursos de especialização na área em que deseja atuar.
- Capacidade de interagir com os mais variados níveis hierárquicos das organizações.
- Ser uma pessoa que saiba trabalhar em equipe.
- Possuir proatividade, não esperando que seja cobrado pelas suas tarefas, e multifuncionalidade, adaptando-se a outras funções correlatas sempre que necessário.
- Vontade de aprender e crescer, responsabilidade e, principalmente, cumplicidade com o trabalho e com a organização, fidelidade não à chefia, mas à empresa e seus objetivos.
- Conhecimento de tecnologias da informação que proporcione maior *performance* e rendimento aos processos logísticos.
- Possuir resiliência para ser capaz de vencer as dificuldades e obstáculos, por mais fortes e traumáticos que eles sejam.
- Possuir inteligência emocional para ter a capacidade de manipular as emoções de forma que elas trabalhem a favor e o conduzam mais próximo de seus objetivos.
- Saber onde se deseja chegar, sempre respeitando o próximo e a si mesmo.

Quando falamos do perfil ideal e quais as atribuições desse profissional, fica evidenciado que as empresas buscam pessoas competentes e que desejam fazer a diferença, sendo, de fato, como costumo dizer, um empreendedor de sua carreira.

Profissionais de logística: um mercado em constante mudança

Neste mercado cada vez mais dinâmico e competitivo, as empresas desejam profissionais com qualificações que lhes possibilitem executar as tarefas para as quais foram contratados com eficiência, rapidez e qualidade. As empresas que buscam melhorar sua competitividade, reduzindo seu ciclo do pedido à entrega, consideram a administração da cadeia de abastecimento para ajudá-las a alcançar essa meta. Como o *supply chain management* abrange todos os processos envolvidos na produção e entrega de um produto ao consumidor, oferece a oportunidade de identificar restrições que podem tornar algumas dessas atividades lentas ao longo da cadeia.

As empresas buscam não somente um profissional de logística, mas talentos, pessoas que possuam conhecimento para bom desenvolvimento de suas atividades. Muitas empresas vêm se queixando de que o profissional muitas vezes não chega preparado para exercer a função para a qual foi contratado e o quanto está difícil conseguir bons profissionais nesse mercado de trabalho. O dinamismo do mundo atual faz com que as pessoas tenham que se adaptar rapidamente às mudanças que, diga-se de passagem, ocorrem, cada vez, de forma mais veloz. O profissional de logística deve ser hoje um especialista na área que escolheu, atuar dentro do SCM, para, assim, melhorar a competitividade da empresa, reduzindo seu ciclo do pedido à entrega, utilizando as ferramentas do SCM e práticas que aumentem o valor agregado. Hoje não basta ter um conhecimento superficial, mas também um conhecimento mais abrangente que lhe permita analisar, planejar, implementar e inovar processos.

Quanto ao motivo dessas novas exigências, pode-se dizer que é pelo fato de a logística não ser, hoje, um diferencial, mas, sim, uma necessidade que garante às empresas melhor *performance* em seus processos. Muitos profissionais vêm procurando aprender um pouco mais sobre as principais atividades e ferramentas que fazem parte do processo logístico. As informações que diziam respeito somente aos profissionais de logística, hoje, fazem parte do entendimento de profissionais das mais variadas áreas. Em 2005, os processos logísticos eram desenvolvidos, exclusivamente, por profissionais das áreas de administração de empresas, engenharia e informática. Tudo isso por conta da carência de escolas, faculdades e cursos de pós-graduação em Logística.

O quadro mudou e os cursos oferecidos na área de logística aumentaram significativamente, formando um número maior de profissionais. A demanda por profissionais multifuncionais, com capacidade para conversar e interagir com os diversos setores de uma empresa, tais como fiscal, compras, comercial e vendas, só tende a aumentar. A empresa terá nesse profissional uma reserva de tecnologia, agregação de novidades no processo e maior lucro nas operações com a diminuição dos gargalos logísticos, gerando melhor *performance* nos processos.

2.3 Carreira intraempreendedora

Quando se fala em carreira, muitos são os anseios e expectativas por parte das pessoas nos mais variados locais. Tenho observado que grande parte dessas pessoas deseja conquistar o emprego dos sonhos. Não existe nenhum passe de mágica, mas tudo que foi destacado neste capítulo lhe ajudará e muito se for seguido com planejamento, determinação e foco. Por esse motivo, decidi tratar do tema Intraempreendedorismo, que ainda é pouco conhecido mas de grande valia para os conceitos mencionados anteriormente.

O Intraempreendedorismo é uma modalidade ainda pouco trabalhada pelas pessoas, visto que as empresas e os colaboradores se preocupam no dia a dia com a qualidade de mão de obra e o lucro que a empresa está obtendo. É claro que uma empresa sem lucro não sobrevive, mas é importante ressaltar que empresas que fazem um trabalho focado em fornecer oportunidades para que seus colaboradores se desenvolvam obtêm maiores oportunidades de conquistar soluções e produtos inovadores e criativos que proporcionarão impacto e aumento das receitas.

O Intraempreendedorismo é uma modalidade de empreendedorismo praticado por colaboradores dentro da empresa. São profissionais que possuem capacidade diferenciada de analisar cenários, criar ideias, inovar e buscar novas oportunidades para essas empresas. São aqueles que ajudam a movimentar a criação de ideias dentro das organizações, mesmo que indiretamente.

Este tipo de profissional lida muito bem com a busca pelo novo, pois está focado na melhoria contínua do seu setor, departamento ou até mesmo de toda a empresa, dependendo da abrangência que sua ideia possa ter. Ele busca se capacitar cada vez mais para superar os desafios que lhe são apresentados. É, acima de tudo, ousado e bastante criativo. As principais características do intraempreendedor são:

- Possui uma missão de vida definida.
- Realização com o que faz.
- Engajado com a missão, visão e valores da empresa.
- Busca novas oportunidades.
- É competente, possuindo conhecimento, habilidade e atitude.
- Confiante (determinado, paciente e focado).
- Possui inteligência emocional e resiliência.
- Produtivo.
- Persuasão e redes de contatos.
- Estabelece e concretiza metas.

Além dessas características, o fundamental é o espírito empreendedor, de modo que tudo que faz é como se fosse para sua própria empresa.

2.3.1 Etapas para construção de um projeto profissional

Construir um projeto profissional faz toda diferença. Conforme Dutra (2002), pode-se estabelecer as seguintes etapas para construção de um projeto profissional:

1) **Autoconhecimento:** é sem dúvida, a parte mais importante e difícil do processo; é o saber-se, o conhecer-se, olhar-se. As técnicas mais comuns são a análise de realizações, a análise de valores pessoais e a análise de personalidade. Pelo levantamento de realizações, a pessoa percebe sua evolução e seus pontos fortes.

2) **Conhecimento do mercado:** o mercado, dentro e fora da empresa, deve ser sempre analisado observando-se as opções, as tendências, as limitações e as alternativas de desenvolvimento profissional. Verifica-se, por meio de pesquisas, que as pessoas orientam suas carreiras considerando o organograma da empresa ou seu plano de cargos e salários. Esse é um grande equívoco, pois o organograma e os cargos refletem o passado ou o presente. Quando se pensa em carreira, a cabeça deve estar no futuro e não no passado.

3) **Objetivos da carreira:** é importante procurar responder como será possível estar feliz profissionalmente daqui a 5 anos. Recomenda-se, ainda, que os objetivos sejam pensados em todas as dimensões relevantes: familiar, social, pessoal e econômica etc.

4) **Estratégia da carreira:** uma vez definido o objetivo, a pergunta seguinte é: "qual a estratégia para alcançá-la?". As possibilidades são o crescimento na empresa ou buscar novas oportunidades no mercado, a diversificação com a agregação de novas responsabilidades ou atribuições, a integração de nova área de trabalho na empresa ou novas ocupações fora dela e a possibilidade de ter seu próprio negócio.

5) **Plano de ação:** após definição da estratégia, é importante a elaboração de um plano de ação. O plano de ação deve conter metas com prazo e descrever o caminho que deve ser seguido para que este seja alcançado. Neste item, é importante utilizar a metodologia METAS, conforme já apresentada neste capítulo.

6) **Acompanhamento do plano:** a avaliação dos resultados das estratégias de carreira deve ser um processo continuo. Para isso, as metas estabelecidas representam um padrão de mensuração importante. Além disso, é importante avaliar a consistência das ações e das próprias metas quanto às demandas da empresa e da ocupação, demandas do ambiente, disponibilidade de informação e recursos, compatibilidade com a vida familiar, lazer e interesses pessoais, que servirão para indicar necessidades de revisão do planejamento de carreira.

2.4 Estratégico, tático e operacional: sua função na empresa

Dos vários cargos que fazem parte de uma empresa, cada um possui uma descrição, bem como importância para os processos realizados. Desde as atividades do presidente até a do auxiliar, as funções atribuídas aos cargos precisam ser realizadas com produtividade, para que a empresa consiga obter resultados significativos financeiros e de crescimento para se manter competitiva no mercado.

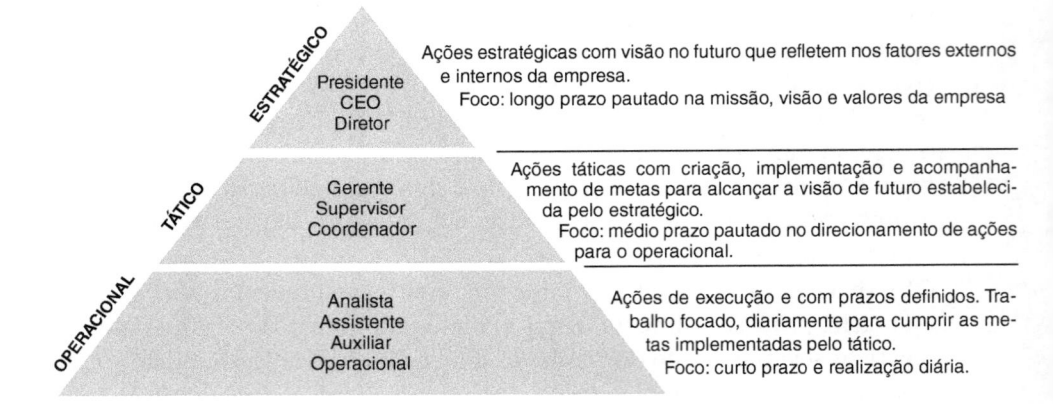

Fonte: O autor.

Figura 9.3 Principais cargos nos níveis estratégico, tático e operacional.

Analisando as empresas, praticamente todas, ainda que de forma inconsciente, sempre se caracterizam pela presença de, no mínimo, três níveis organizacionais: estratégico, tático e operacional. Para compreendermos melhor as atividades de cada nível, detalharemos melhor sobre sua participação.

Nível estratégico

É no nível estratégico em que tudo começa, é a visão do futuro da organização, que se estrutura nos fatores ambientais externos e nos fatores internos, no qual definimos os valores, visões e missão da organização.

São de responsabilidade da alta administração da empresa as decisões tomadas no nível estratégico, em sua maioria pelo presidente ou CEO (*Chief Executive Officer* – Executivo Chefe), ou diretoria. Isso depende de como a empresa distingue o nível hierárquico de seus processos.

As ações são criadas pensando em longo prazo, normalmente para o período de cinco a dez anos, com o objetivo de buscar uma visão ampla da organização sem ações muito detalhadas, pois seria difícil acertar tantos detalhes para um período tão longo.

Planejamento tático

O nível tático tem um envolvimento mais limitado, a nível departamental, envolvendo às vezes apenas um processo de ponta a ponta, enquanto o planejamento estratégico se desdobra para toda a organização.

O nível tático é o responsável por criar metas e condições para que as ações estabelecidas no planejamento estratégico sejam atingidas. Por se tratar de um nível mais específico, as decisões podem ser tomadas por pessoas que ocupam os cargos entre a alta direção e o operacional, como executivos da diretoria e gerentes.

Uma característica que diferencia o nível tático é o tempo em que as ações são aplicadas, geralmente no período de um a três anos, mensurando ações para um futuro mais próximo do que o visado no planejamento estratégico, ou seja, médio prazo.

Neste nível, as ações passam a ser mais detalhadas. O plano tático traduz e interpreta o plano estratégico para transformá-lo em planos concretos, nos quais vamos desenvolver o plano de marketing, produção, logístico, pessoal e financeiro empresarial.

Planejamento operacional

É no nível operacional que saem as ações das metas traçadas pelo nível tático para atingir os objetivos das decisões estratégicas. Neste nível, os envolvidos são aqueles que executam as ações que são aplicadas em curto prazo, geralmente no período de três a seis meses, tempo este para análise do histórico das metas estabelecidas.

Aqui, todos os níveis da organização estão envolvidos e cuidam do acompanhamento da rotina, garantindo que todas as tarefas e operações sejam executadas, de acordo com os procedimentos estabelecidos, preocupando-se em alcançar os resultados específicos.

Tabela 9.1 Exemplos de cargos na logística

Cargo	Descrição das atividades	Pré-requisitos para o cargo	Nível
Diretor de Logística & *Supply Chain*	Dirigir e realizar planejamento estratégico alinhado à missão e visão da empresa com as atividades do ambiente externo e interno, para contribuir no desenvolvimento da empresa. Executar a estratégia da Logística e *Supply Chain*, proporcionando melhor desempenho operacional, engajamento dos colaboradores, satisfação dos clientes, aumento da receita e crescimento da margem do negócio.	Experiência internacional (é um diferencial). Curso de MBA ou pós-graduação. Inglês fluente. Espanhol fluente (é um diferencial). Experiência de 3 a 5 anos. Cursos de especialização em logística e gestão. Elevada capacidade de resolução de problemas. Capacidade de gestão de equipes e liderança.	Estratégico
Gerente de Logística	Gerenciar, planejar, implementar, controlar e avaliar a eficiência dos processos logísticos utilizados pela empresa, baseando-se na disponibilidade de recursos físicos, materiais, financeiros e humanos. Gerenciar as atividades de programação da produção, estocagem, distribuição e o transporte de produtos, atendendo pedidos de vendas e prazo de entrega.	Curso de MBA ou pós-graduação. Inglês fluente (é um diferencial). Experiência de 2 a 3 anos. Cursos de especialização em logística e gestão. Capacidade de resolução de problemas. Capacidade de gestão equipes e liderança.	Tático

Cargo	Descrição das atividades	Pré-requisitos para o cargo	Nível
Coordenador de Logística	Coordenar e planejar o fornecimento e o controle de materiais produtivos e improdutivos da empresa. Desenvolver novos fornecedores e fontes alternativas de materiais e/ou insumos, objetivando a qualidade e o custo dos produtos. Participar do planejamento, programação e controle de produção.	Curso de MBA ou pós-graduação (é um diferencial). Inglês avançado (é um diferencial). Curso superior. Experiência de 1 a 2 anos. Cursos de especialização em logística e gestão. Capacidade de resolução de problemas. Capacidade de gestão de equipes e liderança.	Tático
Supervisor de Logística	Supervisionar as funções de logística que incluem operações de depósito em armazém, distribuição, previsão, planejamento, sistemas, atendimento ao cliente e compras. Orienta a equipe da área nas operações diárias, atua junto no relacionamento com terceiros, com fornecedores de logística e outros membros da cadeia de suprimentos.	Curso de MBA ou pós-graduação (é um diferencial). Inglês avançado (é um diferencial). Curso superior. Experiência de 1 a 2 anos. Cursos de especialização em logística e gestão. Capacidade de resolução de problemas. Capacidade de gestão de equipes e liderança.	Tático
Analista de Logística	Analisar os processos e o desenvolvimento de estudos para implantação de alternativas de logística, visando adequação de prazos e redução de custos. Analisar sistema de transporte, distribuição, processos de movimentação e armazenagem de materiais e produtos. Efetuar análise referente a compra de produtos, controle de estoque e atendimento de pedidos, objetivando melhorias nos processos e redução de custos logísticos.	Curso superior ou tecnólogo. Experiência de 1 ano. Cursos de especialização em logística e gestão. Capacidade de resolução de problemas. Facilidade na interação com equipe e liderança.	Operacional
Assistente de Logística	Realizar atividades administrativas do setor, participar no desenvolvimento e execução de atividades logísticas, visando adequação para cumprimento de prazos e redução de custos.	Curso técnico em Logística. Cursos de especialização em logística (é um diferencial). Capacidade de realizar tarefas de forma assertiva. Facilidade no trabalho em equipe e liderança.	Operacional

Cargo	Descrição das atividades	Pré-requisitos para o cargo	Nível
Auxiliar de Logística	Auxiliar nas atividades de Logística, mediante execução de atividades, tais como: atualização, via sistemas, das entradas e saídas de materiais, análise e encerramento das ordens de produção e emissão de ordens de produção.	Curso técnico em Logística. Cursos de especialização em logística (é um diferencial). Capacidade de realizar tarefas de forma assertiva. Facilidade no trabalho em equipe e liderança.	Operacional
Operacional	Cumprir os programas e operações conforme determinações estabelecidas na área de atuação. Atuar na área de Logística, envolvendo toda a rotina para realização das atividades operacionais determinadas.	Curso técnico em logística. Cursos de especialização em logística na área operacional (é um diferencial). Capacidade de realizar tarefas de forma assertiva. Facilidade no trabalho em equipe e liderança.	Operacional

Fonte: O autor.

É importante compreender que o planejamento estratégico não vai sair do papel se os níveis tático e operacional não realizarem de forma competente suas ações, pois é um processo integrado e interdependente. Todos os níveis são fundamentais: o estratégico, para orientar a visão; o tático, para desdobrar essa visão em planos de ação menores; e o operacional, para levar os planos à execução.

2.5 *Coaching* para uma carreira de sucesso

Em alguns momentos de nossas vidas nos sentimos perdidos com relação a qual caminho seguir e o que fazer para conquistar o sucesso profissional tão desejado, porém achamos que uma ajuda neste momento não é necessária. Engano de quem pensa assim. Neste processo, utilizamos os seguintes termos, que descrevo a seguir para compreensão:

- *COACH: Profissional qualificado que realiza o processo;*
- *COACHEE: Pessoa que passa pelo processo de coaching;*
- *COACHING: O processo de desenvolvimento entre coach e coachee.*

Um *coach* é peça fundamental para auxiliar as pessoas a liberar seu potencial e maximizar seu desempenho. Mais do que ensinar, o processo de *coaching* conduz as pessoas a encontrarem o melhor caminho a seguir. Os desafios da vida moderna têm tornado comuns as atividades de um *coach* para auxiliar a atingir metas na vida pessoal e profissional.

O processo de *coaching* é um processo focado em ações do *coachee* para realização de suas metas e desejos. Trata-se de ações no sentido de desenvolvimento e/ ou aprimoramento de suas próprias competências, equipando-as com as ferramentas, conhecidas e oportunidades para se expandir, usando os seguintes processos:

- Compreensão de seu comportamento, suas reações e características mais destacadas.
- O processo de investigação, reflexão e conscientização.
- Descoberta pessoal dos pontos a melhorar e das qualidades.
- Aumento da consciência de si.
- Definição de sua missão de vida.
- Aumento da capacidade de se responsabilizar pela própria vida;
- Estruturação de nossas metas e tarefas;
- Feedback realista;
- Alinhamento.

O processo de *coaching* tem foco em ajudar pessoas a avançar em relação às suas metas mais importantes, realizar seus objetivos e criar a versão do *coachee* da vida e da carreira ideais. O foco está nas responsabilidades futuras e de como transformá-las em realidade.

O *coaching* é uma prática objetiva que utiliza técnicas e ferramentas para facilitar a tomada de decisões e promover a expansão da consciência sobre quem somos e obter clareza sobre os objetivos que queremos atingir. Trabalha-se organização de tempo, dinheiro, relacionamentos e experiências para obtenção de resultados positivos mensuráveis em dez áreas da vida.

O processo é uma oportunidade para encontrar as próprias respostas e viver como uma versão melhor e mais avançada de nós mesmos. O *coaching* nos conduz através das metas, dando as ferramentas e a orientação para que elas sejam realizadas. Ele promove a conquista de uma vida plena e sob controle. Com ações e emoções controladas, ficamos mais responsáveis e comprometidos com nossas escolhas, e nenhuma meta é distante demais para ser alcançada!

Alguns benefícios do processo de *coaching*:

- Você atinge, consistentemente, um desempenho maior em tudo o que faz.
- Torna-se mais produtivo e criativo.
- Adquire mais confiança e clareza em relação às suas metas e valores para seguir em frente.
- Aprende a vencer bloqueios para aprender melhor.
- Seus relacionamentos tornam-se melhores, por saber o que quer e o que pode dar.
- Melhora sua qualidade de vida.

- Sua vida se torna mais equilibrada.
- Adquire mais flexibilidade.
- Recebe estímulo intelectual ao discutir ideias importantes.
- Transforma-se mais na pessoa que quer ser.
- Torna-se uma referência para os outros.
- Obtém sucesso pessoal e profissional que deseja.

O processo de *coaching* propicia o potencial para o avanço em sua vida pessoal e profissional e melhores resultados que você sempre desejou obter, mas não sabia como conquistar.

No processo de *coaching*, o *coach* não irá orientar, e sim gerar estímulos e trabalhar com as motivações intrínsecas do *coachee*, conduzindo-o à ação e lidando com o que realmente o motiva e é importante para ele.

Seu futuro é como um livro em branco, pronto para que você possa escrever os capítulos de sua história de sucesso daqui para a frente. Nele, você deve colocar tudo o que merece e deseja. Para conquistar, basta colocar em prática os aprendizados adquiridos no processo de *coaching*.

Não procrastine, deixando para começar a escrever sua história no futuro, pois um dia ela será lida, com todos os detalhes, e você não poderá mais corrigi-la nem fazer alterações, pois o passado estará fora de seu alcance. Então, comece a escrever sua história HOJE!

3. ESTUDO DE CASO

O colaborador Marcos ingressou em uma empresa há 11 anos como auxiliar de expedição e tem se dedicado bastante profissionalmente desde então. Durante certo período recebeu alguns aumentos e promoções que lhe proporcionaram novas oportunidades de obter conhecimentos profissionais.

Trabalhou por 5 anos como auxiliar de expedição e há 6 anos foi promovido para o cargo de analista de logística. Acredita que nesse período tenha se desenvolvido profissionalmente e que merece crescer ainda mais profissionalmente.

Ultimamente, o que tem lhe deixado incomodado é o fato de um novo funcionário, José Mário, ter ingressado na empresa, também como auxiliar de expedição, e hoje, depois de 3 anos de empresa, já ocupa o mesmo cargo que ele, analista de logística.

A empresa tem crescido muito nos últimos anos e com isso novas oportunidades estão para surgir. Com esse crescimento, o supervisor da área de logística de Marcos e José Mário será promovido para um novo setor em um novo desafio, o que deixará disponível sua vaga. Tudo leva a crer que Marcos e José Mário concorrerão a essa vaga, que deverá estar disponível em 18 meses.

Questão

Marcos sabe que José Mário é mais bem preparado por conhecer melhor as práticas para soluções de processos logísticos, bem como saber colocar em prática esses conhecimentos.

Como Marcos deve se preparar para conquistar esta vaga?

4. RESUMO

Descrevo aqui os principais assuntos discorridos neste capítulo:

- Ter uma carreira de sucesso é desejo de grande parte das pessoas no decorrer de suas vidas. É perceptível que as pessoas que têm mais sucesso naquilo que fazem são as que definem claramente suas metas e que trabalham e se empenham para conquistar o espaço merecido que tanto almejam.
- Compreender o processo de escolha de uma carreira e os desafios para obter esta conquista pesam sobre ela na realização de seu planejamento. Ao colocarmos em prática, seremos mais assertivos por compreender nossa postura e pensamento em diferentes momentos da vida.
- Uma caminhada tem seu início com o sonho, depois se transforma em objetivo e os materializamos em metas, quando faremos de tudo para ser alcançada.
- Para que possamos alcançar nossas metas, muito mais do que estar no lugar certo e na hora certa é preciso ter a qualificação apropriada, pois assim estaremos aptos e teremos mais chances de sucesso.
- O intraempreendedorismo é uma modalidade ainda pouco trabalhada pelas pessoas e com a qual as empresas e os colaboradores se preocupam no dia a dia. O profissional intraempreendedor lida muito bem com a busca pelo novo, pois está focado na melhoria contínua de seu setor, departamento ou até mesmo de toda a empresa.
- O processo de *coaching* propicia o potencial para o avanço em sua vida pessoal e profissional e melhores resultados que você sempre desejou obter, mas não sabia como conquistar.

5. EXERCÍCIOS

1. Quais são os cinco estágios de vida no que tange às opções de carreira?

2. Quais são os itens que fazem parte da metodologia SOM?

3. O que é intraempreendedorismo?

4. Quais são as etapas para construção de um projeto profissional?

5. O que é o processo de *coaching* e o que vem a ser *coach* e *coachee*?

GLOSSÁRIO

Algumas expressões importantes foram utilizadas neste livro, porém algumas são fundamentais para a logística. A seguir, alguns termos específicos para maior compreensão:

ABC *classification* **ou Classificação ABC** – utilização da curva de pareto para classificar produtos em três categorias, usando critérios de demanda e valor. Itens do grupo "A" – pouca quantidade, mas representam grande valor. Itens do grupo "B" – quantidade e valores intermediários. Itens do grupo "C" – muita quantidade, mas representam pouco valor.

Acuracidade – grau de ausência de erro ou grau de conformidade com o padrão.

ALCA – Área de Livre Comércio das Américas.

Área de expedição – é a área demarcada nos armazéns, próxima das rampas/plataformas de carregamento, onde os materiais que serão embarcados/carregados são pré-separados e conferidos, a fim de agilizar a operação de carregamento.

Armazém ou *Warehouse* – lugar coberto, onde os materiais/produtos são recebidos, classificados, estocados e expedidos.

Armazenagem – é a parte da logística responsável pela guarda temporária de produtos em geral (acabados, matérias-primas, insumos, componentes etc.). Pode ter uma variação de tipo de local físico, conforme característica e necessidade do produto, como, por exemplo, local coberto, local descoberto, local com temperatura controlada etc. Pode ter variação de tipo de estocagem, conforme característica e necessidade do produto, como, por exemplo, prateleira, gaveta, cantiléver, baia etc.

Atendimento de pedidos (como indicador de eficácia) – é a quantidade de pedidos atendidos prontamente, dividida pelo total de pedidos recebidos, vezes 100%.

Automação – está relacionado à automatização de processos e sistemas, tornando-os independente da atuação manual e repetitiva do ser humano.

Balsa – embarcação utilizada em rios e canais para o transporte de veículos e pessoas.

Bar Code – código de barras.

Barge ou Barcaça – embarcação de baixo calado, utilizada em rios e canais com ou sem propulsão, com a finalidade de transportar produtos.

Benchmarking – processo sistemático usado para estabelecer metas para melhorias no processo, nas funções, nos produtos etc., comparando uma empresa com outras. As medidas de *benchmark* derivam, em geral, de outras empresas que apresentam o desempenho "melhor da classe", não sendo necessariamente concorrentes. A empresa tem que adaptar o modelo, de acordo com o seu dia a dia (conforme sua própria característica).

Bi-trem ou reboque – é o conjunto monolítico formado pela carroceria com o conjunto de dois eixos e pelo menos quatro rodas. É engatado na carroceria do caminhão para o transporte, formando um conjunto de duas carrocerias puxadas por um só caminhão. É muito utilizado no transporte de cana-de-açúcar.

Blocagem ou *block stacking* – empilhamento simples sem uso de porta-paletes, no qual os paletes são empilhados diretamente no chão.

Bluetooth – Comunicação sem fio entre aparelhos.

Brainstorming **(tempestade de ideias)** – um grupo de pessoas tendo ideias sobre um determinado assunto ou problema, sem censura, com alguém estimulando a todos e anotando tudo falado.

BSC – *balanced score card* ou indicadores de desempenho organizacional.

BTB ou B2B – *business-to-business* ou comércio eletrônico entre empresas.

BTC ou B2C – *business-to-consumer* ou comércio eletrônico de empresas para o consumidor.

Business intelligence – conjunto de *softwares* que ajudam em decisões estratégicas.

Cabotagem – navegação costeira que tem lugar entre portos de um mesmo país ou região.

Calado – expressão do transporte marítimo que significa profundidade em que cada navio está submerso na água. Tecnicamente, é a distância da lâmina d'água até a quilha do navio.

Cálculo de Necessidades – é o método de programação da produção baseado na demanda derivada, ou seja, todas as peças, componentes, materiais e suprimentos que vão no produto ou serviço final.

Carreteiro – é o motorista que conduz o seu próprio veículo (caminhão) no caso do transporte rodoviário.

Cavalo mecânico – é o conjunto monolítico formado pela cabina, motor e rodas de tração do caminhão. Pode ser engatado em vários tipos de carretas e semirreboques, para o transporte.

CEO – *chief executive operation ou officer.*

Chapa – é a denominação dada ao profissional autônomo que é contratado pelo motorista de caminhão para fazer o carregamento ou descarregamento da carga, na origem ou destino.

Cobertura média ou CM – é a indicação de quantas vezes o estoque se renovou durante o período (n). CM = 12/Cr, ou seja, os 12 meses do ano divididos pelo coeficiente de rotação.

Conhecimento de transporte – documento emitido pela transportadora, baseado nos dados da nota fiscal, que informa o valor do frete e acompanha a carga. O destinatário assina o recebimento em uma das vias.

Consignação – prática utilizada no comércio, onde o comerciante coloca à disposição no ponto de venda para pronta entrega produtos de fabricantes/terceiros, sem que faça a aquisição dos mesmos. Só irá adquirir se vender. Com isto, não precisa desembolsar antecipadamente na aquisição dos mesmos.

Consolidação de cargas – consiste em criar grandes carregamentos a partir de vários outros pequenos. Resulta em economia de escala no custo dos fretes. É preciso um bom gerenciamento para utilizar este método, pois é necessário analisar quais cargas podem esperar um pouco mais e serem consolidadas. Se mal executado, compromete a qualidade do serviço de transportes, pois gerará atrasos.

Consolidação de exportação – um agrupamento de empresas com o objetivo de juntar sinergias e aumentar a sua competitividade, reduzindo os riscos e os custos de internacionalização.

Contêiner – equipamento de metal no formato de uma grande caixa, que serve para o transporte de diversos materiais, fazendo assim uma unitização de cargas, que ao estarem acondicionados no seu interior não sofrem danos durante o percurso e nem em caso de transbordo para outros modais. É reutilizável e possui quatro tamanhos principais: 30, 25, 20 e 10 toneladas.

Costado – chapas que revestem exteriormente as cavernas do navio.

CRM – *customer relationship management* ou gerenciamento do relacionamento com o cliente ou *marketing one to one.*

Cross-Docking – é uma operação de rápida movimentação de produtos acabados para expedição, entre fornecedores e clientes. Chegou e já sai (transbordo sem estocagem).

Cubagem ou *cubage* – volume cúbico disponível para estocar ou transportar. Calcula-se o metro cúbico multiplicando-se o comprimento pela largura e pela altura.

Curva ABC – demonstração gráfica com eixos de valores e quantidades, que considera os materiais divididos em três grandes grupos, de acordo com seus valores de preço/custo e quantidades, onde materiais classe "A" representam a minoria da quantidade total e a maioria do valor total, classe "C", a maioria da quantidade total e a minoria do valor total e "B", valores e quantidades intermediários.

Custo de obsolescência ou *obsolescence cost* – é o custo de se manter em estoque itens obsoletos ou sucateados. Geralmente, os itens obsoletos são componentes de equipamentos ou máquinas fora de linha de fabricação.

Custo do capital em estoque (materiais em processo) – é o valor médio do estoque em processo, vezes o custo do capital, dividido pela receita operacional líquida vezes 100%.

Custo do capital em estoque (matérias-primas) – é o valor médio do estoque de matérias--primas, vezes o custo do capital, dividido pela receita operacional líquida, vezes 100%.

Custo do capital em estoque (produtos acabados) – é o valor médio do estoque de produtos acabados, vezes o custo do capital, dividido pela receita operacional líquida vezes 100%.

Custo do pedido ou *order cost* – é o custo considerado somando basicamente as operações de fazer a solicitação a compras, acompanhar seu atendimento, fazer o recebimento, inspecionar quando da chegada, movimentá-lo internamente e fazer seu pagamento.

Custo logístico – é a somatória do custo do transporte, do custo de armazenagem e do custo de manutenção de estoque.

Demand chain management – gerenciamento da cadeia de demanda.

Demanda – em busca ou em procura de um produto ou serviço no mercado.

Distribuição – é a parte da logística responsável pelo transporte de cargas de forma pulverizada, para cada cliente ou ponto de venda.

Docas ou *docks* – é o local intermediário em que as mercadorias ficam entre a expedição e os transportes (vários modais), a fim de facilitar e agilizar a operação de carregamento e descarregamento.

DPS – *digital picking system*.

Drawback – envolve a importação de componentes, sem pagamento de impostos (IPI, ICMS, adicional ao frete para renovação da marinha mercante e Imposto sobre Prestações de Serviços de Transporte Estadual), vinculada a um compromisso de exportação.

DRP – *distribution resource planning* ou planejamento dos recursos de distribuição.

EADI – estação aduaneira interior.

ECR – *efficient consumer response* ou resposta eficiente ao consumidor. Estratégia na qual o varejista, o distribuidor e o fornecedor trabalham muito próximos para eliminar custos excedentes da cadeia de suprimentos e melhor servir ao consumidor.

EDI – *electronic data interchange* ou intercâmbio eletrônico de dados. Troca automatizada de um computador para outro, de informação de negócios estruturada, entre uma empresa e seus parceiros comerciais, de acordo com um padrão reconhecido internacionalmente.

Embalagem ou *package* – envoltório apropriado, aplicado diretamente ao produto para sua proteção e preservação até o consumo/utilização final.

Empilhadeira ou *fork lift truck* – equipamento utilizado com a finalidade de empilhar e mover cargas em diversos ambientes.

Ending inventory – inventário final.

E-Procurement – processo de cotação de preços, compra e venda *on-line*.

ERP – *enterprise resource planning* ou planejamento dos recursos do negócio.

Estoque – é a parte da logística responsável pela guarda de produtos e uma das atividades da armazenagem. Geralmente, este termo é utilizado para produtos acabados. Pode ter uma variação de tipo de local físico, conforme característica e necessidade do produto, como, por exemplo, local coberto, local descoberto, local com temperatura controlada etc. Pode ter variação de tipo de estocagem, conforme característica e necessidade do produto, como, por exemplo, prateleira, gaveta, cantilever, baia etc.

Estoque de proteção ou *hedge inventory* – é feito quando excepcionalmente está previsto um acontecimento que pode colocar em risco o abastecimento normal de estoque e gerar uma quebra na produção e/ou vendas. Normalmente são greves, problemas de novas legislações, período de negociação de nova tabela de preços etc.

Estoque de segurança ou *safety stock* – quantidade mantida em estoque para suprir nas ocasiões em que a demanda é maior do que a esperada e/ou quando a oferta para repor estoque ou matéria-prima para fabricá-la é menor do que a esperada e/ou quando o tempo de ressuprimento é maior que o esperado e/ou quando houver erros de controle de estoque que levam o sistema de controle a indicar mais material do que a existência efetiva.

Estoque máximo – refere-se à quantidade determinada previamente para que ocorra o acionamento da parada de novos pedidos, por motivos de espaço ou financeiro.

Estoque médio – refere-se a quantidade determinada previamente, que considera a metade do lote normal mais o estoque de segurança.

Estoque mínimo – refere-se à quantidade determinada previamente para que ocorra o acionamento da solicitação do pedido de compra. Às vezes é confundido com "estoque de segurança". Também denominado "ponto de ressuprimento".

Estoque sazonal – refere-se à quantidade determinada previamente para se antecipar a uma demanda maior que é prevista de ocorrer no futuro, fazendo com que a produção ou consumo não sejam prejudicados e tenham regularidade.

FEFO – *first-expire, first-out* ou o primeiro que vence é o primeiro que sai. Serve para gerenciar a arrumação e expedição das mercadorias do estoque de acordo com o prazo de validade.

FIFO – *first-in, first-out* ou o primeiro que entra é o primeiro que sai (PEPS).

FOB – *free on board* ou preço sem frete incluso (posto a bordo). Denominação da cláusula de contrato segundo a qual o frete não está incluído no custo da mercadoria. Há algumas variações de FOB: FOB fábrica, quando o material tem que ser retirado; e FOB cidade, quando o fornecedor coloca o material em uma transportadora escolhida pelo cliente.

Fulfillment – atender no tempo e no prazo. É o conjunto de operações e atividades desde o recebimento de um pedido até sua entrega.

Giro de estoque – demanda anual dividida pelo estoque médio mensal.

Giro de inventário – receita operacional líquida dividida pelo saldo médio do inventário (vezes).

GPS – *global positioning system* ou sistema de posicionamento global. Foi desenvolvido pelas forças armadas norte-americanas e é composto por um conjunto de 24 satélites que percorrem a órbita da Terra a cada 12 horas. Esse sistema permite que, através de dispositivos eletrônicos, chamados GPS *receivers* (receptores GPS), possam ser convertidos os sinais de satélites em posicionamentos, permitindo assim a localização geográfica de qualquer objeto no globo terrestre com uma precisão em torno de 10 metros.

Housekeeping – técnica para iniciar e manter os processos de qualidade e produtividade total em uma empresa.

Inbound – dos fornecedores para as fábricas.

Incoterms 2010 – sigla que identifica os 13 termos que padronizam a linguagem usada no mercado de exportação e importação.

Just in time ou JIT – atender ao cliente interno ou externo no momento exato de sua necessidade, com as quantidades necessárias para a operação/produção, evitando-se assim a manutenção de maiores estoques.

Kanban – técnica japonesa com cartões, que proporciona redução de estoque, otimização do fluxo de produção, redução das perdas e aumento da flexibilidade.

KPI – *key performance indicators,* indicador-chave de desempenho

Lead time – tempo compreendido entre a primeira atividade e a última de um processo de várias atividades.

Localização logística – é a forma de identificar geograficamente armazéns, depósitos, filiais, veículos, clientes etc. As formas mais comuns são por coordenadas de latitude--longitude, códigos postais (CEP no Brasil) e coordenadas lineares simples ou malha, que nada mais são do que colocar um papel vegetal quadriculado sobreposto a um mapa, com numeração das linhas horizontais e verticais.

Logística empresarial – trata-se de todas as atividades de movimentação e armazenagem, que facilitam o fluxo de produtos desde o ponto de aquisição da matéria-prima até o ponto de consumo final, assim como dos fluxos de informação que colocam os produtos em movimento, com o propósito de providenciar níveis de serviço adequados aos clientes a um custo razoável (Ballou, 1993).

Logística reversa – O processo de movimentação de produtos de seu típico destino final para um outro local para fins de elevar o valor ora indisponível, ou para a adequada disposição dos produtos (definição do RLEC – *Reverse Logistics Executive Council*).

Lote econômico ou lote de mínimo custo – considerando que para avaliar o gasto total de compra de determinado produto ou grupo de produtos é necessário verificar o custo de aquisição, custo de transporte e custo de manutenção de estoque, e que quanto maior a quantidade adquirida menor o preço do produto e do transporte e maior o custo de manutenção do estoque, consiste em verificar, através de arranjos de simulação, qual é o lote de compra que tem o menor custo total.

Make to order – fabricação conforme pedido.

Make to stock – fabricação contra previsão de demanda.

MERCOSUL – Mercado Comum do Sul.

Milk run – consiste na busca do(s) produto(s) diretamente junto ao(s) fornecedor(es), de forma programada, para atender sua necessidade de abastecimento.

Modais – são os tipos/meios de transporte existentes. São eles ferroviário (feito por ferrovias), rodoviário (feito por rodovias), hidroviário (feito pela água), dutoviário (feito pelos dutos) e aeroviário (feito de forma aérea).

Movimentação – é a parte da logística responsável pelo deslocamento interno de produtos em geral (acabados, matérias-primas, insumos, componentes etc.). São utilizados vários tipos de equipamentos nesta operação, como empilhadeiras, tratores, veículos autoguiados, carrinhos em geral, guindastes etc.

MPS – *master planning schedule* ou planejamento mestre da produção.

MRP – *material requirements planning* ou planejamento das necessidades de materiais.

MRP II – *manufacturing resources planning* ou planejamento dos recursos da manufatura.

Nível de serviço logístico – refere-se especificamente à cadeia de atividades que atendem as vendas, geralmente iniciando na recepção do pedido e terminando na entrega do produto ao cliente e, em alguns casos, continuando com serviços ou manutenção do equipamento ou outros tipos de apoio técnico (definição de Warren Blanding).

Obsolescência de inventário (como indicador de eficácia) – é a quantidade de itens obsoletos, dividida pela quantidade total de itens, vezes 100%.

Operador logístico – empresa especializada em movimentar, armazenar, transportar, processar pedidos e controlar estoques, entre outras coisas. Fornece seus serviços com profissionais treinados. O serviço pode ser no próprio OL ou nas dependências do cliente. Tudo dependerá do acordo firmado.

OTM – operador de transporte multimodal.

Outbound – fluxos da fábrica para o concessionário.

Packing – ação de etiquetar, embalar etc.

PDCA – *plan, do, check* e *act*, ou planejar, executar, verificar e agir, ferramenta que implica na melhoria de todos os processos de fabricação ou de negócios.

Pé-direito – altura de um pavimento de imóvel (galpão, armazém, edifício, casa).

Pedido mínimo – muitas empresas estabelecem um lote mínimo para aceitar uma ordem de compra, visando economias de escala para o atendimento. Dessa maneira, fazem baixar os custos do processamento de pedidos, já que para atender a um mesmo volume de negócios seria necessário um número maior de pedidos.

PEPS – é a nomenclatura para o método de armazenagem, em que o produto que é o primeiro a entrar no estoque é o primeiro a sair ou *first-in, first-out (FIFO)*.

Picking – ação de realizar a separação dos materiais.

Ponto de ressuprimento ou ponto de pedido – quantidade determinada para que ocorra o acionamento da solicitação do pedido de compra. Também denominado "estoque mínimo".

Postponement – retardamento da finalização do produto até receber de fato o pedido customizado.

PPCPE – planejamento, programação e controle da produção e estoque.

Produto logístico – o que uma empresa oferece ao cliente com seu produto é satisfação. Se o produto for algum tipo de serviço, ele será composto de intangíveis como conveniência, distinção e qualidade. Entretanto, se o produto for um bem físico, ele também tem atributos físicos, tais como peso, volume e forma, os quais têm influência no custo logístico (definição de Ronald H. Ballou).

Provedor logístico – fornece serviços baseados nas áreas da logística.

RFID – *radio frequency identification* ou identificação por radiofrequência.

Rota ou plano de viagem – é o percurso escolhido para o transporte, por veículos, através de vias terrestres, rios, corredores marítimos e/ou corredores aéreos, considerando a menor distância, menor tempo, menor custo ou uma combinação destes. Tudo isso pode estar conjugado com múltiplas origens e destinos.

Rotatividade – é a indicação do número de vezes que um estoque se renovou (Ra = Ca/Em onde Ca é o consumo total anual e Em é a média aritmética dos 12 estoques mensais).

Saldo disponível – é a quantidade física em estoque, já abatendo as quantidades em estoque que estão reservadas.

SCM – *supply chain management* ou gerenciamento da cadeia de abastecimento.

Sider – tipo de carroceria de caminhão, que tem lonas retráteis em suas laterais.

SKU – *stock keeping unit* ou unidade de manutenção de estoque. Designa os diferentes itens de um estoque.

Stakeholders – palavra que significa depositários. Pessoa ou grupo com interesse na *performance* de organização e no meio ambiente em que opera.

Stock options – programa de ações, um incentivo que permite aos funcionários comprar ações da empresa onde trabalham por um preço abaixo do mercado.

Tempo de compra – é o período compreendido entre a data de recebimento, pelo departamento de compras, do pedido de compra (via papel ou sistema) até a data do fechamento do pedido.

Tempo de fornecimento – é o período compreendido entre o fechamento do pedido de compras junto ao fornecedor e a data de entrega dos materiais no local combinado.

Tempo de recebimento – é o tempo compreendido entre a chegada do material e a liberação do mesmo para estoque, após ter sido feita toda a conferência de quantidades, documentos, material (quebras, testes, se é o mesmo que foi solicitado etc.).

Tempo de ressuprimento – é a somatória de todos os tempos, ou seja, o tempo do pedido de compra mais o tempo de compra, mais o tempo de fornecimento, mais o tempo de transporte, mais o tempo de recebimento. Compreende o fechamento do círculo entre a requisição por parte do usuário final e o material estar disponível para utilização.

Tempo de transporte – é o período compreendido entre a data de entrega do material no local combinado e a chegada do mesmo ao local de destino.

Tempo do pedido de compra – é o período compreendido entre a requisição (via papel ou sistema) do usuário e a aprovação final dos seus superiores, formalizando assim o documento (via papel ou via sistema), que seguirá para o departamento de compras.

TMS – *transportation management systems* ou sistemas de gerenciamento de transporte.

Toco – caminhão que tem o eixo simples na carroceria, ou seja, não é duplo.

Trade-off ou compensação – na sua forma básica, o resultado incorre em um aumento de custos em determinada área com o intuito de obter uma grande vantagem em relação às outras (em termos de aumento de rendimento e lucro).

Transbordo ou Transhipment – transferir mercadorias/produtos de um para outro meio de transporte ou veículo, no decorrer do percurso da operação de entrega.

Transporte – é a parte da logística responsável pelo deslocamento de cargas em geral e pessoas, através dos vários modais existentes.

Transporte Intermodal – é a integração dos serviços de mais de um modo de transporte, com emissão de documentos independentes, onde cada transportador assume responsabilidade por seu transporte. Utilizado para que determinada carga percorra o caminho entre o remetente e seu destinatário, entre os diversos modais existentes, com a responsabilidade do embarcador.

Transporte multimodal – é a integração dos serviços de mais de um modo de transporte, utilizados para que determinada carga percorra o caminho entre o remetente e seu destinatário, entre os diversos modais existentes, sendo emitido apenas um único conhecimento de transporte pelo único responsável pelo transporte, que é o OTM – operador de transporte multimodal.

Truck – caminhão que tem o eixo duplo na carroceria, ou seja, são dois eixos juntos. O objetivo é aguentar mais peso e propiciar melhor desempenho ao veículo.

UEPS – é a nomenclatura para o método de armazenagem, em que o produto que é o último a entrar no estoque é o primeiro a sair.

Unitização – agregar diversos pacotes ou embalagens menores numa carga unitária maior.

VMI – *vendor managed inventory* ou estoque gerenciado pelo fornecedor, que é quando o fornecedor, em parceria com o cliente, repõe de forma contínua o estoque do cliente, baseado em informações eletrônicas recebidas.

WMS – *warehouse management systems* ou sistemas de gerenciamento de armazém.

Workflow – processo no qual a informação flui por toda a organização, de maneira rápida e organizada, seguindo a sequência preestabelecida de tramitação.

WWW – *world wide web*.

BIBLIOGRAFIA

ABML – Associação Brasileira de Movimentação e Logística. Disponível em: <http://www. abml.org.br /website/ downloads/conceitoDoOperadorLogistico.pdf>. Acesso em: 12 abr. 2011.

ALVARENGA, A. C.; NOVAES, A. G. *Logística aplicada*: suprimentos e distribuição física. São Paulo: Atlas, 1997.

ÂNGELO, B. L. Indicadores de desempenho. GELOG-UFSC. Disponível em: <http://www.gelog.ufsc.br/site/index.php?option=com_docman&task=doc_ download&gid=23&Itemid=16>. Acesso em: 10 out. 2011.

ASSOCIAÇÃO BRASILEIRA DE RECICLAGEM. Disponível em: <http://www.abal.org. br/reciclagem/brasil.asp>. Acesso em: 15 maio 2011.

ANVISA – Agência Nacional de Vigilância Sanitária. Disponível em: <http://portal.anvisa. gov.br/institucional>. Acesso em: 20 mar. 2017.

BALDWIN, R. The core-periphery model with forward-looking expectations. *Regional Science and Urban Economics*, v. 31, nº 1, p. 21-49, 2001.

BALLOU, R. H. *Logística empresarial*. São Paulo: Atlas, 1993.

_____. *Logística empresarial*: transportes, administração de materiais, distribuição física. São Paulo: Atlas, 1995.

_____. *Gerenciamento da cadeia de suprimentos*. 4. ed. Porto Alegre: Bookman, 1999.

BERTAGLIA, Paulo Roberto. *Logística e gerenciamento da cadeia de abastecimento*. São Paulo: Saraiva, 2003.

BLOOMBERG, David; LEMAY, Stephen; HANNA, Joe. *Logistics*. Prentice Hall, 2002.

BOWERSOX, D. J.; CLOSS, D. J. *Logistical management*: the integrated supply chain process. McGraw-Hill, 1996.

_____; _____. *Logística empresarial*: o processo de integração da cadeia de suprimento. São Paulo: Atlas, 2001.

BOWERSOX, D. J.; CLOSS, D. J. *Gestão logística de cadeias de suprimentos*. São Paulo: Bookman, 2006.

BREWER, Peter C.; SPEH, Thomas W. Adapting the balanced scorecard to supply chain management. *Supply Chain Management Review*, v. 5, nº 2, p. 48-56, Mar./Apr. 2001.

BOSE, G. J.; RAO, A. Implementing JIT with MRPII creates hybrid manufacturing environment. *Industrial Engineering*, v. 20, 1988.

CAXITO, Fabiano. *Logística* – um enfoque prático. São Paulo: Saraiva, 2011.

CHING, Hong Yuh. *Gestão e estoques*. São Paulo: Atlas, 2001.

CHIAVENATO, Idalberto. *Gestão de pessoas*: e o novo papel dos recursos humanos nas organizações. Rio de Janeiro: Elsevier, 2004.

CHOPRA, Sunil; MEINDL, Peter. *Gerenciamento da cadeia de suprimentos: estratégia, planejamento e operação*. São Paulo: Prentice Hall, 2003.

CHRISTOPHER, Martin. *Logística e gerenciamento da cadeia de suprimentos: estratégias para redução de custos e melhorias de serviços*. São Paulo: Pioneira, 1997.

COLLIS, David J.; MONTGOMERY, Cynthia A. Competing on resources: strategy in the 1990s. *Harvard Business Review*, v. 73, nº 4, p. 118-128, 1995.

CORONADO, Osmar. *Logística integrada*: modelo de gestão. São Paulo: Atlas, 2007.

CORRÊA, Henrique L.; GIANESI, Irineu G. N.; CAON, Mauro. *Planejamento, programação e controle da produção*. São Paulo: Atlas, 2001.

CSCMP – COUNCIL OF SUPPLY CHAIN MANAGEMENT PROFESSIONALS –. Disponível em: <http://cscmp.org/>. Acesso em: 21dez. 2010.

DAWE, Richard L. *Estabelecendo competência logística global*. EUA: Instituto Fritz de Logística Global, 1998.

DORNIER, Philippe-Pierre et al. *Logística e operações globais*: texto e casos. São Paulo: Atlas, 2000.

DRUCKER, P. F. *Inovação e espírito empreendedor*. São Paulo: Atlas, 1969.

DUTRA, J; FLEURY, M. T. L. (Coord.). *As pessoas na organização*. São Paulo: Editora Gente, 2002.

ECR BRASIL. EDI aplicado à cadeia de abastecimento, 1998.

_____. Disponível em: <http://www.ecrbrasil.com.br/ecrbrasil/page/glossario.asp? palavra= ECR &pagina=1>. Acesso em: 12 abr. 2011.

EWC – Expedicted World Cargo. Incoterms 2010. Disponível em: <http://www.ewcnow. com/en/ewc/resources/inco-terms.html>. Acesso em: 27 mar. 20017.

FIOCRUZ – Fundação Oswaldo Cruz. Importação – passo a passo. Disponível em: <http://www.dirad.fiocruz.br/?q=node/143>. Acesso em: 13 nov. 2017.

FLEISCHMANN, M. *Quantitative models for reverse logistics*. Berlin: Springer Verlag, 2001.

FLEURY, P. F.; WANKE, P.; FIGUEIREDO, K. F. *Logística empresarial*. São Paulo: Atlas, 2000.

GASNIER, Daniel Georges. *A dinâmica dos estoques*. IMAM, 2002.

GILGEOUS, Vic; PARVEEN, Kaussar. Core competency requirements for manufacturing effectiveness. *Integrated Manufacturing Systems*, Bradford, 2000.

GOMES, Carlos Fianaxo Simões; RIBEIRO, Priscilla Cristina Cabral. *Gestão da cadeia de suprimentos integrada à tecnologia da informação*. São Paulo: Thomson, 2004.

HARVEY, M.; LUSCH, R. Protecting the core competencies of a company: intangible asset security. *European Management Journal*, v. 15, nº 4, 1997.

ILOS – Instituto de Logística e Supply Chain. Disponível em: <http://www.google.com.br / imgres? imgurl=http://www.ilos.com.br/web/images/stories/matriz-de- transportes. jpg &imgrefurl=http://www.ilos.com.br/web/index.php%3Foption %3Dcom_content%26 task%3 Dview% 26id%3D1357%26Itemid%3D74&h=346&w=590&sz=48&tb nid =Bs1 aUtnuu9A_oM:&tbnh=79&tbnw=135&prev=/search%3Fq%3Dmatriz%2Bd e%2Btransportes%26tbm%3Disch%26tbo%3Du&zoom=1&q=matriz+de+transportes &usg=__QeF6Z5nliCJ5P32D739f2TUZkxs=&sa=X&ei=BRDWTqeQOcnIgQfz5ZWn AQ&ved=0CB8Q9Q>. Acesso em: 28 nov. 2011.

ILOS – Instituto de Logística e Supply Chain. Disponível em: <http://www.ilos.com.br/web/tag/indice-de-desempenho-logistico/>. Acesso em: 25 mar. 2017.

KEEDI, Samir. *Logística de Transporte Internacional*: veículo prático de competitividade. 4. ed. São Paulo: Aduaneiras, 2011.

KOTLER, P. *Administração de marketing*. 10. ed. São Paulo: Prentice Hall, 2000.

_____; JATUSRIPITAK, S.; MAESINCEE, S. *O marketing das nações*: uma abordagem estratégica para construir as riquezas nacionais. São Paulo: Futura, 1997.

LACERDA, L. *Armazenagem estratégica*: analisando novos conceitos. In: FLEURY, P. F.; WANKE, P.; FIGUEIREDO, K. F. *Logística empresarial*: a perspectiva brasileira. São Paulo: Atlas, 2000.

LACOMBE, Francisco José Masset; HEILBORN, Gilberto. *Administração*: princípios e tendências. São Paulo: Saraiva, 2003.

LAMBERT, Douglas M.; STOCK, James R.; VANTINE, J. G. *Administração estratégica da logística*. São Paulo: Vantine Consultoria, 1998.

LEE, C. P.; LEE, G. G.; LIN, H. F. The role of organizational capabilities in successful e- -business implementation. *Business Process Management Journal*, v. 13, nº 5, p. 677-693, 2007.

LEITE, Paulo Roberto. *Logística reversa*: meio ambiente e competitividade. São Paulo: Prentice Hall, 2003.

MCCARTHY, J. *Basic marketing*: a managerial approach. Homewood: Irwin, 1975.

MCELROY, M. Social innovation capital. *Journal of Intellectual Capital*, v. 3, nº 1, p. 30-39, 2002.

_____; JORNA, R.; VAN ENGELEN, J. Rethinking Social Capital Theory: a Knowledge Management Perspective. *Journal of Knowledge Management*, v. 10, nº 5, p. 124-136, 2006.

MINISTÉRIO DA AGRICULTURA, PECUÁRIA E ABASTECIMENTO. Disponível em: <http://www.agricultura.gov.br/acesso-a-informacao/institucional>. Acesso em: 20 mar. 2017.

MINISTÉRIO DA DEFESA. Disponível em: <http://www.defesa.gov.br/ministerio-da-defesa>. Acesso em: 20 mar. 2017.

NAZÁRIO, P. Papel do transporte na estratégia logística. In: FLEURY, P. F.; FIGUEIREDO, K. F.; WANKE, P. F. (Org.). *Logística empresarial*: a perspectiva brasileira. São Paulo: Atlas, 2000.

NOVAES, Antonio Galvão. *Logística e gerenciamento da cadeia de distribuição*. São Paulo: Campus, 2004.

PIRES, Silvio R. I. *Gestão da cadeia de suprimentos*. São Paulo: Atlas, 2004.

PORTER, Michael E. *Vantagem competitiva*: criando e sustentando um desempenho superior. Rio de Janeiro: Campus, 1990.

_____. *Competição*: estratégias competitivas essenciais. 3. ed. Rio de Janeiro: Campus, 1999.

QUINN, J. B.; ANDERSON, P.; FINKELSTEIN, S. Leveraging intellect. *Academy of Management Executive*, v. 19, p. 78-94, 2005.

RECEITA FEDERAL. Manual de Importação. Disponível em: <https://idg.receita.fazenda.gov.br/orientacao/aduaneira/manuais/despacho-de-importacao>. Acesso em: 15 mar. 2017.

_____. Etapas do Despacho Aduaneiro de Exportação. Disponível em: <http://idg.receita.fazenda.gov.br/orientacao/aduaneira/manuais/despacho-de-exportacao/topicos/etapas-do-despacho>. Acesso em: 15 mar. 2017.

RODRIGUEZ, Carlos M. Taboada; GRANEMANN, Sérgio. *Logística em empresas de TRC*. Florianópolis: IDAQ, j1997.

SECRETARIA DA FAZENDA. Disponível em: <https://idg.receita.fazenda.gov.br/sobre/institucional>. Acesso em: 08 ago. 2017.

SISCOMEX - O Sistema Integrado de Comércio Exterior. Disponível em: <http://www.portalsiscomex.gov.br/>. Acesso em: 15 mar. 2017.

WILD, R. *Concepts for Operations Management*. New York: John Wiley, 1977.

ZHAN, S. E. Building on your success: using your strategic plan for implementation. *World Trade*, v. 12, nº 10, p. 50-52, 1999.

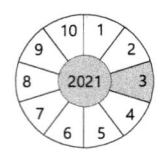